REMÈDES POUR LA FAIM

D1102612

Deni Y. Béchard

Remèdes pour la faim

Traduit de l'anglais par Dominique Fortier

Alto

Catalogage avant publication de Bibliothèque et Archives
nationales du Québec et Bibliothèque et Archives Canada

Béchard, Deni Y. (Deni Yvan), 1974-

    Remèdes pour la faim

    Traduction de : Cures for hunger.

    ISBN 978-2-89694-092-9

    1. Béchard, Deni Y. (Deni Yvan), 1974-   . 2. Béchard, Deni Y.
(Deni Yvan), 1974-   - Famille. 3. Pères et fils. 4. Écrivains
canadiens-anglais - 21e siècle - Biographies. I. Titre.

PS8603.E41Z5314 2013   C813'.6   C2013-940032-X
PS9603.E41Z5314 2013

Les Éditions Alto remercient de leur soutien financier
le Conseil des Arts du Canada
et la Société de développement des entreprises culturelles du Québec (SODEC).

Nous remercions le gouvernement du Canada de son soutien financier
pour nos activités de traduction dans le cadre du Programme national
de traduction pour l'édition du livre.

Les Éditions Alto reconnaissent l'aide financière du gouvernement du Canada
par l'entremise du Fonds du livre du Canada pour leurs activités d'édition.

Gouvernement du Québec – Programme de crédit d'impôt
pour l'édition de livres – Gestion SODEC

Illustration de la couverture :
Photographie d'André Béchard, courtoisie de la famille

ISBN : 978-2-89694-092-9
© Éditions Alto, 2013

Par la grâce de notre sagesse,
nous ferons de longs voyages
par amour.

Toujours le mouvement est un signe
de soif.

Le plus souvent la parole dit en vérité :
« J'ai faim de te connaître. »

Tout désir de ton corps est sacré ;

tout désir de ton corps est sacré.

— *HAFEZ*

Celui qui vit hors de la société, que ce
soit parce qu'il est incapable de s'y intégrer ou qu'il n'en a pas besoin, est un
dieu ou une bête.

— ARISTOTE, *Politique*

PROLOGUE

Mon père est mort dans une maison vide, où il ne restait plus qu'une seule chaise. Je n'ai jamais vu la propriété. On m'a dit qu'il s'agissait d'un terrain densément boisé, en périphérie de Vancouver, et qu'une couche d'aiguilles de pin recouvrait sa voiture.

Deux semaines avant Noël 1994, il avait cessé de répondre au téléphone. J'étais sur la côte est ; comme je n'avais toujours pas eu de ses nouvelles au Nouvel An, j'ai appelé la seule de ses amies dont je connaissais le numéro. Elle ne savait pas où il vivait mais a offert de le retracer. Nous avons convenu qu'il était préférable de ne pas aviser la police ; il avait eu trop de démêlés avec la justice. Le lendemain, elle a trouvé sa maison.

Je venais juste d'avoir vingt ans et j'étudiais à l'université au Vermont. Une semaine avant le début du second semestre de ma deuxième année, un policier a téléphoné, rapport du coroner à la main, et m'a annoncé que mon père s'était enlevé la vie autour du 16 décembre, date qui ne pouvait être confirmée parce que c'était l'hiver et que l'électricité avait été coupée. On avait repris sa voiture, qui contenait ses quelques rares possessions, et l'expert-comptable avait versé ce qui lui restait d'argent en remboursement de milliers de dollars d'impôts impayés.

Mis à part quelques coups de téléphone, tout ce qui entourait le décès s'est déroulé sans histoire, conclusion tranquille d'une vie qui s'était déployée sur une grande partie de l'Amérique du Nord, une enfance au bord du Saint-Laurent, en Gaspésie, puis une poésie de noms dans la vingtaine : Montréal, le Yukon, l'Alaska ; le Montana, Las Vegas, Tijuana ; Miami, Los Angeles.

J'ai songé à traverser le continent pour assister à sa crémation, mais j'étais trop fauché. En hommage à ses pérégrinations, j'aurais pu m'y rendre pour presque rien en autobus ou en auto-stop, mais je ne voulais pas quitter l'université. J'avais si longtemps lutté pour m'éloigner de mon père que même sa mort ne pouvait me ramener à lui.

Pourtant, j'avais l'impression de ne pas vraiment habiter ma chambre louée. Je ne parlais à personne. Je ne voyais pas la route bordée d'arbres que j'empruntais pour marcher jusqu'à mes cours, ni les mots semés sur les pages.

Souvent, cet hiver-là, je me suis assis pour regarder longuement une feuille sur laquelle j'avais tracé trois noms.

Alma : la mère qu'il n'avait pas vue depuis 1967 ; la grand-mère que je n'avais jamais rencontrée.

Matane : la ville du Québec où il croyait qu'elle vivait toujours, ainsi que ses frères et sœurs.

Edwin : le nom sous lequel ils l'avaient connu.

Lors de notre dernière conversation au téléphone, il m'avait dit ces trois noms. Je l'avais appelé André pendant toute mon enfance et, pour ce qui était de sa famille, elle ignorait mon existence.

Je considérais les noms comme des clefs menant à son passé : le paysage de sa jeunesse, son visage d'enfant. Je n'avais jamais vu une photo de lui qui datât d'avant sa rencontre avec ma mère. À travers sa famille, arriverais-je à saisir l'homme dont les passions aventureuses avaient façonné ma vie ?

Quand enfin, mettant le cap vers le nord, je me suis rendu au village où il avait grandi, je me suis pris à répéter le nom sous lequel on l'y connaissait, comme si je me préparais à leur parler d'un autre père. Son histoire m'appartenait désormais et, en la racontant, je le rendrais à ceux qui l'avaient perdu.

1

CASSE-COU ET AMIS INVISIBLES

Le jour où j'ai pour la première fois soupçonné que mon père pouvait avoir des ennuis avec la justice, nous nous adonnions à l'une de mes aventures préférées : faire la course avec un train.

« Quarante-sept, quarante-huit, quarante-neuf ! »

Mon frère et moi nous exercions à compter tandis que mon père roulait à la même vitesse que le convoi.

« Je vais pousser encore un peu ! » a-t-il crié. Il a pointé en avant son menton barbu, ses yeux se sont exorbités et il a enfoncé l'accélérateur. Son camion vert a bondi sur la route, dépassant le train sur la voie ferrée, juste au-dessous de la ligne des arbres, qui longeait la pente.

Presque aussitôt nous avons distancé la locomotive rouge. Il a contourné les quelques voitures qui roulaient devant nous en criant : « Vieux bouc ! » La route a cessé de sinuer et s'est aplanie à la hauteur des rails, il a changé de vitesse et a continué à accélérer bien que le train fût maintenant loin derrière. Puis il a freiné, nous retenant de son bras droit, mon frère et moi, et mes poumons se sont vidés de leur air tandis qu'il tournait le volant de sa main libre. Nous nous sommes engagés sur le passage à niveau même si les cloches sonnaient et que les voyants lumineux clignotaient sur les deux poteaux.

Les roues du camion de part et d'autre des rails, il a éteint le moteur. Il s'est calé dans son siège et a regardé le chemin de fer par la fenêtre du passager.

Comme sur l'écran d'une télévision, le train est apparu au loin, qui fonçait droit sur nous. La locomotive a émergé de l'ombre des arbres. Le soleil a frappé sa peinture rouge et mon frère et moi nous sommes mis à crier.

Mon père a mis le contact.

«Oh non! Le moteur ne démarre pas!» Il tournait la clé mais sans toucher à l'accélérateur. Nous connaissions le rituel, et avons hurlé: «Donne du gaz!»

Il a appuyé sur l'accélérateur et le moteur a démarré. Le camion a frémi, mais n'a pas bougé. La locomotive faisait hurler son klaxon, remplissait les rails, ses deux étroites fenêtres nous toisaient d'un éclat noir.

Les roues ont crissé, le camion a tressauté avant de s'envoler.

Le train est passé derrière nous à toute vitesse, les roues de métal martelant le passage à niveau avec un bruit sourd.

« On est passés proche ! » s'est écrié mon père en s'esclaffant d'un rire de pirate. Mais le sang avait quitté le visage de mon frère. Il s'est tourné vers moi, les yeux ronds, comme pour me faire voir combien il s'en était fallu de peu que nous nous fassions écrabouiller. « On a failli mourir », a-t-il soufflé, puis il a dégluti.

J'ai détourné les yeux de son visage blême pour regarder mon père, dont les quintes de rire tonitruantes emplissaient la cabine. Ma peur avait passé, et l'air que j'aspirais me semblait plus vivant dans mes poumons, comme chargé d'une joie soudaine et mystérieuse. Je n'ai pu m'empêcher de rire avec lui.

La maison de ferme jaune que nous habitions se dressait face à une route étroite traversant le milieu de la vallée. Un pommier et une rangée de bleuetiers séparaient notre galerie arrière des champs humides, et le seul voisin de mon âge était Ian, un fils de fermier mal débarbouillé dont la sœur aînée souffrait d'un handicap mental — sûrement conséquence de la malnutrition, m'imaginais-je en me fiant aux explications de ma mère, qui m'avait exposé comment la malbouffe détruit le cerveau. Malgré que j'aie passé plusieurs après-midis avec Ian, je n'ai jamais appris le nom de sa sœur. À part moi, je l'appelais Dix-Vitesses parce qu'elle passait ses journées à aller et venir à toute allure sur la route, chevauchant ce qu'il appelait «le dix-vitesses». Elle avait les yeux écartés et portait sans cesse un gros baladeur fixé à sa ceinture, dont les écouteurs gardaient en place sa tignasse de boucles brunes.

Une forêt de pins coiffait la montagne, la silhouette des grands arbres se découpant nettement contre le ciel, tels des éperons, à l'heure qui précédait le coucher du soleil. Dans plusieurs des champs autour de chez nous, on cultivait des arbres de Noël, des centaines de rangées bien droites de pins, de sapins et d'épinettes que mon père vendait tous les mois de décembre.

Quand nous sommes arrivés à la maison, il nous avait convaincus, mon frère et moi, de ne pas ébruiter notre aventure. Sa bonne humeur s'était évanouie dès que nous avions tourné le coin de l'entrée, et il avait dit qu'il devait aller jeter un coup d'œil aux arbres afin de mettre la dernière main à une commande de sapins. Nous devions rentrer, mais l'émotion de la course avec le train n'était pas retombée et je ne pouvais supporter l'idée de rester enfermé. Je l'ai supplié de me permettre de l'accompagner, il a hésité avant de dire: «O.K., viens-t'en.»

Tandis que nous arpentions les rangées ensemble, je lui ai demandé de me raconter une histoire. Il regardait devant lui, prenant de longues et profondes inspirations entre ses lèvres ouvertes, et marchait d'un pas égal, léger, sur le sol humide et semé de pousses qui gênaient ma progression. J'avais en tête une histoire bien précise. Quand j'étais plus jeune, ma mère m'avait dit que j'aurais un jour de la barbe et je m'étais imaginé, le visage dissimulé par une toison noire et nauséabonde, me présentant à l'école et m'asseyant au fond de la classe sous les cris horrifiés des autres enfants. J'avais éclaté en sanglots et mon père s'était moqué de moi. J'étais tellement gêné et en colère qu'il avait raconté une histoire sur une femme à barbe obèse avec qui il avait vécu avant de rencontrer ma mère. La femme s'était assise sur lui pour l'empêcher de partir et il s'était tortillé afin de s'extirper de sous son postérieur et de s'enfuir, parce qu'il ne voulait pas avoir d'enfants à barbe.

Il gardait le silence pour le moment, plissant les yeux comme le faisaient ses chiens quand ils avaient l'intention de prendre quelque chose en chasse. Il gardait six bergers allemands dans un enclos. Dès qu'il les en laissait sortir, les chiens humaient l'air, regardaient au loin, le vent soulevant leur poil, puis ils se mettaient à courir si soudainement qu'ils me semblaient les animaux les plus heureux du monde.

Mais il se contentait de marcher et j'ai traversé la route sur ses talons jusqu'aux champs d'arbres de Noël qui s'étiraient de l'autre côté. Nous avons enjambé des fils barbelés pendants et franchi un ruisseau grâce à une planche sur laquelle on avait cloué des bardeaux d'asphalte afin d'offrir une meilleure prise. Je traînais le pas pour guetter les truites dans l'ombre des arbres surplombant le ruisseau, mais il n'a pas ralenti l'allure et j'ai couru pour le rattraper.

« Raconte-moi encore l'histoire », ai-je demandé en cherchant sa main. Ses doigts se sont refermés légèrement et il a baissé les yeux.

« Laquelle ? » Cette attitude était de plus en plus fréquente — d'abord il était normal, il blaguait, enfilait les folies et les drôleries, riait à gorge déployée ; puis, peu de temps après, muet, il laissait son regard se perdre dans le lointain.

« Celle de la femme à barbe. » J'adorais me rejouer les histoires qu'il racontait et je ne m'estimais pas satisfait tant que je ne pouvais en voir chaque détail, aussi lui ai-je demandé où il avait vécu avec elle et quelle sorte de femme c'était. Il a hoché la tête mais n'a pas le moindrement raconté l'histoire. Il s'est contenté de dire : « Tu as de la chance. Si elle avait été ta mère, tu serais né avec du poil au menton. »

Les champs cédaient la place à des broussailles, à de hautes herbes folles et à la forêt. La montagne s'élevait en pente raide au-dessus de nos têtes ; nous avons changé de cap et suivi sa base, les rangées d'arbres de Noël se déployant à côté de nous. Tous les quelques pas apparaissait un nouveau corridor long et étroit, qui descendait à perte de vue.

Là où les arbres prenaient fin, un fossé plein de mauvaises herbes séparait la bleuetière du voisin de notre terre. L'air avait une odeur fétide, comme une poubelle dans une ruelle en ville, derrière un des magasins de mon père.

« Il a attrapé des ours. Allons voir un peu », a-t-il dit, puis il m'a expliqué que notre voisin avait installé des pièges. Il a serpenté dans les hautes herbes jaunes, aplanissant un sentier que je suivais. Me frayant un chemin parmi la végétation, je m'étirais le cou pour tenter de voir devant. Il m'avait souvent prévenu de ne pas m'approcher des ours et de leurs petits, et m'avait fait promettre que s'il s'en montrait un alors que j'étais à la pêche tout seul, j'enfourcherais mon vélo pour rentrer en vitesse à la maison. Je les avais vus une fois, quatre taches brunes à côté d'un bosquet d'arbres, au loin, et j'avais pédalé de toutes mes forces sur la route de terre cabossée, ma canne à pêche fixée au guidon. Je me sentais maintenant un peu nerveux, l'odeur de la viande pourrie avait gagné en force, mais mon père était là, entre moi et les ours, et je voulais lui montrer qu'il n'y avait pas de quoi fouetter un chat.

«Regarde.» Il a fait un pas de côté et m'a poussé en avant.

Les herbes drues atteignaient mes coudes et j'ai avancé, le cœur battant. Deux grandes formes sombres gisaient sur le sol, comme si elles y avaient été imprimées, les jambes bizarrement repliées, une carcasse décharnée juste devant moi, mâchoire ouverte, orbites vides.

«Tu n'as pas peur?» m'a-t-il demandé alors que je tentais de contrôler ma respiration, étudiant le deuxième ours allongé sur le côté, un os de la jambe dénudé et dressé, raide, ses griffes plantées dans l'air nauséabond.

«Non.» Les ours étaient morts, et il n'y avait pas de quoi fouetter un chat, en fin de compte. Je me suis forcé à m'approcher pour observer la mâchoire béante et hérissée de crocs, le pelage pourrissant semblable à une moquette déchirée sur les côtes de l'animal. J'avais du mal à respirer à cause de la puanteur, mais j'ai fait encore un pas.

Il a tourné les talons et dit : «On y va.

— Je veux les regarder.»

Il a ricané avec fierté. «Allons, tu en as assez vu.»

Je me suis accroupi. Deux longues dents recourbées saillaient des mâchoires supérieure et inférieure. Quelques semaines plus tôt, à l'école, j'avais lu dans mon manuel de quatrième année une histoire de loup-garou. Comme j'allais à l'école française, il nous arrivait souvent de lire des contes du Québec, mais celui-là était mon préféré. J'avais tenté d'imaginer la gueule du loup-garou, ses dents tranchantes, et ce que je ressentirais si des crocs se mettaient à pousser dans ma mâchoire tandis que je contemplais la pleine lune. Je m'étais retourné sur ma chaise, j'avais écarquillé les yeux et grogné devant la fillette assise derrière moi, qui s'était plainte à la maîtresse, laquelle avait menacé de m'envoyer chez le directeur, comme d'habitude.

Mon père s'est remis en marche, j'ai tourné les talons et l'ai suivi au pas de course à travers les herbes écrasées, traversant le fossé à sa suite. Tandis que je le suivais entre les rangées d'arbres, je lui ai raconté cette histoire, légèrement pantelant à l'idée que les créatures que nous venions de voir n'étaient peut-être pas réellement des ours.

« C'est l'histoire d'un chasseur qui aime mieux chasser que rester au village. Il chasse à longueur de journée, il dort dans sa cabane, et il ne rentre presque jamais chez lui et ne parle presque jamais à personne. Et puis, une nuit, à la pleine lune, ses oncles et ses cousins viennent lui rendre visite à sa cabane, mais elle est vide. Ils trouvent des vêtements couverts de poils d'animal, et il y a d'énormes traces de loup dans la neige. »

Le simple fait de livrer cette description me donnait la chair de poule, et je me suis frotté les bras en m'imaginant arriver à la porte et pousser le battant pour découvrir mes vêtements par terre, couverts de poils noirs.

« J'ai entendu ça souvent quand j'étais petit », m'a-t-il dit d'un air sérieux, peut-être un peu inquiet.

J'ai levé les yeux vers lui en essayant d'accorder mon pas au sien. De quoi aurait-il l'air en loup-garou ? Sa barbe gagnerait son visage tout entier, son cou et ses bras, et je l'imaginais debout à l'orée de la forêt, au pied de la montagne, recouvert d'une fourrure touffue, le crâne de l'ours sur la tête tandis qu'il contemplait la vallée à travers la mâchoire plantée de crocs. Je savais que cette image était erronée, que ça ne ressemblait pas du tout à un loup-garou, mais mon imagination me jouait constamment des tours. Je regardais quelque chose et, quelques minutes plus tard, m'imaginais des trucs étranges, comme sortis d'un rêve, et puis je ne savais plus ce que j'avais réellement vu. J'ai levé les yeux à nouveau. Je m'attendais à ce qu'il dise quelque chose au sujet de l'histoire ou des ours morts, mais il était muet, les yeux plissés.

En revenant à la ferme, nous sommes passés devant quelques remises qui sentaient la terre humide. Il s'est arrêté pour jeter un coup d'œil à l'intérieur, comme s'il avait oublié quelque chose.

«Tu vois, a-t-il dit d'une voix basse, chaque année, les remises sont plus petites. Elles pourrissent et s'enfoncent dans le sol. L'humidité de la vallée ronge le bois.»

On aurait dit qu'il avait déjà oublié les ours, et il a soupiré en regardant les rangées d'arbres derrière nous. Je ne me souvenais pas de l'avoir jamais vu agir de la sorte. Il a décrit un cercle, comme s'il allait faire quelque chose, regardant lentement ici et là, mais il s'est ensuite remis en marche et je me suis dépêché de le suivre jusqu'à ce que nous atteignions le profond fossé avant la route. Nous l'avons longé, puis traversé grâce à un large ponceau.

Tandis que nous marchions sur la chaussée, j'ai entendu le sifflement assourdi d'une chaîne de bicyclette sur ses pignons, et Dix-Vitesses est passée en coup de vent dans un bruit semblable au claquement d'une serviette mouillée. Brièvement, j'ai entendu des voix qui criaient dans ses écouteurs. J'avais interrogé Ian là-dessus, et il m'avait dit qu'elle écoutait des émissions de radio. Nous l'avions déjà découverte dans le fenil, couchée en chien de fusil, les voix vociférantes émanant de ses cheveux frisottés. Et puis ses paupières s'étaient ouvertes pour révéler de larges pupilles apeurées et elle s'était enfuie en courant, passant devant nous en position presque accroupie avant de descendre l'échelle et de franchir la porte.

Mon père a lancé un regard derrière nous. Une voiture blanche était apparue dans le lointain. Il l'a observée, s'est retourné et a continué d'avancer en regardant droit devant. Il a tendu le bras et m'a dit de lui prendre la main.

La voiture s'est arrêtée près de nous, et le ciel peu à peu gagné par la pénombre s'est déformé dans la fenêtre qui se baissait pour révéler deux hommes rasés de près. Le conducteur, les yeux aussi bleus que ceux de ma mère, a demandé : « Pardon. Pouvez-vous me dire où habite André Béchard ? »

Mon père a serré ma main. Il a incliné la tête de côté et a regardé l'homme comme s'il ne comprenait pas ce qu'il lui avait dit. Puis ses traits se sont tordus.

« Qui ? a-t-il croassé d'une voix sonore et grotesque.

— André Béchard. Savez-vous…

— Oh, oui, c'te gars-là. Ouais. Je l'vois, de temps en temps. Y conduit un gros camion bleu, y est allé en ville. Ouais, en ville. Vrai comme chus là. »

Les hommes le fixaient tandis qu'il gesticulait, et j'avais du mal à rester là sans bouger, l'expression neutre.

«Ouais, y va r'venir t'à l'heure, disait mon père. Vrai comme chus là, t'à l'heure.»

Le conducteur m'a lancé un long regard inquisiteur et j'ai retenu mon souffle, certain qu'il pouvait lire sur mon visage que mon père mentait. Mais il a fini par hausser les épaules.

«O.K.», a-t-il dit. Il avait les mêmes yeux que mon institutrice quand je mettais sa patience à bout. L'auto s'est éloignée.

J'ai levé le regard, voulant comprendre pourquoi mon père avait fait semblant d'être quelqu'un d'autre, mais il s'est contenté d'éclater de rire.

«Je leur ai raconté une bonne blague! s'est-il écrié. Mais ne le dis pas à ta mère. Elle n'aime pas les blagues — pas comme toi et moi on les aime.»

J'ai souri et opiné, même s'il avait une expression grimaçante qui ne ressemblait en rien à la joie folle qu'il avait exprimée après avoir échappé au train. Comme nous rentrions à la maison, il a accéléré le pas, et la main qui tenait la mienne était chaude et moite.

Souvent, après l'école, j'errais tout seul dans les champs, capturant grenouilles et couleuvres que je glissais dans mes poches tout en explorant les bois le long du ruisseau. Je ne pouvais m'empêcher de songer aux deux hommes dans la voiture. J'étais sûr que c'étaient des policiers. Mon père, qui savait tout sur les policiers, m'avait expliqué qu'ils n'étaient pas toujours vêtus d'uniformes et ne conduisaient pas toujours des voitures de patrouille. Chaque fois qu'il les voyait, nous nous moquions de leurs vêtements, en particulier de la bande jaune courant sur une jambe de leur pantalon. Il disait qu'il se serait engagé dans la GRC si leur costume n'avait pas été si laid. Puis il les traitait de criminels en uniforme et racontait des histoires sur les abrutis de flics qu'il avait déjoués.

Tandis que j'étais assis sous les arbres, un souvenir m'est revenu en mémoire : une nuit que j'étais incapable de situer précisément, et au sujet de laquelle j'avais peur de poser des questions. Elle me semblait lointaine, comme un cauchemar une fois qu'on s'est réveillé, mais le souvenir que j'en gardais était vif, immuable. Il y avait une maison où nous avions habité sur une réserve indienne, près d'une rivière que traversait un bac. Mon père et ma mère parlaient à voix basse. Cela avait-il eu lieu des années plus tôt ? Je voulais savoir ce qui se passait, et il m'avait dit qu'un homme venait pour se battre avec lui.

« Je veux me battre aussi.

— Tu es trop petit.

— Non ! Laisse-moi me battre.

— O.K. Peut-être. Attends dans la maison. Peut-être que tu pourras m'aider.

— Promis ?

— Ouais, avait-il dit en me souriant. D'accord. J'aurai probablement besoin de ton aide.»

J'étais resté assis sur le canapé pendant qu'il faisait les cent pas dans le petit salon, ne s'arrêtant que pour entrouvrir les rideaux et regarder l'entrée de gravier et la route noire menant au débarcadère du traversier. L'homme qui s'en venait avait déjà travaillé pour lui et voulait de l'argent qu'il ne méritait pas. Mon père m'avait raconté des histoires de bagarres. Ses descriptions étaient toujours amusantes, et je trépignais d'impatience à l'idée de frapper l'homme moi aussi.

«Il va bientôt être là», avait dit mon père en se remettant à aller et venir, le dos rond comme un chien en colère. Sa rage brûlait dans l'air : je pouvais l'inspirer et en sentir le goût sur ma langue.

Et puis j'ouvrais les yeux, levais mon visage du coussin, me frottais les joues.

Il avait passé la porte, des entailles d'un rouge profond sur la peau autour de ses yeux, le col de sa chemise déchiré. Il avait soulevé le combiné noir du téléphone. Il avait du sang sur les jointures.

«Il est K.O., avait-il dit à ma mère. Je l'ai mis K.O.

— Qu'est-ce qui s'est passé?

— Elle m'a sauté dans le dos. Sa blonde — elle a essayé de me grafigner les yeux.

— Elle est là?

— Je lui ai cassé la mâchoire. J'ai pas fait exprès. Elle m'a sauté dans le dos. »

Ma mère était restée à le regarder sans rien dire.

« Je voulais me battre ! » avais-je crié, et j'avais fondu en larmes.

Elle s'était dépêchée de venir jusqu'au canapé pour me recoucher sur le coussin.

« Dors », m'avait-elle ordonné d'une voix sévère. Son visage exprimait une tension que je reconnaissais pour l'avoir vue lors des rages de mon père, quand il était furieux contre elle, même si ce n'était pas le cas à ce moment-là.

« J'ai pas fait exprès », répétait-il. Il tenait toujours le téléphone.

J'ai compris que, dehors, l'homme et sa petite amie étaient étendus sur le gravier noir.

Mon père a composé et parlé dans le combiné, expliquant ce qui était arrivé : deux personnes s'étaient aventurées sur sa propriété.

Et puis je me réveillais à nouveau. Des lumières rouges et bleues clignotaient dehors, ondoyant dans les plis des rideaux. Mon père enfilait sa veste, la porte s'ouvrait, l'air frais de la nuit et l'odeur de la rivière déferlaient dans la pièce.

Après la bagarre près du traversier, il y avait eu une visite en cour, mon frère et moi tirés à quatre épingles, notre mère sombre et muette s'efforçant de nous faire tenir tranquilles en nous offrant les bonbons qu'elle interdisait d'habitude, qui allaient nous pourrir les dents et les os et faire de nous des attardés mentaux.

Peut-être les policiers étaient-ils venus dans la vallée parce qu'il avait encore battu quelqu'un. Ou bien les mécaniciens du train avaient porté plainte. Mais maintenant que je tendais l'oreille et gardais l'œil ouvert, je me rendais compte que quelque chose avait changé : ma mère était renfermée, mon père — quand il était à la maison — ressemblait à un chien de garde qui s'apprête à montrer les crocs. Si j'avais pu lire dans les pensées, je serais peut-être arrivé à comprendre ce que signifiaient les cris qui me réveillaient la nuit, les portes claquées, ma mère qui traversait la maison, toute nue sous une couverture enroulée autour d'elle, en lui disant de lui foutre la paix.

Parfois, la cause des disputes était évidente : il se fâchait quand elle préparait des repas bizarres, comme des oranges bouillies avec du riz, ou bien il lui disait d'arrêter de l'asticoter parce qu'il avait partagé sa vodka avec moi. Il m'avait laissé boire une gorgée lors d'un voyage de pêche et, fier de ce que je pouvais encaisser, j'en avais repris en cachette, la bouteille dressée au-dessus de mon visage, une bulle chatoyante s'élevant à chaque lampée. Mon frère avait appelé mon père, qui m'avait arraché la bouteille des mains. J'avais été pris d'étourdissements avant de m'évanouir, mais à l'école je m'étais vanté que mon père m'avait laissé me soûler. Ma mère était devenue blanche comme de la craie quand elle m'avait entendu raconter cela, et mon père m'avait plus tard rappelé que l'alcool était un autre de nos secrets. Mais tout était en voie de devenir un secret. Même la majorité de leurs disputes étaient mystérieuses. Il leur suffisait d'échanger un regard pour se mettre à crier.

Alors, peut-être savait-elle. Peut-être avait-elle découvert qu'il avait des ennuis. Je me suis demandé combien de temps il faudrait avant que la police revienne.

Nous allions chercher le courrier en camion, tous les cinq, mon père au volant, ma mère tenant ma sœur sur ses genoux, mon frère et moi coincés entre eux sur la banquette.

Dans le lointain, de vastes montagnes se dressaient sur l'horizon, dont les plus hautes étaient déjà blanches. Quelques feuilles roussies s'accrochaient encore aux arbres au bord de la route et, tandis que nous roulions, le soleil filtrait derrière les nuages, jetant des éclairs sur le capot.

Édifice de deux étages, le bureau de poste se trouvait près de la crique boueuse, non loin de l'endroit où j'étais né, juste à l'extérieur de la vallée. Une cloche en cuivre a tinté quand nous avons poussé la porte. Le propriétaire, un homme à l'air doux qui vivait à l'étage où menait une volée de marches grinçantes, était en train de lire le journal. Il s'est levé de son tabouret, a remonté ses lunettes bien haut sur son nez et a inspecté les casiers au mur. Puis il a saisi une liasse de lettres.

Sur les talons de mon père, je suis sorti et j'ai descendu les marches. Il se tenait dans le soleil, déchirant les enveloppes pour les ouvrir. L'une d'elles renfermait une carte ornée de fleurs qu'il a contemplée. Je ne l'avais jamais vu recevoir ce genre de choses et je me suis approché, mais je n'arrivais pas à déchiffrer ce qui était écrit.

«Qu'est-ce que c'est?»

Ma mère a ri. «Ça vient de son autre famille.»

La peau de son cou s'est empourprée. On aurait dit qu'il avait cessé de respirer.

«Quelle autre famille?» ai-je demandé. Je n'avais aucune idée de ce qu'elle voulait dire et j'ai levé les yeux vers lui en tentant de distinguer l'intérieur de la carte. Il ne parlait jamais de ses parents comme ma mère parlait des siens. Mais il n'a pas répondu, elle a regardé par terre et poussé un soupir. «C'était juste une blague. Je plaisantais.»

Il a plié la carte, l'a glissée dans la poche de son veston, nous avons grimpé dans son camion et sommes repartis. Mais je ne cessais de me demander ce qui l'avait mis à ce point en colère. Nous recevions souvent des cartes des parents de ma mère qui vivaient à Pittsburgh, mais c'était la première fois que je le voyais en recevoir une. Même si je savais qu'il venait du Québec, il ne parlait quasiment jamais des lieux où il avait grandi, sauf pour dire : « Mon frère et moi, on cassait la gueule de tous les enfants du village, alors toi et ton frère, vous feriez bien de vous protéger l'un l'autre. » À ce moment-là, il avait l'air un peu fâché, peut-être à cause de toutes les bagarres auxquelles il avait été mêlé.

C'était frustrant. Je ne connaissais presque rien de lui. Comment se faisait-il que je ne m'en sois jamais rendu compte avant cela ? Me cachait-il des secrets comme il en cachait à ma mère ? Le seul moment où je pensais à l'endroit d'où il venait, c'était à l'école, parce que c'est là que nous parlions français et lisions sur le Québec. Ma mère, qui adorait la langue française mais était incapable de la parler, m'avait dit que mon père avait été élevé en français même s'il ne le parlait désormais presque jamais. Il prétendait que ça ne servait à rien, pourtant elle insistait pour que nous apprenions la langue. Les cours de français n'étaient pas dispensés quand mon frère avait commencé l'école, mais on avait commencé à les offrir l'année où j'y étais entré.

Ce soir-là, en faisant mes devoirs, je continuais malgré moi à tenter d'élucider le mystère de la carte et de la deuxième famille de mon père. Je me suis approché du fauteuil où il était assis pour regarder la télé.

« *Est-ce que tu peux m'aider avec mes devoirs** ? » S'il vérifiait mes devoirs et parlait français, j'arriverais peut-être à éclaircir quelque chose. Peut-être existait-

---

* Les mots ou les phrases en italique suivis d'un astérisque sont en français dans le texte. (Ndlt.)

il des questions que je ne pouvais poser en anglais mais qu'il me fallait formuler en français. Et puis, j'étais toujours curieux d'entendre sa voix changer.

«O.K. *Viens**», m'a-t-il répondu, mais dès que ses grandes mains tannées ont saisi mon cahier d'exercices, il a plissé le front. Ses paupières se sont affaissées, il avait une expression coupable, comme s'il avait menti. Il s'est tassé dans son fauteuil tandis que j'entreprenais d'expliquer la tâche à effectuer. Quand je me suis tu, il a fait une suggestion sur la structure d'une phrase, mais j'étais relativement sûr qu'il se trompait, et je l'ai corrigé.

Il a baissé le cahier et fixé la télévision. Une vue aérienne de la ville montrait un panache de fumée noire s'élevant dans le ciel. Il avait l'air ébranlé, comme s'il s'agissait d'un endroit qu'il connaissait. Autour de lui, l'air bruissait d'une menace familière, le bourdonnement électrique de son irritation, et je me suis gardé de bouger ou de prononcer un mot.

Quand il est passé à l'anglais pour dire: «Ce n'est pas un bon moment», je me suis senti soulagé.

Ma mère avait les yeux bleu pâle, non pas foncés comme lui, et des mèches d'argent dans ses cheveux châtains qui, lorsqu'elle les tirait en arrière pour les nouer en queue de cheval, me rappelaient les rayures sur le pelage d'un chat.

«J'ai les yeux de qui?» ai-je demandé. Nous étions seuls dans la cuisine. Pendant qu'elle confectionnait du fromage de chèvre et que je faisais semblant de finir mes devoirs, mon frère et ma sœur regardaient la télé. Mon père était parti. J'avais posé la question comme si ça n'avait pas grande importance, même si la maîtresse nous avait fait lire sur les différentes couleurs d'yeux et nous avait expliqué que pour avoir des yeux bleus, il faut des gènes venant des deux parents. Ma mère a dit que j'avais probablement ses yeux à elle, à moins que quelqu'un dans la famille de mon père ait eu les yeux bleus, mais elle ne savait pas. Je ne me suis pas mis en frais de lui expliquer le fonctionnement de la chose, j'ai plutôt demandé:

«Comment ça se fait que tu ne sais pas?

— Parce que je ne les ai jamais rencontrés. Il n'est plus proche d'eux.

— Pourquoi?

— Je ne sais pas trop. Il ne s'entendait pas avec eux. Il n'aime pas en parler.

— Oh», ai-je fait de mauvaise grâce, étonné qu'elle n'en sache pas davantage au sujet de mon père. J'ai trituré mon crayon et étudié mon cahier d'exercices.

«Et j'ai les cheveux de qui?

— J'avais les cheveux blonds quand j'étais petite.

— Et mon nez?» Elle m'avait souvent dit que j'avais de la chance de ne pas avoir son petit nez. Elle prétendait qu'elle avait le nez en trompette, même s'il me semblait tout à fait correct.

«Tu as le nez de ton père. Tu as son vrai nez.

— Son vrai nez? ai-je répété. Son nez n'est pas vrai?»

Elle avait l'habitude de me faire des révélations troublantes.

«Son vrai nez, il se l'est fait écraser dans une bagarre. Les médecins lui en ont façonné un autre, plus petit, très droit. Je n'ai jamais vu le vrai, mais je suis sûre que tu l'auras en grandissant.»

J'ai baissé les yeux vers mon cahier d'exercices. J'étais assis à une table à pique-nique, du genre qu'on voyait dans les parcs mais jamais dans la maison des autres enfants. Ma vie ne ressemblait en rien à celle des autres enfants. Je ne disais jamais *maman* et *papa,* mais *André* et *Bonnie,* et personne de ma connaissance n'avait déménagé aussi souvent que nous. Chaque hiver, nous emménagions dans des maisons chauffées, des masures que mon père alimentait en électricité à l'aide de câbles de démarrage dont il fixait les extrémités au-dessus et en dessous du compteur après en avoir pelé le caoutchouc. L'été, nous vivions dans une roulotte posée sur des blocs de béton dans la vallée, gardant des chèvres et des bergers allemands dans des enclos dehors. Mes premiers souvenirs: des journées baignées de soleil et des moteurs déglingués, la montagne juste au-dessus de nos têtes, ni électricité ni eau courante, nos boissons dans des caisses de lait en fil métallique déposées dans la rivière.

Grâce aux histoires de ma mère, je savais qu'elle avait étudié les arts plastiques en Virginie mais s'était enfuie avec un objecteur de conscience. Je m'étais imaginé un type qui prenait plaisir à s'objecter à tout ce qu'on disait mais, comme sous le coup de la colère, elle m'avait expliqué qu'il ne voulait pas aller à la guerre. Elle avait fait la connaissance de mon père à Vancouver, où elle travaillait comme serveuse, une rencontre qui — parce qu'il me l'avait déjà décrite comme suit : «Elle m'a servi des œufs et du jambon, et puis je suis parti avec elle» — me donnait faim chaque fois que j'y pensais. Par la suite, ils avaient sillonné la Colombie-Britannique, dormant dans une camionnette, vivant de la pêche, une existence qui me faisait rêver : se réveiller le matin, sortir et aller droit à la rivière, pas de chambre à ranger, pas besoin de se soucier de l'école. Mais ils avaient décidé de se ranger et d'avoir des enfants, et ainsi ma vie parfaite avait pris fin juste avant ma naissance.

Lorsque je l'interrogeais sur la guerre, ou la raison pour laquelle il fallait s'y opposer, ma mère me répondait soigneusement, offrant des explications si détaillées — le Viêt Nam, le gouvernement corrompu, la disparition des libertés individuelles — que je n'y comprenais pas grand-chose. Elle ne me parlait jamais comme si j'étais un enfant, mais plutôt un vieil homme très sérieux, et je restais assis à écouter en essayant de retenir les grands mots qu'elle employait. Et puis, pour détendre l'atmosphère, je lui demandais de me raconter encore une fois *The Little Engine that Could* et elle s'exécutait, même si elle semblait considérablement moins intéressée par cette histoire que par les problèmes mondiaux.

À la différence de ma mère, lorsque je l'interrogeais sur sa famille, mon père répondait du bout des lèvres. «Pourquoi tu n'aimes pas parler français?» ou «Qu'est-ce qu'ils faisaient, tes parents?» me rapportaient quelques mots: «Ça ne sert à rien» ou «Il pêchait. Elle s'occupait des enfants.» Et puis il me racontait comment il avait traversé le pays pour se rendre à Calgary, avait assisté à une fête et s'était battu pour une femme d'une grande beauté.

«Ce gars-là, disait-il, était deux ou trois fois gros comme moi. On se poussait d'un bord à l'autre de la pièce. On a brisé la table, les chaises, et fait tomber tous les tableaux des murs. Il n'y a rien qu'on n'a pas cassé. Cette armoire à glace était vraiment coriace, mais je ne me suis pas laissé impressionner. Si tu te laisses impressionner, dans une bagarre, tu es cuit. Alors j'ai continué à le frapper et bientôt, tout le monde qui assistait à la fête s'est mis à m'encourager. Au départ, c'étaient pourtant ses amis, mais il était arrogant, et je me battais mieux que lui. Ils le voyaient bien, alors j'imagine qu'ils ont voulu être dans mon camp. Chaque fois que je l'étendais, je disais: "Reste par terre" et tous les autres criaient: "Reste par terre", mais il se relevait et puis je le frappais encore cinq ou six fois, il retombait sur le cul et tout le monde se remettait à crier: "Reste par terre." J'ai essayé d'être gentil, mais le gars était vraiment costaud, il persistait à secouer la tête et à essayer de se relever et il fallait que je recommence à le frapper. Ce n'était pas facile, mais j'ai fini par lui faire comprendre.»

Rendu là, j'avais oublié ma question de départ, je lui demandais s'il avait connu des bagarres pires que celle-là, et il enfilait les histoires les unes après les autres. Ses confrontations avec les «armoires à glace» (c'était l'un de ses termes préférés) se concluaient souvent d'étrange façon.

«Celui-là était tellement fort qu'il a fallu que je lui morde le nez pour gagner. On était sur les quais, près des bateaux de pêche, je l'ai étendu et je lui ai mordu le nez et j'ai tenu bon jusqu'à ce qu'il se mette à pleurer. Des fois, il faut faire des choses comme ça pour gagner une bagarre.»

Il me racontait des voyages, de Calgary à Tijuana dans un camion sans freins, ou au volant d'une vieille Ford T sur les chemins de fer de l'Alaska pour gagner des villes où les routes ne se rendaient pas. Quand arrivait un train, il donnait un coup de volant, quittait les rails et, après le passage du convoi, avec ses amis, hissait de nouveau la vieille Ford T sur la voie ferrée.

Mon histoire préférée était celle où, alors qu'il traversait le Nevada avec un ami, il avait pris un mormon en stop. Il conduisait si vite que le mormon priait sur la banquette arrière et implorait la pitié du Seigneur jusqu'à ce que mon père, qui roulait à plus de cent soixante kilomètres à l'heure, applique brutalement les freins. Le mormon avait été projeté sur le tableau de bord, le dos contre le pare-brise, de sorte que l'intérieur de la voiture était brièvement devenu noir et que tout ce que mon père voyait, c'était le visage hurlant de son passager. L'ami avait ouvert sa portière d'un coup de pied et ils avaient jeté le mormon dehors. L'homme avait saisi de la terre par poignées et s'était mis à embrasser le sol — «Comme le pape, sacrament», disait mon père.

Je ne savais pas ce qu'était un mormon, mais j'avais déjà vu le pape à la télé, à la descente d'un avion, qui embrassait la terre.

«Je te parie qu'il y a des chiens qui ont pissé partout sur ce bout de terre-là», m'avait dit mon père, qui avait changé de poste.

Ni les mormons ni le pape ne devaient être très brillants ou très courageux. En écoutant les récits de mon père, j'oubliais mes questions et ses secrets. Le péril de la vitesse et la pensée d'une étendue vierge, encore sauvage, me donnaient le frisson.

La preuve que ses histoires étaient vraies, c'était sa folie. Il s'engageait dans la circulation à toute allure ou roulait dans de grandes flaques à une telle vitesse qu'on aurait dit que son camion avait des ailes d'eau boueuse. Le moteur crachotait jusqu'à ce qu'il sèche. À la télé, il admirait Evel Knievel qui, vêtu de sa cape et de sa chemise ornée de bandeaux d'étoiles entrecroisés, sautait en motocyclette au-dessus d'une série d'autobus. Bien qu'il sût apprécier la difficulté de l'exercice, il préférait Houdini. Après avoir vu un documentaire consacré au magicien, mon père s'était mis à discuter des différentes façons de se sortir de menottes, de se libérer après avoir été enterré vivant et de s'échapper de chambres de torture.

Pourtant, une grande partie de ses exploits consistaient non pas à échapper à la torture, mais à nous y soumettre. Au centre commercial, quand j'avais quatre ans, il s'était caché dans une vitrine parmi des mannequins, bras levés, immobile, la tête penchée de côté et les yeux dans le vide. Il se confondait parfaitement avec le décor, sa posture était si convaincante que mon frère et moi étions passés devant lui à plusieurs reprises, en larmes, en criant son nom. Ce n'est que lorsqu'une femme s'était arrêtée pour nous venir en aide que nous avions vu le mannequin quitter sa place et s'avancer vers nous d'un pas rapide en riant.

Une autre fois, il nous avait emmenés, mon frère et moi, à un magasin qu'il avait l'intention de louer. Il exploitait trois emplacements où il vendait des arbres de Noël chaque hiver, mais possédait aussi trois poissonneries en ville et souhaitait en ouvrir davantage. Tandis que nous explorions l'arrière-boutique, il nous avait enfermés à l'intérieur et s'était caché dehors. Mon frère avait six ou sept ans et, bien déterminé à exprimer notre terreur, il avait entrepris de marteler la fenêtre jusqu'à ce qu'elle cède. Mon père avait surgi dans la vitre cassée. Son porte-clefs avait tinté contre la porte juste avant qu'il ne l'ouvre brusquement et nous donne la fessée pour nous être comportés en bébés. Mais tandis qu'il essayait de me frapper, je m'étais débattu : «Je ne pleurais pas!» Même après, alors que nous le suivions jusqu'au camion, j'avais continué de hurler, furieux : «Je ne pleurais pas!» jusqu'à ce qu'il se retourne, me jette un long regard et dise : «O.K. Ça suffit.»

Les courses contre les trains étaient plus fréquentes et toujours amusantes, même s'il s'y livrait désormais moins souvent que lorsque j'étais petit. Parfois il n'arrêtait pas, se contentait de rouler à toute vitesse devant le convoi, s'écartant de la voie ferrée au croisement à niveau, montant le remblai comme un tremplin pour regagner la route dans un tintamarre de bruits de tôle rouillée. Ou bien il attendait sur les rails, même si, en temps normal, il arrivait souvent à son camion pourri de caler ou bien de refuser de démarrer. Une fois, il était même sorti, et avait glissé ses clefs dans sa poche, nous ordonnant d'attendre. Nous nous étions mis à hurler quand le train avait surgi. Nous avions frappé les fenêtres en criant : «André! André!» jusqu'à ce qu'il saute derrière le volant et fasse semblant de tourner la clef en s'exclamant : «Ça ne démarre pas!» Mais le moteur avait fini par rugir et nous avions quitté la voie ferrée dans un crissement de pneus.

Plus tard seulement je me suis demandé pourquoi il aimait tant le danger, et pourquoi ma mère haïssait ce sentiment qui me rendait plus heureux que tout.

D'habitude, quand je me levais, mon père était déjà parti pour ses poissonneries, et il ne revenait que lorsque j'étais couché. Mais certains matins, avant l'école, si son camion était dans l'entrée, je scrutais par les fenêtres les rangées de sapins noyées de brume. Sa silhouette les traversait, suivie de ses bergers allemands qui se déplaçaient d'un mouvement vif, tous bientôt obscurcis par la pluie.

Au mois de novembre de ma quatrième année, tandis qu'il travaillait dans ses plantations d'arbres, je m'inquiétais que la montaison du saumon ne prenne fin et je contre-vérifiais les dates du frai dans les livres que j'avais empruntés en masse à la bibliothèque de l'école. Nous allions souvent à la pêche, lui et moi, dans les ruisseaux entre les champs ou dans le réservoir à l'extérieur de la vallée, mais il avait de moins en moins le temps et il était même souvent absent, aussi ne pouvais-je pas lui demander de m'y emmener. Couché dans mon lit, je contemplais des images de poissons : le grand barracuda aux dents pointues, le poisson-pêcheur avec son antenne. J'étais fasciné par leur mystère, par la manière dont ils surgissaient des noires profondeurs des eaux et s'évanouissaient, par le fait qu'ils appartenaient à un autre monde. Je ne voulais rien tant qu'en attraper un, avec mon père à la rivière comme auparavant, debout ensemble au bord de l'eau, et puis nous amusant de ce que nous avions pêché.

Quand je me suis réveillé, j'avais le visage dans le livre, la page soudée à la joue. Je l'ai prudemment décollée et me suis redressé. Il était en train de crier quelque part au rez-de-chaussée.

Je suis sorti de mon lit et j'ai ouvert la porte de ma chambre. Il n'y avait personne dans la cuisine en bas de l'escalier et je suis descendu à pas de loup, posant doucement le pied sur chacune des marches pour qu'elles ne grincent pas.

Je suis allé jusqu'à la porte de leur chambre et j'ai tendu l'oreille. Ma mère pleurait.

«Tout ça, c'est de la bullshit, disait-il.

— Je l'ai vu. C'était aussi vrai que tu es là devant moi. J'étais étendue, morte, mon corps a roulé de côté, et la moitié de mon visage était pourrie. C'était moi dans une ancienne vie.»

J'avais posé la main sur le cadre de porte, le bois peint était froid contre ma joue.

«Arrête d'assister à ces affaires-là. C'est quoi, ton problème?

— Je n'arrêterai pas. J'ai besoin de faire la lumière là-dessus. Je veux savoir qui j'étais avant.»

Ce n'était pas juste qu'il refuse que ma mère en sache plus. Sa description était saisissante, comme un mystère dans un roman. Mais peut-être qu'il la protégeait. Ça aussi, ça arrivait dans les histoires. Tout cela me plongeait dans la perplexité. J'avais cru que c'était elle qui était en colère contre lui, pas l'inverse. J'étais tellement frustré par tout ce qui m'échappait que je suis retourné à ma chambre en marchant d'un pas lourd, sans faire le moindrement attention.

Le lendemain, il était parti et elle nous a fait asseoir avec elle sur la moquette du salon. Elle voulait nous enseigner quelque chose de spécial qu'elle avait appris. Assis en tailleur, nous avons fermé les yeux et elle nous a dit de calmer notre esprit et de regarder vers l'intérieur jusqu'à ce que nous voyions une lumière blanche. La lumière blanche, c'était notre âme. Cela s'appelait de la méditation, nous a-t-elle expliqué.

J'ai levé les yeux au ciel sous mes paupières fermées, puis les ai ouverts. Mon frère et ma sœur étaient assis, ainsi que ma mère, paupières closes, visages impassibles. Le soleil se couchait sur les montagnes, les champs étaient déjà dans l'ombre, les derniers rayons du jour brillaient dans la vitre sale de la fenêtre. J'ai refermé les yeux et l'ai aperçue — une empreinte digitale pâle dans la noire substance de mon cerveau.

Cette nuit-là, quand elle est venue me border, je le lui ai dit.

«J'ai vu mon âme. J'ai vu la lumière blanche.»

Les larmes me sont montées aux yeux, non pas de tristesse, mais sous le coup de l'émotion provoquée par le mystère, tout ce qu'il y avait à connaître et à découvrir. Elle s'est agenouillée près de mon lit et a écarté les cheveux de mon visage.

«Je suis fière de toi, a-t-elle dit. Je veux que tu continues à regarder à l'intérieur de toi et que tu me dises tout ce que tu vois.»

Ma mère parlait souvent du destin.

« Vous êtes tous destinés à quelque chose », disait-elle en nous conduisant à l'école, les yeux fixés par-delà l'autoroute luisante jonchée de feuilles comme si nous allions continuer d'avancer vers notre destin et ne jamais revenir.

Elle nous disait que nos dons nous aidaient à comprendre notre destinée. Comme les bulletins de mon frère et de ma sœur abondaient en étoiles dont les miens étaient cruellement dépourvus, il était évident qu'ils étaient doués pour l'école. Les dons de ma sœur consistaient précisément en ce qu'elle savait chanter et, lorsque nécessaire, frapper les garçons ; mon frère se distinguait en mathématiques et en bonne conduite. Il était aussi doué d'une obsession pour les voyages dans l'espace et les Livres dont vous êtes le héros et passait tellement de temps à jouer à *Tron : Deadly Discs* sur sa console Intellivision qu'il en avait des ampoules aux pouces.

Je m'étais pour ma part essayé à fabriquer des sculptures à partir de déchets et même à confectionner des poupées avec les vieux sous-vêtements de maternité de ma mère, que je bourrais de ouate et tortillais comme le font les clowns avec de longs ballons, mais rien de tout cela n'avait été apprécié. Les sculptures étaient retournées aux poubelles et les poupées, peu après que je les eus offertes aux bambines des voisins, s'étaient démantibulées et avaient été abandonnées au bord de la route, si bien qu'on aurait dit qu'une femme enceinte bambochait tous les soirs dans la vallée.

44

Alors que nous approchions de la maison, j'ai demandé à ma mère pourquoi j'avais une destinée.

«Pour pouvoir faire quelque chose d'important pour le monde», a-t-elle répondu.

Cela expliquait peut-être pourquoi je me sentais toujours insatisfait, ou pourquoi j'avais toujours faim d'extraordinaire. Dès que j'entendais parler de quelque chose de nouveau, je ne pouvais cesser d'y penser, qu'il s'agisse de méditation, de pêche, de la police ou de la famille de mon père. Ma mère m'avait déjà expliqué que la société était corrompue et touchait peut-être à sa fin, et j'avais ressassé ses paroles jusqu'à avoir l'impression que la destruction était imminente. Ce serait la meilleure des histoires. Il n'y aurait plus d'école, j'irais vivre dans les montagnes où je m'adonnerais à la pêche et à la méditation pour toujours, à moins que, en fin de compte, là ne fût pas ma destinée.

«Mais comment est-ce que je peux savoir? ai-je pratiquement crié.

— Quoi?

— Ce qu'est ma destinée?

— Pose la question en toi, a-t-elle répondu. Toutes les réponses dont tu auras jamais besoin sont à l'intérieur de toi.»

J'ai soupiré. Il fallait que quelque chose se passe tout juste à ce moment-là, comme dans un film. Je voulais que le soleil embrase les montagnes, que le ciel se dissolve dans les champs, que la terre fonde jusqu'à n'être plus qu'une eau bleue et cristalline. Mais, le long de la route automnale, l'herbe morte ressemblait à un tapis à longs poils sale. Dix-Vitesses est apparue au loin et est passée en coup de vent, tournant la tête pour nous examiner de ses larges yeux vides. Et puis le chemin devant nous a de nouveau été désert. Quelques arbres nus s'inclinaient d'un côté et de l'autre, voûtés, penchés, tendus, comme de vieilles personnes.

«Est-ce que tu as des amis invisibles? a demandé ma mère.

— Qu'est-ce que tu veux dire?

— Est-ce qu'il y a des gens à qui tu parles?»

Il me semblait que c'était une question idiote. Je parlais à tout: aux animaux en peluche et aux livres, à mon oreiller et aux arbres. Je traversais les champs en parlant.

Mais mon frère s'est empressé d'expliquer: «Pas des vraies personnes.

— Des esprits guides, l'a interrompu ma mère. Ton frère et ta sœur en ont un. Combien en as-tu?»

J'ai regardé par la fenêtre. Dix-Vitesses avait fait demi-tour et tentait de nous dépasser, le menton collé au guidon. Je l'ai observée pendant un moment en réfléchissant à la question de ma mère.

«Douze», ai-je fini par dire.

Pendant un moment, personne n'a pipé mot.

«Eh bien, tu ne devrais avoir aucun mal à trouver ta destinée. Tu n'as qu'à demander. Je suis sûre qu'au moins un d'entre eux va te répondre.»

Les mois de novembre étaient décevants. Mon père était parti, occupé à gérer ses poissonneries ou à vendre des arbres de Noël. Mon anniversaire tombait un jour où il travaillait et ce vendredi-là, à l'école, les élèves m'ont chanté «*Bonne fête à toi**», bien que mon neuvième anniversaire n'ait été que le dimanche. Tandis qu'ils s'époumonaient, je regrettais les quelques dernières semaines de la saison du saumon et le fait que mon père soit trop occupé pour m'emmener à la pêche. La maîtresse a dit mon âge à la classe et tout le monde a demandé, comme chaque mois de novembre, pourquoi j'avais un an de moins que les autres. J'ai expliqué que ma mère, estimant que la maternelle était une perte de temps, m'avait inscrit directement en première année. Ils m'ont dit que la maternelle était amusante, et j'ai rétorqué que c'était pour ceux qui n'apprenaient pas vite, ce qu'elle avait aussi dit — même si, d'après ce que j'avais entendu, ça semblait effectivement plutôt amusant.

Le lendemain matin, alors que mon père disait au revoir à ma mère dans la cuisine, je me suis levé, j'ai attrapé mon livre sur le saumon et j'ai descendu les marches quatre à quatre.

«La montaison du saumon achève, ai-je pleurniché en lui montrant les dates. Est-ce qu'on ne pourrait pas y aller pour ma fête? C'est demain. T'allais oublier. Tu oublies toujours.»

Il venait juste de finir d'enfiler son imperméable près de la porte, et il a soupiré.

«On ne peut pas aller à la pêche, a-t-il répondu après un moment, mais si je t'amenais au travail pour ta fête? Il y a un lit supplémentaire. Je te ramènerai à la maison demain.»

J'ai dit: «O.K., parfait», comme si ça m'était égal, même si j'avais l'intention de le harceler au sujet de la pêche au saumon et de l'amener à se sentir coupable de n'avoir pas prévu quelque chose de plus spectaculaire pour mon anniversaire. Alors que nous roulions vers la ville et que je rongeais mon frein, nous sommes passés devant une rivière peu profonde où des Amérindiens, debout dans le courant, harponnaient les saumons qui faisaient des éclaboussures entre les rochers. Mon père m'avait jadis expliqué pourquoi ils avaient le droit de pêcher ainsi et d'attraper autant de poissons qu'ils le voulaient, et je les avais enviés. Je n'ai pu m'empêcher de marmonner: «Je voudrais bien être indien» tandis que nous passions devant eux.

Mon père vendait des arbres de Noël non loin du centre-ville de Vancouver, dans un terrain de stationnement loué à la Pacific National Exhibition dont les attractions étaient fermées pour l'hiver. Il avait installé des clôtures, transformé l'espace en un labyrinthe de pins, d'épinettes et de sapins, et dormait dans la maison mobile qui servait à la fois de bureau et d'abri pour ses employés lorsque ceux-ci avaient besoin de se réchauffer. Les deux jeunes hommes transportaient les arbres et flirtaient avec Helen, la jolie blonde responsable de la caisse. Elle faisait jouer des airs de Noël dans les haut-parleurs jusqu'au départ du dernier client, puis mettait les Eurythmics ou Duran Duran et tout le monde se rassemblait dans le salon exigu pour boire et bavarder, le plancher grinçant de la roulotte, raclant sur les blocs de béton sur lesquels elle était posée.

Ses employés avaient tous des imperméables et des pantalons jaunes, mais mon père était vêtu de vert, comme si c'était une couleur seyant à un général. Le jaune est moche, m'a-t-il dit, et il en a pris pour exemple le fait que c'était la couleur de la couardise. En vert, il se confondait avec les arbres, de sorte que parfois je ne le remarquais pas qui m'observait alors que je me promenais sans but en me parlant à moi-même. Je levais les yeux tout à coup, j'apercevais sa silhouette effacée, ses yeux fixes et sombres comme des fenêtres noires.

Même si j'étais fier d'aller travailler avec lui, je ne cessais de m'inquiéter au sujet de la montaison des saumons. Chaque fois que je soulevais la question, il soupirait et disait : «Très bien, je vais y penser. Arrête de me le demander, tu veux?» Puis il se remettait à bavarder avec des clients ou à donner des ordres.

Rendu au soir, j'étais affamé. Sur le canapé, enveloppé dans mon manteau, j'essayais de lire *Mystery of the Fat Cat* en regrettant de n'avoir pas suffisamment d'amis pour constituer un gang ou de ne pas vivre dans un lieu peuplé de créatures intéressantes telles que des rats et des cafards. Mon estomac se tordait et gargouillait, et je m'imaginais planter les dents dans le bras d'Helen comme si j'étais un rat mourant de faim. Qu'est-ce qui avait changé? Je ne m'étais jamais préoccupé de nourriture jusque-là. Était-ce quelque chose que mon père avait fait, ou bien les rêves de ma mère? Je me sentais triste et frustré, comme sur le point de fondre en larmes, ce qui ajoutait encore à ma colère. Je me détestais quand j'avais envie de pleurer. J'ai jeté le livre par terre et suis sorti.

Il bruinait sur le terrain de stationnement, les ampoules colorées suspendues ici et là étaient nimbées de halos translucides. Personne ne se trouvait près de la roulotte, la musique jouait tout bas, Perry Como susurrait comme de très loin. L'asphalte était couvert d'aiguilles de pin et je me suis engagé dans une allée plongée dans la pénombre, bordée de centaines d'arbres enroulés dans de la ficelle et appuyés contre des deux par quatre. Des voix me parvenaient, qui montaient et descendaient, comme l'océan dans le lointain. Le corridor d'arbres est devenu si sombre que je me suis immobilisé, mes sens submergés par l'odeur de la sève de pin.

J'ai appelé: «André…», mais ma voix s'est brisée. J'ai dégluti et me suis efforcé de dénouer mon larynx. «André!» ai-je crié. Des pas traînants sont passés devant les arbres et se sont arrêtés.

«Eh, André! a aboyé un homme d'une voix nasale et colérique. Ton gars te cherche.»

Les pas se sont éloignés et je me suis représenté des pieds indifférents chaussés de grosses bottes en caoutchouc se traînant au milieu des aiguilles de pin.

«Où ça?» a demandé mon père.

L'homme a aboyé de nouveau. «Juste là. Par là.»

Mon père a crié mon nom, l'air fatigué. Sa silhouette est apparue au bout du corridor, son chapeau en toile cirée luisant faiblement. Il ne traînait pas les pieds mais a avancé d'un pas silencieux jusqu'à ce qu'il se trouve devant moi. Sa barbe avait l'air noire, ses yeux étaient dissimulés par le rebord en caoutchouc du chapeau.

«Qu'est-ce qu'il y a?

— J'ai faim, ai-je dit en essayant de maîtriser ma voix, mais elle était trop forte et geignarde, et on aurait dit que j'étais au bord des larmes.

— Il est tard. Tu aurais dû me le dire avant.» Il parlait lentement, comme s'il ravalait sa colère, et je me suis forcé à déglutir et à répondre aussi tranquillement que je le pouvais.

«Je ne savais pas. Je ne m'en étais pas rendu compte.»

Il a poussé un soupir, comme s'il était soulagé que je n'aie pas éclaté en sanglots, et la tension a paru se relâcher autour de lui. Le crachin perlait sur mon visage tandis que j'essayais de déchiffrer son expression. J'avais toujours eu l'impression qu'il aimait bien ma compagnie. Auparavant, nous avions l'habitude de rire ensemble, et il contait des histoires chaque fois que je le voulais, mais cela ne se produisait désormais presque plus.

«Viens-t'en, a-t-il dit. Je vais te commander une pizza.»

Je l'ai suivi entre les arbres et, arrivé à l'espace devant la roulotte, avec les ampoules de couleur, la cafetière chromée et la musique, sous la bâche bleue suspendue devant la porte, il a crié à Helen de me commander une pizza.

«Quelle sorte il veut? a-t-elle demandé par la fente de la fenêtre coulissante.

— Peu importe. Il mange n'importe quoi.»

Il a baissé le regard et s'est forcé à sourire, des rides autour des yeux. Il a hésité avant de proposer: «Pourquoi on n'irait pas préparer ta chambre?»

Nous sommes rentrés, avons traversé l'étroit couloir dont les murs étaient recouverts d'un lambris de faux bois jusqu'à une porte branlante. Un matelas était posé à même le sol, près d'une boîte de lait en plastique sur laquelle se trouvait une lampe. D'une chiquenaude, il a allumé la chaufferette qui s'est mise à rougeoyer. L'air sentait la poussière brûlée.

«Ça ira?

— Oui.

— Tu peux lire ici. Helen va t'apporter ta pizza. Et puis tu pourras te coucher.

— O.K.», lui ai-je dit en me concentrant sur ma voix, que je souhaitais désinvolte et pleine d'assurance.

Il a baissé les yeux sans croiser mon regard, se contentant de me voir, comme si j'étais quelque chose qu'il avait trouvé au bord de la route et dont il ne savait que faire. Puis il s'est de nouveau forcé à sourire largement.

«Bon Dieu!» s'est-il exclamé avec l'enthousiasme exagéré qu'il exprimait quand il exhibait de l'argent ou apportait de la bière à ses employés. «Bon Dieu! On devrait décorer ta chambre, tu ne penses pas?»

Il a inspecté la pièce et, sur une tablette de la garde-robe, a découvert un magazine fripé. Il l'a ouvert et une longue page, une photo de femme, s'est dépliée du centre.

«Pourquoi est-ce que cette page est si longue?» ai-je demandé en inspirant librement, avec l'impression qu'il était peut-être revenu à la normale, que nous nous apprêtions à faire quelque chose d'amusant et que, si je savais me montrer patient, j'aurais de nouveau l'occasion de lui demander d'aller à la pêche au saumon.

«C'est le *centerfold*», a-t-il dit en arrachant la page. Il a fixé le haut du centerfold sur un clou planté dans le mur et a reculé.

La photo montrait une femme aux cheveux bruns vêtue d'une longue chemise bleue. La chemise était ouverte et ses mamelons se détachaient sur la peau blanche où se devinait encore la trace du maillot de bain. Derrière elle, on discernait des étagères garnies de livres anciens, d'allure sérieuse.

«Ça te plaît? a-t-il demandé.

— Ouais. Elle est dans une bibliothèque?»

Il s'est penché et a plissé le front. «J'imagine.

— C'est bizarre qu'elle soit dans une bibliothèque, non?

— Euh, je ne m'étais jamais posé la question…

— Quels livres tu crois qu'elle lit?»

Il en gisait un sur le sol, près d'une sandale bleue tombée du pied de la fille.

«Je ne sais pas. Peu importe, elle pourra te tenir compagnie cette nuit.

— Est-ce que je peux la rapporter à la maison et l'accrocher dans ma chambre?

— Ah…» Il a levé une main et s'est gratté la barbe. «Je ne suis pas sûr que ce soit une bonne idée.»

Je comprenais. Ça n'aurait pas plu à ma mère. Pas de doute: cela aussi devrait être un secret. Alors j'ai hésité, puis tenté: «Penses-tu qu'on peut aller à la pêche au saumon pour ma fête?»

Il a baissé les yeux. «Tu ne laisses pas tomber, hein?

— C'est parce que je veux vraiment y aller. C'est important.

— O.K., a-t-il dit. O.K. On va aller à la pêche au saumon.

— Promis?

— Ouais, promis. Écoute, il faut que je retourne travailler. Helen va t'apporter ta pizza.»

Après son départ, j'ai regardé le centerfold en regrettant de n'avoir pas de bibliothèque comme la femme toute nue. Les livres avaient l'air de coûter cher, avec leurs couvertures aussi épaisses que celles des encyclopédies, mais quand j'ai tenté de déchiffrer les titres, je n'ai pas réussi à en lire un seul.

La veille de notre voyage de pêche, j'ai eu du mal à trouver le sommeil. Puis, dès que je me suis endormi, mon père m'a réveillé. Il faisait encore noir. Mon frère et moi avons enfilé nos vêtements dans la pièce froide. Nous l'avons suivi jusqu'au camion.

Il roulait lentement tout en bâillant et en buvant à un thermos, regardant droit devant tandis qu'une musique étouffée jouait à la radio. J'aimais la faible lueur du cadran, les phares jaunes qui perçaient la vallée, la façon dont la vapeur se dissipait dans sa barbe, le parfum du café.

Habituellement, il conduisait comme un maniaque, hurlant des invectives aux lambins et nous prévenant de surveiller les flics paresseux assis à ne rien faire dans leur auto-patrouille. Il racontait des histoires sanglantes de garçons qui avaient sorti la tête par la fenêtre, comme je le faisais pour attraper le vent dans ma bouche et le sentir fouetter mes cheveux. Ma mère avait recours à une technique semblable pour les ceintures de sécurité, me livrant une description de mon corps projeté à travers le pare-brise et venant racler l'asphalte. «Plus de peau, disait-elle. Tu ressemblerais à de la viande crue, tu aurais les os cassés, une commotion cérébrale et tu ne serais plus jamais capable de raisonner comme il faut.» Même si les ceintures de sécurité de mon père étaient défectueuses, je préférais ses histoires à celles de ma mère, ma favorite étant celle de l'homme qui aimait sortir la tête par la fenêtre pendant qu'il conduisait. Un camion qui l'avait croisé la lui avait arrachée et, comme il n'avait plus d'yeux pour la retrouver au bord de la route, il avait dû rentrer chez lui sans sa tête.

En ce moment, toutefois, il n'y avait pas d'histoires. Mon père bâillait, se frottait le visage, ou buvait à son thermos. Mon frère dormait. Je me suis retourné sur mon siège.

Derrière nous, au milieu de la voie, Dix-Vitesses chevauchait son vélo, sa tignasse cachée par un capuchon foncé, le visage rougi par nos feux arrière, ses yeux largement écartés impossibles à confondre. J'avais du mal à en croire mes yeux. Elle négociait les virages montueux plus rapidement que nous, ses jambes effectuant un mouvement de piston semblable à celui de l'aiguille sur la vieille machine à coudre de ma mère. Elle s'approchait, se faisait distancer, s'approchait de nouveau, réussissant à maintenir notre allure parce que nous ne roulions pas vite. J'ai pensé alerter mon père de sa présence, mais il avait l'air irrité et endormi, et puis c'était amusant de la regarder. Je me suis dit que nous la sèmerions sur l'autoroute, ce qui s'est avéré, même si elle a réussi à nous suivre beaucoup plus longtemps que je ne l'aurais cru.

Après deux heures, nous avons emprunté une mince route asphaltée s'enfonçant dans les montagnes, puis des chemins de gravier, pour enfin nous garer. Dès que nous avons ouvert la porte, la puanteur était insupportable.

«Calvaire», a dit mon père. L'aube illuminait la cime des arbres tandis que nous traversions le bois à sa suite jusqu'à la rivière. L'eau déferlait devant les rochers et les bancs de sable. Partout autour de nous, d'énormes saumons brillamment colorés aux mâchoires recourbées étaient en train de pourrir. Pour les avoir étudiés dans des livres (j'avais en fait dérobé les plus intéressants et découpé les pages révélant qu'ils appartenaient à la bibliothèque de l'école), je savais que lors du frai, la mâchoire des saumons s'incurvait, leurs dents devenaient pointues, il leur poussait des bosses sur le dos et, de bleu argenté, leurs écailles passaient au lie-de-vin.

Quelques poissons gonflés et moribonds tentaient encore de remonter le courant avec les mouvements laborieux d'un vieux chien qui branle la queue.

Nous avions trop attendu. La saison était finie. Nous avons tout de même fait semblant de pêcher, debout dans le froid, testant nos cuissardes près des roches glissantes dans l'eau agitée. Je n'ai pas laissé voir ma déception et lui non plus. J'ai regardé où il se tenait, le visage un peu hagard, des cernes foncés sous ses yeux tandis qu'il observait les tourbillons du courant. Il respirait entre ses lèvres entrouvertes, la mâchoire légèrement en avant, et je l'ai imité, me sentant immédiatement comme un dur à cuire. Si j'enlevais sa barbe, serait-il simplement moi, mais avec des cheveux et des yeux foncés, et le jour viendrait-il où je ne serais plus moi, mais lui, avec son vrai nez, et donc encore plus lui qu'il ne l'était lui-même? Cette idée me plaisait bien, mais me plongeait aussi dans la confusion, et elle s'est rapidement dissipée. J'ai inspiré l'air froid qui soufflait au-dessus de la rivière. Il y avait tant de choses que je ne saurais jamais, et j'ai cessé d'y penser. Peut-être que nous continuerions à faire la course avec un train de temps en temps, mais rien d'autre ne serait plus pareil. Les bons moments avaient pris fin à jamais pour des raisons qui m'échappaient.

Nous n'avons rien attrapé et sommes partis tôt, trébuchant jusqu'au camion dans nos cuissardes en caoutchouc. Pendant qu'il conduisait, je parlais. J'avais décidé que, quelque amour que j'aie pu avoir pour les poissons, les pouvoirs de l'esprit étaient plus intéressants. Je lui ai expliqué cela et lui ai raconté que j'avais vu mon âme en méditant, et aussi que si je restais bien tranquille et tendais l'oreille, je pouvais entendre les conseils de mes amis invisibles. Il ne disait rien, le jour tombait, le ciel était doucement strié, comme l'une de ses vieilles chemises délavées.

«C'est ta mère qui t'a raconté ces trucs-là?

— Ouais. Je suis même capable de lire dans les pensées des gens si je veux. Savais-tu que c'était possible?»

Il n'a pas répondu, se contentant de serrer le volant jusqu'à ce que ses jointures blanchissent. Mon frère regardait par la fenêtre sans dire un mot et je me suis rendu compte que j'avais répété des choses qui mettaient mon père en rage. Le camion a pris de la vitesse, cahotant sur la route étroite jusqu'à ce que nous atteignions l'autoroute. Il s'est engagé à toute vitesse sur l'échangeur en oscillant de droite à gauche. Les pneus ont crissé avant de mordre la chaussée, et nous avons bondi en avant.

«Maudit bordel», a-t-il dit.

Mon frère et moi sommes restés immobiles, comme s'il ne s'était rien passé. Mon père était-il en colère parce que nous n'avions rien attrapé, ou parce que j'avais répété les paroles de ma mère? Ces choses-là devaient-elles rester secrètes aussi? Assis près de son coude, j'observais les gestes brusques de sa main guidant le volant, la façon dont il se penchait, plissant les yeux comme s'il visait quelque chose dans le lointain, exactement comme ma mère l'avait fait en parlant de destinée.

De l'autre côté du pare-brise se déployaient les dernières lueurs fumeuses du couchant, le ciel s'effilochait au-dessus des arbres comme s'il avait été arraché à un livre d'images. Je l'ai contemplé sans réfléchir, refusant de réfléchir, et après un moment, comme s'il se heurtait à l'intensité de la nuit, le camion a ralenti et je me suis endormi.

Une semaine plus tard, Ian m'a dit que sa sœur avait disparu. Elle avait roulé jusqu'à l'autoroute sur son dix-vitesses et était allée si loin qu'elle n'avait plus su comment revenir. La police l'avait retrouvée en train de regarder la circulation, en larmes parce que les piles de son baladeur étaient à plat.

CLUB DE LÉVITATION ET FIN DU MONDE

À en juger par la description qu'en faisait ma mère, la fin ne semblait guère terrible. La nature prévaudrait, et ceux qui avaient choisi de retourner vivre en harmonie avec elle auraient la vie sauve. Je me représentais la guerre et l'anéantissement des villes, mais je ne suis pas sûr qu'elle les ait évoqués. La fin telle que je la concevais m'atteignait par ses dénonciations des produits chimiques, des machines et de nos existences dénaturées. Pleine de ressentiment contre ce qu'elle entendait à la radio, elle semblait lutter contre une puissance que j'étais incapable d'identifier. Mais les deux choses qu'elle détestait le plus étaient les chrétiens et les aliments transformés.

«Tu vois ça?» disait-elle au supermarché. Un homme gras descendait l'allée d'un pas lourd. «Il mange des aliments faits de produits chimiques.» Elle pointait les sacs de chips gonflés, les faces de dessins animés sournois ornant les boîtes de céréales ou les tablettes de chocolat semblables à des étrons dans leurs emballages bruns.

« Le sucre corrode les os. Les dents deviennent brunes et puis elles tombent. Les muscles s'affaiblissent, le cerveau cesse de fonctionner et la peau se met à pendouiller. Le genre humain est en train de devenir idiot à cause de toutes ces cochonneries artificielles. »

J'ai considéré un très vieil homme se déplaçant à l'aide d'un déambulateur, son crâne chauve constellé de taches et de sillons comme une noix, puis un autre, les mains jointes sous le menton, qui avançait gauchement avec les mouvements laborieux d'un insecte blessé.

À la maison, elle nous faisait boire le lait de ses chèvres, qui sentait la bière. Mon frère et moi serrions les doigts autour du verre et avalions d'une gorgée le liquide blanc et mousseux. Nous parlions de la fin de la saison du lait de chèvre comme nous aurions évoqué le début des vacances d'été.

« J'ai tellement hâte au lait de vache, soupirait mon frère.

— Moi aussi », opinais-je, même si je savais que mon salut passait peut-être par le lait de chèvre.

S'il m'arrivait de boutonner ma chemise en jaloux et de ne pas remarquer que mes lacets s'étaient dénoués, j'avais tout de même une petite bande d'adeptes à l'école. Nous nous retrouvions passé le terrain de jeux, dans la pente venteuse où les instituteurs ne risquaient pas de nous surprendre en train de parler anglais, et là je leur racontais les pouvoirs de l'esprit, la télépathie et la télékinésie.

À la télé, j'avais vu Marco Polo épier un moine bouddhiste s'adonnant à la lévitation, et ma mère avait confirmé que des hommes paisibles en des lieux lointains étaient capables de flotter et même de parler par la grâce de leur esprit. C'est ainsi que j'avais entrepris de m'exercer. Couché dans mon lit, je me laissais devenir léger comme l'air et m'efforçais de m'élever au-dessus du mince matelas en mousse. Après avoir fait chou blanc, j'ai tenté quelque chose de plus modeste : j'ai posé une feuille de papier sur ma commode et l'ai regardée fixement. Puis je l'ai déposée par terre et l'ai observée en plissant les yeux avec rage. Je l'ai appuyée contre le mur et j'ai tenté de la faire glisser sur le sol, ce qu'elle a fini par faire, mais je n'étais pas sûr que j'y étais pour quoi que ce soit.

« Il faut juste se concentrer », disais-je aux autres enfants, me sentant moi-même inspiré par mes paroles, comme si les expériences qui avaient fait long feu étaient manifestement possibles.

« Vous laissez vos yeux se fermer à moitié, poursuivais-je. Vous regardez la feuille, et elle va se mettre à flotter. Vous pouvez même le faire avec votre propre corps. Vous pouvez léviter. »

Un gamin bagarreur du nom de Matthieu me regardait, bouche bée. Il avait une cicatrice comme s'il avait été opéré pour un bec-de-lièvre, même s'il insistait pour dire qu'un autre gamin lui avait lancé une pierre, après quoi lui-même lui avait cassé la figure.

«T'as fait ça? a-t-il demandé. Tu as flotté?»

J'ai haussé les épaules. «Juste par accident. Je dormais. Je suis tombé en me réveillant.»

Il était risqué de m'ériger ainsi en chef de secte en herbe. Loin d'être populaire, pas doué pour les sports, j'étais le chouchou des filles, qui laçaient mes souliers chacune leur tour. J'oubliais souvent de remonter ma fermeture-éclair et, après l'école, quand je grimpais dans la camionnette de ma mère, elle n'avait rien de plus pressé que de réaligner les boutons de ma chemise et de rentrer dans mon pantalon le pan de chemise qui en dépassait, ou bien de sortir le pan qui y était rentré.

«Il faut que vous essayiez, leur ai-je dit.

— Pourquoi? a demandé Guillaume, gros, maladroit, dont le visage plein de taches de rousseur s'empourprait facilement, et que les gamins malicieux appelaient *la tomate**.

— Parce que le monde est à la veille de changer. Il faut être prêt.»

Les enfants ont hoché la tête. Il y avait une communauté évangélique florissante près de l'école, et ils avaient déjà entendu semblable discours. Quelques-uns ont offert leurs propres témoignages. L'un croyait avoir déjà flotté très légèrement au-dessus de son lit parce qu'il avait entendu le plastique bruisser sous son drap. Guillaume avait fait glisser par terre une feuille appuyée contre le mur. Tout le monde était impressionné.

De retour en classe, Mme Hans discourait, nous imposant des exercices de grammaire. Tandis que je conjuguais les verbes d'une histoire où il était question de cabanes à sucre et de patin à glace au Québec, je n'arrivais pas à comprendre pourquoi mon père avait quitté un lieu où tout le monde mangeait du sucre d'érable et patinait à longueur de journée, même si on s'y querellait beaucoup, détail important que l'histoire ne mentionnait pas. Mais Mme Hans n'en avait que pour les verbes. Les cheveux gris, la poitrine semblable à celle d'un débardeur, elle était sans doute elle-même une bagarreuse fort respectable. En la regardant, j'ai songé à un tonneau habillé de vêtements féminins. Je me suis imaginé le tonneau descendant les chutes Niagara. Elle répétait : *j'étais, tu étais, il était, nous étions**. Pourquoi nous fallait-il apprendre à parler alors que nous le savions déjà ? J'ai fermé les paupières et senti mon corps devenir léger. Bientôt, je n'aurais plus besoin de grammaire. Je m'élèverais, passerais à travers mon pupitre sans que personne ne me voie, et traverserais le mur pour gagner l'air frais du dehors. Alors, je prendrais mes jambes à mon cou. Mais pour l'instant, j'étais encore en train de me dissoudre, de devenir brouillard.

« *Réveille-toi**! » a dit Mme Hans en me donnant une taloche derrière la tête.

C'était son avertissement habituel, raison pour laquelle je l'appelais — devant les autres élèves — Mme Hand, brisant du coup la règle cardinale interdisant de parler anglais.

Pendant la période de lecture, j'ai demandé à aller à la bibliothèque. Mais lorsque le bibliothécaire m'a aperçu, il a fait mine d'être occupé, s'esquivant dans son bureau où il s'est affairé, s'interrompant pour se lisser la moustache. Je le talonnais depuis quelque temps afin qu'il me trouve des livres traitant de perception extrasensorielle et de pouvoirs psychiques.

J'ai tiré une chaise, me suis assis, puis affalé. Ma chemise à carreaux rouge était percée aux coudes ; ma mère la rapiécerait dès qu'elle s'en apercevrait. Le dessus de la table était froid au travers des trous.

Dans quelques jours, l'école s'interromprait pour les vacances de Noël, et il me fallait assez de lecture pour tenir le coup. Mes parents parlaient peu ; la rage que couvait mon père et la peur sourde de ma mère étaient des mystères qui me rongeaient. Dès que mon père s'absentait, ma mère écumait des documents ou bien passait des coups de fil avec la voix étouffée d'un méchant de série télé. Pas de doute, il me faudrait un bon nombre de livres pour traverser le congé. J'étais incapable de rester assis sans un livre. Je n'arrivais même pas à m'endormir sans une histoire.

Je suis allé jusqu'aux étagères et suis resté debout devant comme je le faisais en face du réfrigérateur ouvert. J'avais prévu de cesser de lire des ouvrages portant sur les poissons, alors peut-être pourrais-je emprunter le roman où il était question d'enfants mutants et de télépathes vivant après une grande guerre? Je m'en étais inspiré pour les sermons que je livrais à la récréation, racontant de sombres histoires sur l'avenir.

Mais il y avait aussi un volume consacré aux poissons préhistoriques que j'adorais, aussi me suis-je rendu à la section des livres sur les poissons. Elle était vide, et je me suis rendu compte que je les avais tous empruntés, et qu'ils étaient à la maison.

Juste avant le coucher du soleil, le camion de mon père a fait crisser le gravier dans l'entrée et mon frère est sorti pour l'accueillir. Assis dans la cuisine, je lisais un livre sur les cœlacanthes, des poissons préhistoriques redécouverts par un pêcheur au large de la côte sud-africaine, ce qui m'avait amené à me demander quels poissons anciens pouvaient se retrouver par hasard dans les poissonneries de mon père. Dehors, le rythme des paroles de mon frère paraissait léger et rapide comparé à la voix lente et quelque peu rocailleuse de mon père.

Ma mère était en train d'aider ma sœur dans sa chambre. Je me suis levé et j'ai regardé par la porte. Le ciel gris pesait sur la vallée, laissant présager une pluie froide et non pas la neige que j'espérais.

«Chut!» a murmuré mon frère. Il guettait, tapi derrière le hangar; la frange de ses cheveux bruns coupés au bol lui tombait dans les yeux. «Dépêche-toi!»

Je me suis hâté d'aller le rejoindre derrière le mur. Mon père était là, souriant dans sa barbe, et en le voyant, j'ai su que nous allions faire quelque chose de mal et de très amusant.

«Pas un mot à votre mère, a-t-il dit. Promis?»

J'ai hoché la tête tandis qu'il sortait une bouteille de Pepsi, longue et pleine de courbes, de son manteau. Il a dévissé le bouchon et un sifflement s'est élevé. Mon frère haussait les épaules puis les baissait, soupirant nerveusement.

«Juste une petite gorgée, disait mon père. Ça va brûler.»

Tenant la bouteille à deux mains, mon frère l'a inclinée. Il a secoué la tête et avalé, semblant aussi inquiet que je me sentais, même si nous nous efforcions tous deux de sourire. Ce n'était pas une petite affaire. Ma mère nous avait toujours avertis de ne pas boire de boissons gazeuses, et je ne lui avais jamais désobéi.

«C'est bon, hein?» Mon père m'a passé la bouteille. Dissimulant ma peur, j'ai pris une lampée. Le liquide froid a pétillé sur ma langue, un gaz brûlant a gagné mes sinus, suivi d'une douceur sucrée insinuante, d'une intensité chimique, et j'ai redonné la bouteille de Pepsi. Je suis resté là comme si de rien n'était, mais je pouvais sentir mes os se corroder juste sous ma peau.

«Vous allez apprendre à aimer ça», nous a-t-il dit en levant la bouteille pour en vider le contenu en quelques gorgées. C'était un miracle qu'il soit encore en vie. Il s'est essuyé les lèvres avec sa manche et nous a fait promettre de nouveau. Il souriait encore, mais ses yeux ont pris un éclat fixe et menaçant. Nous avons promis. Alors il nous a renvoyés dans la maison.

Debout à la cuisinière, ma mère nous a lancé un regard soupçonneux.

« Avez-vous fait vos devoirs ?

— J'ai presque fini », a répondu mon frère, tandis que je me contentais d'apporter mon sac à dos dans le salon, de le jeter par terre puis de me pencher au-dessus comme si je venais de découvrir d'étranges déjections. Parfois, il me fallait faire une bêtise pour en couvrir une autre. Le manuel de composition dont la couverture était ornée de trois canards se trouvait devant moi, et je l'ai botté comme si je jouais au soccer. La couverture s'est détachée et mon cœur s'est arrêté de battre. N'était-ce pas évident que je n'étais pas fait pour l'école ?

« Deni fait des trucs bizarres ! » s'est plaint mon frère. Ma mère est entrée et, sans la regarder, j'ai ouvert le manuel mutilé. Cela s'ajouterait à la liste des choses qui me distinguaient en classe. J'ai fermé les yeux pour contrôler ma frustration. J'étais toujours le gamin bizarre. Les autres avaient des sacs à dos colorés et des vêtements neufs tandis que mon frère et moi portions de grosses chemises de flanelle rapiécées aux coudes et des pantalons raccommodés qui cachaient nos souliers. Ma mère avait fabriqué nos sacs à dos en coupant une jambe d'un jean de mon père, qu'elle avait séparée en deux avant d'en coudre une extrémité et de passer une ficelle à l'autre bout. Tous les élèves les avaient montrés du doigt en demandant : « Qu'est-ce que c'est que ça ? » et, le lendemain, mon père était entré dans la cuisine, une jambe nue, en gueulant : « Qu'est-ce qui est arrivé à mes jeans, calvaire ? » Ma mère s'était étranglée de rire jusqu'à en devenir rouge, et avait répondu : « Oh, je pensais que tu ne portais plus cette paire-là. »

Maintenant il était en train de se déshabiller près de la porte de la cuisine ; puis il est entré dans le salon à pas de loup. Il a regardé autour de lui comme un animal en cage, et ma mère a battu en retraite jusqu'à la cuisinière. Il a poussé un soupir, s'est assis dans son fauteuil et a allumé la télé.

« Vous devriez prêter attention aux nouvelles, nous a-t-il dit, interrompant nos devoirs. Elles vous enseigneront tout ce que vous avez besoin de savoir. »

Nous avons appris avec lui que les États-Unis pouvaient déployer des missiles depuis des milliers de sites souterrains reliés par des tunnels sous le désert. Les commentateurs discutaient de l'importance de survivre à une première attaque et de ce qui avait changé depuis la mort de Brejnev. Mon père a grommelé : « Les choses étaient en train de s'améliorer jusqu'à ce qu'il vienne tout foutre en l'air. »

Un peu plus tard, il a déclaré que l'ayatollah était un « méchant enfant de chienne » et dit que « peut-être que Reagan réussira à réparer les pots cassés par Carter. Ce gars-là ne savait pas ce qu'il faisait.»

«Si la Troisième Guerre mondiale se déclare, a demandé mon frère, est-ce qu'on peut capturer un tank et est-ce que je peux vivre dans la cour?»

Mon père s'est retourné d'un mouvement brusque et a regardé à l'endroit où nous étions couchés devant la télé.

«Eh bien, O.K., je suppose que c'est correct.» Mais il a continué d'étudier mon frère.

J'ai tenté d'imaginer le tank camouflé derrière le pommier et me suis demandé si je devais en demander un aussi, mais je voyais, à l'expression de mon père, que la requête de mon frère lui semblait bizarre. J'avais compilé une liste de toutes les choses que je devais m'abstenir de mentionner devant lui, la lévitation figurant au premier rang. Voilà l'avantage de ce qui se trouvait dans ma tête : personne d'autre ne pouvait le voir, ainsi cela ne pouvait pas m'attirer d'ennuis. Pourtant, je redoutais que ma mère puisse deviner ce que je pensais juste en me regardant. Ou peut-être était-ce ce que je m'imaginais parce que je savais qu'elle croyait à la télépathie. Mon père n'y croyait pas, c'était donc plus facile de le rendre heureux.

Apportant mon livre dans la cuisine, je me suis assis en face de ma sœur, occupée à colorier des dessins de chevaux. Elle portait des pantalons pattes d'éléphant et une chemise à carreaux, ses cheveux étaient attachés à l'aide d'une barrette. Ma mère m'a regardé avec ces yeux bleus capables de voir à l'intérieur de ma tête. Sur-le-champ, j'ai voulu tout avouer, mais ma peur était trop forte. Elle serait en colère, et mon père serait plus en colère encore. Le Pepsi, qu'elle avait interdit, semblait bien pire que l'alcool. Comment pouvait-elle accepter qu'il en boive?

«Qu'est-ce que c'est, un missile nucléaire? ai-je demandé pour la distraire.

— Oh, c'est difficile à expliquer. C'est une chose horrible, horrible, qui pourrait tous nous tuer. Ça finira sans doute un jour par détruire la planète.»

Mais elle n'a pas fourni d'explications comme elle le faisait habituellement. Muette, elle a fixé la sauce à spaghetti qui mijotait comme si elle sondait l'avenir.

«Le monde est un lieu terrible, a-t-elle repris d'un ton plus doux. Ce n'est pas si pire pour les garçons, mais les filles doivent être fortes.»

Ma sœur a levé les yeux. Elle avait six ans, et j'ai voulu dire à ma mère de se taire.

Et pourtant je me languissais de voir révélée la férocité du monde, d'en être enfin témoin.

Toute la classe riait de moi. On était à la veille des vacances de Noël, mais les élèves se moquaient encore des lunchs que me préparait ma mère. Le plus souvent, pour cacher mes sandwiches, je les mangeais à même mon sac à lunch brun, comme un ivrogne qui boit à une bouteille dans un sac.

«Montre», disaient-ils. Eux avaient des chips, des sandwiches au beurre d'arachide et à la confiture, des biscuits. J'ai sorti deux tranches de pain foncées qui s'émiettaient, entre lesquelles s'empilaient quinze centimètres de laitue et de tomates.

«Oh», ai-je fait tandis que les tranches de tomate glissaient, que le pain tombait en miettes et que la laitue se répandait sur mon pupitre. Les autres élèves hurlaient de rire. Faisant semblant que mon accident avait été intentionnel, j'ai baissé la tête et me suis mis à renifler comme une vache, cueillant les morceaux sur mon pupitre. Les autres enfants en roulaient en bas de leur chaise. Je me suis levé, j'ai fait des yeux bovins et remué la mâchoire comme si je ruminais.

Mme Hand m'a asséné une claque derrière la tête.

«*Cochon**», m'a-t-elle grondé, et les élèves se sont tus.

Pendant la récréation, lorsque j'ai abordé la lévitation, les enfants semblaient dubitatifs, car ils m'avaient vu imiter une vache. Seul Guillaume montrait de l'enthousiasme. Il réussissait de mieux en mieux à déplacer des feuilles de papier appuyées contre le mur. Il a continué à jacasser jusqu'à ce que son visage devienne rouge et que de la salive s'accumule à la commissure de ses lèvres, et même moi j'avais envie de l'étendre d'un coup de poing.

J'ai expliqué que ma mère avait dit qu'il fallait construire les pouvoirs psychiques lentement, en méditant à la lueur d'une bougie. Elle en avait déposé une devant moi et, lorsque je m'étais concentré, la flamme avait considérablement vacillé. Guillaume a postillonné qu'il allait essayer, même si ses parents ne le laissaient pas jouer avec le feu.

Tous les autres se fichaient de ce que je racontais. Ils n'avaient d'yeux que pour ma fermeture éclair baissée, ma chemise à moitié rentrée dans mon pantalon, mes lacets qui traînaient sur le sol. Ils se sont éloignés par petits groupes tandis que j'enchaînais : grandes guerres, mutations, superpouvoirs. Il me semblait que si je parlais suffisamment, quelque chose d'extraordinaire allait finir par se produire.

«Il faut se concentrer, disais-je. Ça prend du temps.» J'enfilais n'importe quoi.

«Peut-être que tu n'es pas le bon type, ai-je suggéré à Matthieu qui me tournait le dos.

— Le bon type de quoi?»

Je n'avais pas de réponse. Il a reniflé et est parti.

En temps normal, j'aurais été excité à l'approche des vacances de Noël, mais l'atmosphère à la maison était pesante. Pendant le reste de la récréation, j'ai suivi le sentier qui faisait le tour du terrain de jeux, à reculons, fermant les yeux quand je le pouvais, me contentant de respirer sans céder à la colère, sans penser à quoi que ce soit. Chaque fois que le vent soufflait, je me penchais vers l'arrière pour voir s'il me soutiendrait.

Le jour de Noël, mon père est rentré, fleurant la sève de pin, après avoir fermé les emplacements où il vendait des sapins. Il s'est débarrassé de son attirail de pluie à la porte sans dire un mot à ma mère. Il a augmenté le chauffage qu'elle gardait bas car, comme je l'avais entendue se plaindre, il ne lui donnait pas beaucoup d'argent pour le gaz, nous en avions déjà manqué une fois et avions dû nous réchauffer autour du poêle. En boxers, il s'est assis dans son fauteuil et a fixé la télé où l'annonceur mentionnait l'anniversaire de l'invasion de l'Afghanistan par l'Union soviétique. Brièvement, on a vu un extrait montrant des hommes devant une église, tous portant des pancartes-sandwichs où se lisait : La fin approche.

Au moins, quand la fin viendrait, je ne serais plus obligé d'aller à l'école, et ma vie ressemblerait aux *Chroniques de Narnia*. Peut-être que je ferais des choses qu'avait jadis faites mon père, j'attraperais d'énormes saumons qu'il fallait des heures pour ramener ou bien, dans un camion sans freins, je foncerais dans des trucs dont les gens ne se servaient plus.

«Est-ce que tu aimais l'école? lui ai-je demandé.

— Je n'y suis pas allé très longtemps, a-t-il répondu sans quitter la télé des yeux. Il fallait que je travaille mais, mon frère et moi, on accompagnait nos sœurs jusqu'à l'école et on cassait la gueule des enfants qui leur faisaient des ennuis sur le chemin.

— Où elles sont, tes sœurs, maintenant?»

Il m'a regardé puis a détourné les yeux en soupirant. Il semblait mal à l'aise, comme je l'étais quand ma mère me forçait à enfiler trop de vêtements d'hiver, mais il n'était vêtu que de son sous-vêtement. Assis, tendu, il paraissait prêt à bondir hors de son fauteuil pour se mettre à courir sans jamais s'arrêter.

«Est-ce que je peux abandonner l'école pour venir travailler avec toi?» ai-je demandé.

Il a souri légèrement, presque tristement, et a dit: «Un jour.»

Je voulais qu'il me raconte une histoire sur ce que nous ferions. Si je pouvais m'imaginer un avenir où tout serait différent, alors chaque journée à l'école ne serait plus si assommante. Mais il n'a rien dit, je me suis allongé sur le tapis pour regarder les nouvelles, qui me paraissaient plus sérieuses encore que l'école. Les yeux fixés sur l'écran, il aspirait lentement par la bouche, comme je le faisais quand j'étais congestionné, et je me suis demandé s'il respirait de la sorte à cause de ce qui était arrivé à son nez.

«Bonnie dit que ce n'est pas ton vrai nez, ai-je dit.

— Quoi?» Il a baissé les yeux vers moi.

«Elle dit que les docteurs t'en ont donné un neuf. Comment est-ce qu'il a été cassé?»

Il a hésité, les joues plissées comme s'il allait se mettre en colère, mais j'ai gardé une expression intéressée, sans trahir la moindre crainte. Ce n'était pas facile, mais ça a marché, et il s'est calmé.

«Quelqu'un m'a frappé.

— Pourquoi?»

Il a haussé les épaules. «C'est une longue histoire. Je sortais de... d'un bar, et ils m'attendaient, et ils... ils m'ont frappé au visage avec des chaînes de traction.

— C'est quoi, une chaîne de traction?

— Ça sert à tirer des autos.» Il a de nouveau regardé la télé, mais j'avais l'impression que je ratais une bonne histoire. Après tout, qui est-ce qui frappait quelqu'un au visage avec des chaînes sans crier gare?

«Qu'est-ce que tu as fait?» ai-je demandé.

De nouveau, il a hésité. Il a baissé les yeux vers moi, allongé sur le tapis. «Eh bien, a-t-il dit en se fendant d'un sourire, je leur ai donné la pire raclée de leur vie. Ils ont pleuré comme des bébés et ont décampé.»

J'attendais la suite de l'histoire, mais il a bâillé et a reporté son attention sur la télé. Quand donc avait-il cessé de raconter des histoires comme il le faisait autrefois? Il restait muet, et la tête de l'homme bourdonnant à l'écran a fini par m'ennuyer à un point tel que je suis parti pour aller lire à la table de la cuisine.

Après souper, j'ai demandé à mon frère ce qui arriverait s'il y avait une guerre nucléaire. Comment cela fonctionnait-il? Il a plongé ses grands yeux bruns dans les miens, a hoché gravement la tête et pris une inspiration. Puis il m'a décrit un avenir peuplé d'humanoïdes cannibales vivant dans des cavernes et qui traqueraient les bons humains. Les humains-monstres mangeraient des hommes puisqu'il ne resterait plus d'animaux. Les bons humains, cependant, ne mangeraient peut-être pas du tout. Comme j'étais capable de manger sans fin, je me suis dit que je deviendrais peut-être un humain-monstre.

Plus tard, couché dans mon lit, je me désolais de ne pas comprendre ce qui se passait — la raison pour laquelle mes parents s'ignoraient mutuellement et ne riaient presque jamais. J'ai contemplé le plafond noir jusqu'à ce que la maison soit plongée dans le silence et suis resté ainsi tellement longtemps que j'ai cru m'endormir. Et puis, au rez-de-chaussée, des pas ont lentement traversé le plancher de bois et se sont arrêtés, comme si quelqu'un restait debout à réfléchir, se demandant où aller ou quoi faire, comme si la personne avait trop peur pour esquisser un geste. Même à cet instant, à mon insu, tant de choses pouvaient être en train de se produire. Je pourrais me réveiller pour découvrir le monde métamorphosé: des sirènes et des détonations pourraient nous forcer à nous cacher dans un abri souterrain, des créatures sans visage pourraient me capturer, m'attacher à une table et brandir des couteaux.

es en salon. Depuis 1981, en Amérique.

En rêve je traversais un champ jaune, courant vers ma mère qui semblait grise, immobilisée au milieu d'un geste, une photo sans couleurs — la main tendue, flottant devant moi qui tentais de la rejoindre. Au milieu du ciel est apparue une forme noire semblable à un avion de combat, qui s'est mise à tourbillonner tandis que, de tous les horizons, l'obscurité se levait, et il n'y avait plus de lumière.

Au matin, mon père était parti. Après le déjeuner, ma mère nous a annoncé que nous allions en ville. Elle avait fourré ses cadeaux dans un sac, et s'il y a jamais eu une preuve de la non-existence du père Noël, c'était bien cela : ma mère avec ses factures, nous menant au centre commercial pour y retourner tout ce que mon père lui avait acheté.

En face de la boutique de vêtements, elle a dit à mon frère de nous surveiller jusqu'à son retour. Ma sœur chantait pour elle-même à mi-voix en regardant les foules se ruer devant les réclames du Boxing Day.

Une femme au dos rond s'est arrêtée et nous a dévisagés. Après avoir jeté un coup d'œil aux alentours, elle s'est approchée. Elle avait des cheveux blonds frisottés et un long manteau taillé dans un tissu qui me rappelait le jute. Elle a demandé si nous étions seuls.

«Notre mère est juste là», a dit mon frère en répétant les paroles que ma mère nous avait gravées dans le cerveau.

La femme a roulé ses gros yeux de gauche à droite. J'ai su immédiatement qu'elle allait poser un geste repoussant à caractère sexuel. À la fois dans les réunions à l'école et grâce aux bons soins de ma mère, j'avais été dûment mis en garde contre les pervers.

Elle a sorti trois dépliants de son sac à main et nous en a donné un à chacun.

Mon frère a blêmi. «On ne peut pas, lui a-t-il dit.

— C'est correct. Ça ne dérangera pas ta mère», a dit la femme avant de s'en aller d'un pas rapide. Au bout du compte, elle n'avait pas exposé son corps nu sous son manteau.

Mon frère est resté là, le dos rond, comme s'il était rentré de l'école avec une mauvaise note. Sur le dépliant, on voyait deux enfants qui semblaient abandonnés, portant des couches pendantes, attendant sur le seuil d'une porte tandis que Jésus approchait sur le trottoir. Il allait sans doute changer leurs couches. Non, peu importe ce qu'il s'apprêtait à faire, ce devait être un acte répréhensible si ma mère avait une telle haine des chrétiens. Peut-être allait-il leur offrir des aliments transformés. Elle n'avait jamais expliqué pourquoi, lorsque des prosélytes se présentaient chez nous, elle leur claquait la porte au nez.

Elle nous a arraché les dépliants des mains.

«Qui est-ce qui vous a donné ça?» Elle a émis une sorte de soufflement étouffé, comme un grognement, et est allée jeter les prospectus à la poubelle. En nous guidant vers la sortie, elle étudiait les visages, demandant si nous reconnaissions la femme. Mon frère a dit que non, et je ne me rappelais plus de quoi elle avait l'air.

« Pourquoi tu étais si fâchée ? » lui ai-je demandé ce soir-là alors qu'elle me bordait. Je voulais haïr la femme qui nous avait donné les dépliants, mais je ne comprenais pas pourquoi j'aurais dû la détester.

« Je ne veux pas que vous grandissiez avec ces idioties dans la tête. Quand j'étais petite, j'étais obligée d'aller à l'église. J'imaginais que Dieu était un grand homme méchant qui me regardait du ciel, et j'avais peur de faire quoi que ce soit, peur d'être moi-même ou d'avoir du plaisir. »

Elle m'a parlé de son père, me racontant combien il était sévère, comme si cela aussi avait été de la faute de Dieu. Elle a expliqué qu'elle voulait sa liberté. La façon dont elle me l'a dit — l'éclat de ses yeux — m'a donné l'impression qu'elle luttait encore pour sa liberté. On aurait dit qu'elle s'apprêtait à me raconter autre chose, et une expression comme de douleur a gagné son visage, mais elle n'a rien ajouté.

« Qui est Dieu ? » ai-je fini par demander, juste pour la faire parler. Soupirant, elle a expliqué que certaines personnes croyaient en un vieux schnock tout-puissant qui voyait et jugeait tout ce que nous faisions. Sa description était si convaincante que j'ai oublié de quoi nous parlions avant et me suis mis à être un peu jaloux des habiletés mentales de ce vieil homme. Mais surtout, j'étais en colère à la pensée qu'on m'espionnait, et je lui ai annoncé que je ne voulais plus jamais prendre un bain.

Ma sœur était couchée sur le ventre, un livre devant elle, les rideaux tirés, sa chambre si noire que je ne pouvais dire si elle était capable de lire.

« Tu veux entendre une histoire ? lui ai-je demandé en m'affalant près d'elle.

— O.K. », a-t-elle répondu en se tournant sur le côté. Je ne savais pas exactement pourquoi je venais la déranger. Les vacances étaient finies et l'hiver s'éternisait, mes parents se disputaient, nous étions tous pris par nos occupations, livres, musique ou jeux vidéo.

J'ai commencé à décrire un avenir où tout le monde savait léviter, mais elle a dit : « Raconte-moi comment Bonnie et André se sont rencontrés.

— Eh bien, elle vient de Pittsburgh, ai-je commencé en songeant à tout ce que ma mère m'avait révélé au cours des années. La grand-mère de maman est allemande, et grand-père vient d'ailleurs. Il fabriquait de l'acier. Bonnie ne les aimait pas parce qu'ils croyaient en Dieu, alors elle s'est enfuie pour vivre dans la nature. Comme André était très pauvre dans son enfance, il savait tout faire : les travaux de la ferme, pêcher le poisson, et même… mettre des bébés au monde. » Cette expression m'avait toujours semblé bizarre, comme s'il s'agissait de déposer les bébés dans les bras de n'importe qui, mais l'histoire que je tentais de retrouver s'est précisée. Elle concernait ma naissance, et j'ai répété la version que mon père m'avait souvent répétée : «Je suis né sur le canapé du salon. André m'a mis au monde. J'avais le cordon enroulé autour du cou.

— Quel cordon?

— Les bébés naissent avec une corde. Parfois elle les nourrit, mais parfois elle les étrangle. Il l'a enlevée, a soufflé dans ma bouche et je me suis mis à respirer.

— Oh», a-t-elle fait doucement, comme si elle attendait autre chose, mais j'étais incapable de me souvenir de la suite. Mon histoire avait bien commencé, mais que s'était-il passé après ma naissance? Vaguement irrité, je me suis levé et suis parti. Le lendemain, après l'école, elle m'a demandé de raconter une autre histoire, mais j'ai dit que j'étais occupé et je l'ai laissée dans le silence poussiéreux de la maison.

En traversant les champs gelés, je me languissais du printemps et des premières bouffées de chaleur qui n'étaient en réalité pas du tout des chaleurs mais semblaient telles après une si longue froidure. Les pissenlits fleuriraient, comme quand j'étais petit et que tout était parfait.

J'étais assis dans ma cachette préférée, un bosquet de chênes plus hauts que les autres arbres. Le sol près de leurs troncs était dépourvu de mauvaises herbes, meuble, noir, perpétuellement plongé dans l'ombre pendant l'été, même si, à ce moment-là, je pouvais, en levant les yeux, voir le ciel sans couleur à travers leurs branches dénudées. Tous ceux que je connaissais étaient morts. La maison avait brûlé. L'école n'était plus que cendres. J'étais le chasseur, le loup-garou transformé par la forêt et la puissance animale de la solitude. Dans la nature, je survivrais. Le monde allait finir et quand il recommencerait, je serais encore là.

Mais qu'arriverait-il ensuite ? Mon frère était un adepte de Donjons et dragons, et son *Manuel des monstres* décrivait la lycanthropie, processus par lequel les hommes se transformaient en loups-garous. Je pensais à mon père en le lisant, mais savais que c'était trop simple, que rien, pas même la fin du monde, ne se produirait comme je le voulais.

Le jour a fini par tomber, la voix de ma mère a traversé la vallée depuis la galerie arrière, mon nom répété par l'écho des montagnes. Je suis reparti vers la maison.

Le dégel est venu subitement, la neige fondue inondant les fossés, recouvrant les champs, l'eau s'écoulant vers notre cour jusqu'à dessiner un croissant luisant autour de la petite butte où s'élevait notre maison. Le soleil brillait jour après jour et j'en oubliais ma frustration et mon ennui, me délectant de cette impression d'expectative et de changement, de la pensée d'avoir peut-être à survivre à un désastre naturel.

J'avais lu un livre dans lequel de jeunes gens se regroupaient après l'effondrement de la société. Les villes abandonnées, les vignes qui poussaient dans les fissures du béton et les fenêtres cassées, les montagnes où les jeunes s'abritaient sous des corniches, scrutant le paysage dévasté à la recherche d'une étincelle de lumière : tout ça me donnait la chair de poule.

La lecture me faisait le même effet que si j'avais bu la vodka de mon père. Mon frère ou ma sœur ressentaient-ils la même chose ? Mon frère adorait les jeux vidéo et ma sœur chantait sans cesse, de sorte qu'on pouvait déterminer où elle se trouvait dans la maison selon le volume de sa voix. Ma mère nous conseillait tout le temps de lire, mais savait-elle que les livres me donnaient envie de courir dehors et de respirer l'air qui descendait des montagnes, de sentir les champs humides et la boue en train de sécher, d'écouter crisser la mélique sous mes pieds ? Les histoires étaient comme des sentiers. En sortant dehors et en regardant, on voyait le monde, juste le monde, mais en sortant après avoir lu une histoire, on découvrait un monde où tout pouvait arriver, comme si derrière les montagnes se déployaient cent pays pour lesquels j'aurais pu partir, un bâton d'hickory sur l'épaule, mes quelques possessions emballées dans un mouchoir rouge.

Mais il n'y aurait pas de fuite cette fois. L'inondation nous encerclait, notre maison était comme une grenouille sur un nénuphar. Les voisins empilaient des sacs de sable et en quelques endroits sur la route l'eau était si haute que mon père devait conduire tout doucement, de crainte de faire caler le moteur de son camion.

Ma mère, qui avait acheté deux chevaux quelques années auparavant, allait vérifier qu'ils étaient en sécurité, ainsi que ses chèvres capricieuses. Elle cuisinait sans relâche, enfournant des pains friables dans des boîtes de café dont chaque miche sortait avec l'empreinte des soudures de la boîte. Elle confectionnait des biscuits plats et durs qui faisaient penser à de la vase très mouillée qu'on aurait jetée sur un mur.

Tandis que j'étudiais l'étendue inondée, m'imaginant tous les moyens de la traverser, elle est venue me retrouver sur la galerie arrière.

«On va partir bientôt, m'a-t-elle dit, et mon cœur s'est mis à battre d'une excitation involontaire si soudaine que c'en était douloureux.

— Où?

— On déménage. Juste toi et moi, ton frère et ta sœur.

— Et André? ai-je demandé, me rendant compte qu'il était en train d'arriver une chose horrible à ma famille, même si je n'avais pas de mot pour la nommer.

— Il reste ici.

— Quand est-ce qu'on va revenir?»

Le vent soulevait ses cheveux tandis qu'elle regardait la montagne au-delà de la surface lisse de l'eau, avec une expression semblable à celle de mon frère quand nous traversions la voie ferrée.

«On ne reviendra pas, a-t-elle répondu d'une voix qui a failli se briser.

— Jamais?» Je ne comprenais pas. Si l'idée de partir me souriait, je ne pouvais m'imaginer ne plus jamais revoir la vallée. C'était le seul endroit où l'on était sûr de revenir après nos nombreuses maisons temporaires, et je n'avais jamais passé le printemps ou l'été nulle part ailleurs. Qu'allions-nous faire séparés de mon père, partis pour quelque endroit inconnu?

Ma mère a continué à fixer le lointain, les lèvres entrouvertes, et je me disais qu'elle allait peut-être ajouter quelque chose. Elle a plissé les yeux comme pour tenter de voir au-delà des limites du ciel.

Le lendemain matin, je suis allé inspecter les terres inondées, me rendant jusqu'à la lisière de l'eau. Sous la surface, l'herbe semblait distordue et ondulante, comme au fond d'une piscine. Au loin, on voyait la cime de quelques arbres de Noël, coiffée de rubans rouges, et puis il n'y avait plus que la surface étale du déluge qui s'étirait jusqu'à la montagne.

Je voulais m'inquiéter de notre départ à venir, mais j'en étais incapable — pas uniquement à cause de l'inondation, mais aussi parce que mes parents annonçaient souvent des trucs insensés qui ne se produisaient jamais. Et puis, juste avant de partir travailler, mon père avait fait un commentaire qui m'obsédait.

«Je parie que les carpes remontent les rivières pour nager dans les champs, avait-il dit. Si on prend le bateau et qu'on éclaire l'eau avec la lampe de poche, on va les voir.»

Je croyais que les poissons avaient cessé de me fasciner, mais j'avais tort. J'étais incapable de penser à autre chose qu'à ces carpes se glissant hors de la rivière pour se nicher dans les branches d'arbres submergés, se laissant porter par les courants dans le faisceau de la lampe de poche.

La chaloupe se trouvait à l'envers dans la remise, et j'ai discuté avec mes amis invisibles de l'opportunité de l'emprunter pour partir en exploration. Onze d'entre eux étaient d'accord, ce qui me laissait soupçonner que j'avais onze amis invisibles mais peut-être seulement un esprit-guide. Celui-ci était inquiet. En fait, son discours ressemblait à s'y méprendre à celui que mon frère allait me tenir plus tard.

«On n'a pas le droit, me disait-il.

— Allons. Juste un peu. Il y a des carpes par là!

— Non, on ne peut pas. La rivière va nous emporter et on va mourir.»

Par le passé, mon père s'était montré plus réceptif à des idées de ce genre, mais je suspectais qu'il serait peut-être plus difficile qu'avant de le convaincre de se livrer à quelque action intrépide.

«Est-ce qu'on peut aller faire un tour avec la chaloupe? lui ai-je demandé ce soir-là.

— Je suis occupé.

— Mais on peut voir des carpes.

— C'est vrai, a-t-il dit en hochant la tête pour lui-même. Il y a peut-être des carpes par là-bas.»

J'ai hésité, sachant ce qu'il me fallait dire.

«Penses-tu que ce serait *vraiment* dangereux?»

Levant les yeux, il m'a souri comme s'il venait juste de se réveiller et était redevenu lui-même, pas celui qui n'en avait que pour son entreprise.

«Très bien. On ira plus tard ce soir.»

Après la tombée de la nuit, la lune brillait sur l'eau, métamorphosant la surface inondée en une plaine d'argent. En chaloupe, nous avons traversé les champs d'arbres de Noël engloutis tandis que, chacun notre tour, mon frère et moi pointions la lampe de poche sur l'eau lumineuse. À tout moment, mon père lâchait les rames pour nous arracher la lampe de poche des mains, affirmant que nous ne nous y prenions pas comme il faut, mais il était lui aussi incapable de trouver la moindre carpe.

Alors qu'il se penchait au-dessus de l'eau, nous nous asseyions de l'autre côté de l'embarcation, tentant de faire contrepoids. Son côté du bateau s'inclinait jusqu'à s'approcher dangereusement de la surface, mais cela ne semblait pas l'alarmer. Savait-il que nous allions le quitter? Il n'en trahissait rien. Assis sans piper mot, j'ai songé au soulagement que j'éprouverais si la fin venait à ce moment-là, alors que nous étions tous les trois dans la chaloupe, sans autre choix que de nous trouver un nouveau foyer.

Il a dirigé le faisceau de la lampe vers les silhouettes évanescentes des arbres de Noël submergés, s'inquiétant de les voir mourir si l'eau ne se retirait pas bientôt. Nous avions déjà connu des inondations. Après, je le suivais le long des rangs où il arrachait de jeunes pins jaunis dont les racines mortes saillaient hors de terre.

«Je vais perdre beaucoup d'argent», a-t-il dit en regardant par-dessus le bord, les rames traînant dans leur support.

Puis il a éteint la lampe de poche et nous sommes restés là, à contempler la surface luisante qui s'étendait jusqu'aux montagnes, l'eau étale, la pleine lune illuminant tout ce qui nous entourait.

Une semaine plus tard, quand les eaux se sont retirées, mon père a engagé un aide dans une ferme des environs, un jeune homme avec un duvet de moustache inégal et de volumineux biceps, dont ma mère m'avait raconté qu'il se cachait dans les buissons quand il était enfant et bondissait devant les voitures pour le plaisir de les voir dévier jusqu'à ce qu'il provoque un face-à-face meurtrier. J'avais passé toute une récréation à décrire les véhicules écrabouillés, les corps fusant comme des plongeurs à travers les pare-brise pour aller s'abattre sur la chaussée, décapités, écorchés, et désormais à la seule vue de cet homme je me mettais à frissonner si fort que mes articulations cliquetaient.

Mais plutôt que de causer d'autres décès, il a aidé mon père à remplacer le pont pour le tracteur. Ils ont fini au coucher du soleil, sont revenus sur la galerie arrière où ils ont chacun bu une bière. Mon père lui racontait que les inondations peuvent se déclarer à la vitesse de l'éclair, rappelant qu'il avait vu le débit de certaines rivières tripler en quelques secondes, et qu'il avait déjà ainsi failli perdre la vie dans un camp minier au Yukon.

«Je venais juste de finir mon dernier shift, j'avais quelques jours de congé, et il n'était pas question que je reste au camp. Je voulais sortir, prendre l'auto pour aller en ville et m'amuser un peu. Mais le camp était séparé de la route principale où on avait garé nos autos par une gorge où coulait une rivière. Un pont en bois pour les piétons l'enjambait, mais la neige était en train de fondre dans les montagnes et il pleuvait tellement fort que la gorge était presque remplie. À un endroit, un peu en amont, la rivière était plus étroite, et l'eau arrivait par vagues. J'étais debout devant le pont. Je voulais vraiment m'en aller, mais les vagues étaient de plus en plus hautes. L'eau charriait des arbres déracinés qui manquaient de frapper le pont. Je me souviens d'être resté là à regarder. J'avais un mauvais pressentiment. Je comptais les secondes qui séparaient les vagues. Il y en a une qui est passée, l'eau a secoué le pont et je me suis mis à courir. Rendu au milieu, je me suis rendu compte que j'avais trop attendu. J'ai entendu le rugissement de la vague suivante et j'ai sauté juste au moment où le pont s'est sectionné en deux. Ma poitrine a frappé le sol, j'ai enfoncé mes doigts dans la terre, j'ai grimpé jusqu'en haut et puis je me suis mis à courir parce que la rivière commençait à monter sur la berge. »

Il a toussé dans son poing et s'est éclairci la gorge. Le garçon de ferme a hoché la tête d'un air préoccupé, puis a pris une gorgée de sa bière et a lissé sa moustache asymétrique.

« C'était un geste dangereux », a poursuivi mon père, un soupçon de colère dans la voix, le regard dans le vague, comme s'il était seul, « mais je ne le regrette pas. Je détestais ce camp. Les gars là-bas faisaient juste parler de femmes et raconter ce qu'ils allaient faire en sortant. C'était pas différent de la prison. »

Bien que son récit ait été prenant — la rivière qui montait, le pont secoué, sa folle ruée sur les planches tandis que l'eau descendait —, ce n'était pas ce qui me hantait. C'était la façon dont il avait parlé du camp, qui me rappelait tout ce que j'ignorais à son sujet. Je me repassais sans arrêt cette phrase dans ma tête, la manière dont il l'avait prononcée, l'intensité et la colère perçant dans ses mots : « C'était pas différent de la prison. »

De l'autre côté de ma fenêtre, une tache pâle dans les nuages bas révélait où se cachait la lune.

J'avais été réveillé par des cris.

«Tu ne peux pas partir! Je ne te laisserai pas faire!»

Mon cœur battait contre mes côtes pendant qu'il jurait, ses mots retentissant dans la maison, frappant les murs comme si l'un des chiens qu'il gardait dehors était entré et s'était mis à courir ventre à terre de pièce en pièce pour découvrir cet étrange monde intérieur.

«Tu ne peux pas m'en empêcher!» a-t-elle crié. Ses pas ont traversé le salon.

«T'es complètement folle, câlice!» a-t-il hurlé en claquant la porte si fort que la maison en a tremblé.

Je suis resté là à regarder le plafond en essayant de comprendre ce qui se passait, de forcer mon cerveau à faire davantage qu'écouter les battements éperdus de mon cœur. Il y avait un secret au centre de nos vies. C'était comme une bribe de rêve, une forme que j'entrevoyais sans pouvoir me la rappeler puis que je revoyais une autre nuit; je me réveillais en sachant que je l'avais vue, mais j'ignorais ce que c'était ou ce que cela signifiait. Dans le noir, incapable de dormir, j'étais sûr que cette chose finirait par réapparaître un jour, sous la forme d'un homme ou d'un lieu, ou simplement d'une impression, une conscience du danger que j'éprouvais juste avant de tourner les yeux et de voir. Elle réapparaîtrait et j'aurais su qu'elle allait revenir, mais sans pouvoir faire quoi que ce soit pour l'en empêcher.

Il se peut que j'aie dormi, somnolant et m'éveillant, percevant un changement subtil telle une chute de neige pendant la nuit, le silence recouvrant graduellement l'extérieur, même si, cette fois, le changement de saison avait lieu entre nos murs. Qui avait inventé ce monde? Qui avait créé tout cela pour moi? On aurait dit que ma vie était importante et qu'il me fallait être prêt à affronter quelque chose, mais le moment fatidique n'arrivait jamais tout à fait.

Au matin, j'ai descendu l'escalier lentement, plus fatigué que jamais et pourtant vivement conscient des changements dans la maison. Ma mère se hâtait d'emballer des effets. Le camion de mon père avait disparu.

«Je n'ai pas le temps de répondre à des questions», a-t-elle dit. Elle nous a annoncé que nous déménagions sur l'autre rive du fleuve Fraser, dans une ville du nom de Mount Lehman. Elle fourrait tout dans des boîtes, s'arrêtant de temps en temps devant la fenêtre.

Mon frère s'est faufilé près d'elle, des cernes foncés et enflés sous ses yeux vitreux. Il n'avait pas dormi non plus, et son regard avait un éclat si étrange que j'ai failli courir jusqu'au miroir. Il a dit qu'il avait quelque chose à demander, et j'ai su à son expression qu'il avait concocté l'une de ces questions bizarres qu'il utilisait pour tourmenter les autres enfants. Il y était souvent question de la troisième guerre mondiale, et sa préférée était : «Si les États-Unis lâchaient des boîtes de céréales au-dessus du territoire de l'URSS, est-ce que ce serait une attaque aux armes chimiques?» Il lui fallait ensuite expliquer dans le détail les discours de ma mère sur les aliments chimiques.

Maintenant, il demandait : « Si une bombe nucléaire tombait à deux kilomètres d'ici, est-ce que tu courrais vers l'explosion ou tu te sauverais dans l'autre direction ? »

Je me suis imaginé la scène. Rien n'était plus facile. J'avais mal au ventre. Un mur de lumière aveuglante approchait, faisant fondre les voitures, incinérant les arbres de Noël, cuisant la chair humaine sur les os. Tout en sachant qu'il m'avait piégé, je me suis écrié : « Je me sauverais ! Je me sauverais dans l'autre direction !

— Tu as tout faux », a-t-il dit d'une voix forte mais dénuée d'inflexion.

J'avais la poitrine serrée. Je suis sorti par la porte de la cuisine, j'ai traversé la pelouse mouillée, passé le pommier.

Je voulais que quelqu'un me dise quoi penser ou quoi espérer, mais il n'y avait que les champs détrempés et le silence venteux de la vallée et, comme une lointaine musique filtrant par la fenêtre d'une voiture, la menace de l'annihilation nucléaire.

L'emballage et le transport des boîtes ont révélé combien nos possessions étaient peu nombreuses — couvertures et vêtements, livres fatigués et quelques cartables de documents scolaires —, mais le déménagement a tout de même nécessité une journée. Nous portions les boîtes jusqu'à la camionnette ou aidions notre mère à décharger. Tandis que nous revenions pour un dernier voyage, elle a avancé vers la maison lentement, étirant le cou pour voir si le camion de mon père était dans l'entrée. Il n'y était pas ; elle a soupiré, puis a accéléré dans le gravier. Elle nous a dit d'attendre dans la camionnette.

Elle a embarqué le rouet qu'elle avait acheté dans l'espoir de pouvoir tout confectionner elle-même, même nos vêtements d'hiver. Puis elle a rempli plusieurs contenants d'eau. Quand nous avons demandé pourquoi, elle nous a expliqué que l'eau de la vallée était puisée à une source, et que cela nous manquerait. Nous sommes sortis de l'entrée en tenant chacun une cruche luisante sur nos genoux. Ma sœur avait les cheveux attachés en arrière, le front haut et pâle, le menton enfoncé dans son col tandis qu'elle regardait par la fenêtre. Mon frère avait les yeux fixés droit devant. À quoi pensaient-ils ? J'avais du mal à comprendre ce qui se passait dans ma propre tête. Qu'allait dire mon père en découvrant que nous étions partis sans lui ? Comprendrait-il que ce n'était pas ma faute ?

Nous avons croisé Dix-Vitesses qui s'était arrêtée au bord de la route, un pied par terre, pour observer, la tête étirée vers l'avant, les yeux pleins de peur pour nous, les prunelles sombres, élargies et palpitantes de lumière réfractée tandis que nous passions devant elle.

J'ai pris une inspiration et j'ai regardé dehors. Je me suis forcé à cesser de réfléchir pour me contenter de regarder tout ce qui nous entourait. Je contemplais tout cela pour plus tard, pour le reste de ma vie. Je le savais avec une sagesse tranquille qui me donnait à penser qu'un jour je serais effectivement un autre.

Et puis je n'étais plus sur mon siège dans la camionnette, mais sur la montagne où mon père m'avait déjà emmené. Je pouvais voir la vallée tout entière, ses champs et ses cours d'eau, la ligne courbe de la route dont la seule présence, tous les jours après l'école, suffisait à me donner un sentiment de certitude. Elle descendait devant des roches mouillées et de vieux arbres délavés, puis s'aplanissait, tournait et débouchait sur une ligne droite. Passé quelques fermes et les champs de tourbe ou d'arbres de Noël, elle remontait le long des montagnes et retournait là où elle était entrée, au-delà de façades rocheuses ponctuées de vifs petits cours d'eau.

Juste à l'embouchure se trouvait une station-service où attendaient les parents qui faisaient du covoiturage. En tournant à droite, nous nous dirigions vers mon école à Abbotsford ou vers Vancouver. À gauche, c'était Nicomen Island, le bout de terre boueux où mon père allait chercher son courrier et où j'avais vu le jour.

Les montagnes se dressaient dans le lointain, plus hautes et plus blanches que celles de la vallée, les chaînes aplaties, mouillées et venteuses érodées au fil des millénaires, et que ceux qui avaient choisi de rester ici appelaient prairies. C'était là le contour du monde. Enfant, j'aurais pu dessiner au crayon de cire cette étendue humide de terre alluviale bordée par l'horizon.

Et maintenant, nous étions partis.

PRIÈRES, MANTRAS ET ART DE SACRER

Sur la feuille était dessiné un arbre dont le tronc se scindait en deux, chacune des branches à son tour se divisant de nouveau en deux, et ainsi de suite. Au-dessus se lisaient les mots *arbre généalogique**, et vis-à-vis du tronc et de toutes les branches se trouvaient des boîtes vides. J'avais essayé de me comporter normalement, mais j'étais incapable d'arrêter de bâiller, et maintenant il y avait cet arbre. Les autres élèves remplissaient consciencieusement les boîtes. Je n'arrivais pas à me concentrer. Il m'avait fallu un moment avant d'écrire mon propre nom sur le tronc. Dans les deux boîtes sur les branches au-dessus, j'avais tracé en lettres détachées *Bonnie* et *André*. Mais c'étaient les boîtes plus élevées qui posaient problème. Mᵐᵉ Hand m'a dit d'écrire le nom de mes grands-parents — « le père de ton père, et sa mère ». Quand je lui ai répondu : « *Je ne les connais pas** », elle a demandé : « *Ta grand-maman et ton grand-papa** ? », comme si je n'avais pas compris la consigne. Mais j'étais incapable de me rappeler même les noms des parents de ma mère. J'avais mal à la tête. Je les avais vus une fois, des années plus tôt, mais je ne gardais aucun souvenir de cette rencontre. Mme Hand m'a dit de rapporter la feuille à la maison pour la remplir mais j'ai oublié et, sans le faire exprès, je suis resté assis dessus pendant des heures tandis que je lisais un roman. Le lendemain, j'ai eu un F+.

Normalement, quand j'avais de très mauvaises notes, ma mère entrait à l'école d'un pas plein d'autorité et allait interroger mon institutrice. Parfois, j'en ressentais de la gêne; en d'autres occasions, c'était rigolo à regarder. Mais quand je lui ai montré ce résultat, elle s'est bornée à soupirer. Même moi, j'étais trop épuisé pour poser les questions habituelles, à savoir pourquoi j'étais le seul élève à ne rien connaître de la famille de son père.

L'école distillait son éternel ennui sous un ciel couvert. Comment était-ce possible de survivre à cela pendant douze ans? Sans mon père, la vie était devenue aussi silencieuse et tendue qu'une salle de classe durant un examen de mathématiques: pas de virées en auto à tombeau ouvert, pas d'histoires d'armoires à glace ou d'affaires qui avaient failli mal tourner. Je n'avais qu'à penser à lui pour que les battements de mon cœur s'accélèrent — il palpitait dans ma poitrine, glissant, cognant sourdement contre mes côtes comme une grenouille affolée entre mes doigts.

J'étais sûr que je ne le reverrais jamais, mais quatre jours après que ma mère nous eut emmenés à la nouvelle maison, je l'ai découvert à mon réveil en train de déjeuner, tandis que ma mère préparait en silence nos lunchs sur le comptoir. Il a simplement dit : « Salut » et a souri. Ses valises vides étaient dans la pièce, il devait être arrivé pendant la nuit. Je me suis assis en face de lui et il m'a dit qu'il avait à sa poissonnerie un homard long comme mon bras, qu'il avait mis de côté afin qu'on puisse le manger ensemble. J'ai demandé si peut-être il était préhistorique, et il a hoché la tête et dit : « Peut-être. »

Au cours des jours suivants, je m'attendais à des escarmouches, à des cris ou à des claquements de portes, mais il s'est installé tout naturellement, comme si cela avait été planifié, et bientôt j'ai cessé de chercher à comprendre. Notre famille semblait toujours au bord du désastre et puis le danger passait et très peu de choses changeaient.

Ce vendredi-là, il est venu me chercher à l'école peu de temps après que ma mère m'y eut déposé.

« Je t'emmène à la pêche, a-t-il dit, le visage plissé et sombre, comme si notre expédition était une sorte de punition. On va rentrer dans l'après-midi et je vais te laisser dans la cour avant qu'elle arrive. Fais semblant que tu es allé à tes cours. Tu ne lui diras pas, entendu ? »

J'ai hoché la tête. Ce mensonge était de loin le plus extrême que j'eus jamais proféré. Je détestais l'idée d'avoir à me tenir au milieu de la cour de récréation alors que les autres élèves me regarderaient en se demandant où j'avais passé la journée. Il me semblait que j'avais beaucoup à faire en échange de ces quelques heures de pêche, mais je me sentais coupable de l'avoir abandonné. Je me demandais aussi si je bénéficierais d'un traitement spécial et, après quelques minutes sur l'autoroute, je lui ai réclamé une leçon de sacres — chose que j'avais déjà demandée à quelques reprises. À ma grande surprise, il a accepté.

«*Fuck,* a-t-il débuté. Eh bien, *fuck,* ça veut dire beaucoup de choses. *Fuck off,* ça veut dire dégage presto. *Fuck you,* ça veut dire je te déteste vraiment. *Fuck,* ça veut juste dire que tu es fâché. Tu sais ce que *shit* veut dire, et *damn,* eh bien, *damn,* c'est pas trop grave.

— Et *cocksucker*? ai-je demandé.

— Tu devrais sans doute éviter d'employer celui-là», m'a-t-il dit, et puis il s'est tu, comme s'il réfléchissait à d'autres vilains gros mots. Il me tardait de les apprendre. Les sacres me faisaient le même effet qu'une bonne histoire, j'avais l'impression de me détacher de mon corps, d'être emporté au-delà des règles, au-delà de tout. Mais il a plutôt dit : «Ta mère veut partir, tu sais.»

Je l'ai regardé. Ses yeux ne quittaient pas les voitures qui roulaient devant nous sur la route.

«Elle voulait vous abandonner. J'ai eu du mal à la convaincre de ne pas le faire.»

Il m'a décoché un regard, examinant mon expression, puis a reporté les yeux sur la route.

« S'il faut qu'elle parte, elle peut prendre ton frère et ta sœur, mais tu peux rester avec moi. On va se trouver un motorisé, parcourir le pays et ne rien faire d'autre que pêcher. »

C'était peut-être pour cela qu'il avait emménagé avec nous, parce qu'elle avait décidé qu'elle en avait assez et qu'elle avait l'intention de s'enfuir. J'ai essayé de me consoler avec la perspective de voyages de pêche et l'idée que j'étais peut-être le préféré de mon père. Il passait rarement du temps avec ma sœur, et mon frère n'aimait pas la pêche. J'ai voulu sourire, mais les muscles de mon visage se sont contractés comme si c'étaient eux qui étaient en train de réfléchir.

« Et l'école ?

— Tu pourras arrêter un an. Ça ne changera rien. Tu n'as jamais aimé l'école, et je n'aimais pas ça non plus. Regarde-moi. Je n'en ai pas eu besoin. »

Il a avancé la mâchoire d'un air confiant, puis m'a lancé une autre œillade.

« Tu ne te laisses pas écœurer, à l'école, pas vrai ?

— Non, ai-je menti.

— Parce que si tu restes avec moi, je vais m'assurer que tu deviennes un petit gars crissement tough.

— Vraiment ?

— Je vais te montrer à te battre. J'étais un bon bagarreur. J'aurais pu devenir boxeur. Seulement, je n'avais personne pour me guider. Je vais te guider, moi. Je vais te montrer à botter des culs. »

Une image de moi s'est présentée à mon esprit, mes poings tourbillonnant tels des insectes autour d'une ampoule électrique tandis que les caïds de la cour d'école tombaient comme des mouches. Mon père avait déjà essayé de nous montrer à boxer, à mon frère et moi, et nous avait fait enfiler des gants dans le salon, mais ma mère était furieuse et il avait cédé, une expression étrange, presque gênée, sur son visage. C'était la seule fois que je l'avais vu reculer devant la colère de ma mère. Se pouvait-il vraiment qu'elle parte? Même si c'était agréable de passer du temps avec mon père, j'étais incapable d'imaginer une journée sans ma mère. Mes vêtements pueraient, je n'aurais plus que des F à l'école et je mourrais de faim. Mais il est vrai que la vie avec lui pourrait être très, très amusante.

« Même si j'apprends à me battre, est-ce qu'on pourra quand même voyager et pêcher?

— Ouais. Et quand on ne sera pas à la pêche, je vais te montrer à être tough. Tu devrais commencer tout de suite et laisser personne te niaiser. Si quelqu'un te niaise, tu lui casses la gueule, O.K.?

— O.K. », ai-je acquiescé, mais je m'imaginais notre motorisé grimpant une route de montagne, puis s'arrêtant sur le gravier du bas-côté au-dessus d'une rivière aux eaux étincelantes.

Il a quitté l'autoroute et nous sommes bientôt arrivés à l'endroit où nous pêchions souvent, non loin des rochers près du Lions Gate Bridge, où tout le monde essayait d'attraper du saumon tout en ayant soin de ne pas se faire pincer par le gardien. Il m'a donné ma canne mais une fois que nous nous sommes mis à pêcher, j'accrochais sans cesse mon appât dans les algues parce que j'observais les autres ou que je m'efforçais de distinguer des poissons dans l'eau.

Un vent humide soufflait par rafales le long des rochers. J'ai rentré le menton pour respirer dans mon col. Le ciel gris paraissait bas, des paquets de brume enveloppaient les tours du pont.

Quand un homme a crié, tout le monde s'est retourné. Rembobinant ma ligne, je suis grimpé sur les rochers. Il avait attrapé un saumon et, tout en ramenant le poisson qui se débattait énergiquement dans l'eau peu profonde, il a demandé à mon père de prendre une gaffe en métal posée près de sa boîte d'appâts.

Mon père a saisi l'outil et s'est accroupi au bord de l'eau. Il a balancé la gaffe tandis que le poisson continuait de lutter, a donné trois ou quatre coups afin de s'assurer que le crochet y restait bien en place. Le saumon avait perdu un morceau de tête. L'homme a sacré et pour la première fois j'ai senti que ces mots étaient porteurs d'un véritable danger, non pas pour mon père, mais pour l'autre homme.

«T'avais pas besoin de maganer l'ostie de poisson!»
a-t-il crié. Il était imposant, le visage marbré de veines,
le nez épaté, les manches de son pull noir roulées jusqu'aux coudes. J'étais relativement certain qu'il pouvait être qualifié d'armoire à glace.

«J'ai pas magané ton ostie de poisson», a répondu
mon père qui, même s'il était plus petit, sacrait beaucoup mieux, sans avaler ses mots comme le malabar.
Toutes les fois qu'il rugissait *ostie,* sa taille doublait, de
sorte qu'il dominait bientôt largement l'autre homme,
le dos cambré, le torse bombé, les bras repliés, les
poings comme des briques. «Mon ostie, t'aurais pas
dû me le demander si tu voulais pas que je l'attrape.»
Tournant sur lui-même, il a jeté à l'eau le saumon et
la gaffe.

L'autre semblait prêt à laisser tomber sa canne pour
se battre, mais il hésitait. Les pêcheurs sur la rive
regardaient, leurs cannes à pêche semblables à des
antennes. Je ne savais pas que les sacres avaient ce
pouvoir, et j'étais certain que l'homme n'attaquerait
pas, même si j'étais un peu excité à l'idée de le voir
essayer. Son regard passait du visage de mon père à
moi, accroupi sur un rocher. Il a fini par baisser les
yeux et tourner les talons en jurant à mi-voix.

Sur le chemin du retour, le ciel nuageux était si
sombre que les phares brillaient comme des fusées
de détresse sur les rues mouillées. Mon père serrait le
volant, regardant au-delà des voitures qui roulaient
devant nous. Il n'avait pas encore tout à fait repris sa
taille normale, et je savais qu'il allait faire un geste
téméraire et impatient. Je me suis cramponné à mon

siège quand il a passé un feu jaune pour se faufiler en zigzaguant dans une intersection, faisant crisser ses pneus.

Une sirène a retenti. Des gyrophares de police clignotaient derrière nous. Il a jeté un coup d'œil dans le rétroviseur.

«Enfant de chienne», a-t-il dit en avançant les épaules. La police avait-elle fini par l'épingler? Il s'est rangé au bord de la route et je me suis retourné pour regarder, par la lunette arrière, l'agent de police qui sortait de sa voiture.

Avec lui, les policiers ne se comportaient jamais comme avec ma mère. Ils l'interrogeaient sur son travail, sur l'endroit où il habitait et ce qu'il avait fait ce jour-là, et puis ils passaient un long moment dans leur auto avec son permis de conduire. Un soir que nous étions tous allés souper au restaurant, il avait été arrêté et nous avions attendu si longtemps qu'il nous avait dit que les policiers étaient en train de décider s'ils allaient arrêter notre mère. Il avait expliqué qu'ils avaient déjà tenté de l'emmener, qu'il s'était accroché à ses jambes tandis qu'ils la tiraient pas les bras, qu'il avait tenu bon et réussi à nous la ramener. Silencieuse, elle regardait par la fenêtre du passager, et il avait fait un sourire forcé. Mais ce n'était pas elle qui conduisait, et je savais que c'était à lui que la police s'intéressait.

«Pourquoi est-ce qu'ils posent tant de questions?» ai-je demandé.

Il a passé la main sur son visage et a soupiré comme s'il laissait échapper tout l'air qu'il avait jamais inspiré.

«Parce qu'ils m'aiment bien, a-t-il marmonné. Ils aiment ma façon de conduire.»

Mon frère et moi n'avions jamais eu grand-chose en commun. Il avait commencé l'école l'année avant que l'on y offre un programme d'immersion française, ce qui faisait que nous vivions un étrange phénomène dans la cour de récréation, chacun parmi son groupe linguistique, comme si nous avions grandi de part et d'autre d'une ville divisée selon l'ethnie. Ses amis étaient merveilleusement bien élevés. Il y en avait une, Elizabeth, qui l'invitait à des fêtes où les enfants se promenaient sur les pelouses à bord d'un train électrique. Maintenant que j'avais cessé de parler de lévitation, mes amis avaient de plus en plus des airs de vauriens. Nous discutions de pêche en haute mer et de créatures tels les requins et les anguilles électriques. Ceux qui avaient grandi au Québec nous enseignaient à sacrer en français. Les termes et la façon dont ils s'enchaînaient rythmiquement — *crisse de câlice de tabarnak**! — me rappelaient la manière dont mon père jurait en anglais. Mais lorsque je m'y exerçais, je n'éprouvais pas la même ivresse qu'avec les *fuck* ou les *goddamn*. Tout de même, chaque fois que nous apprenions une nouvelle insulte, nous nous précipitions vers les élèves des classes anglaises pour la lancer à leurs visages pleins d'incompréhension.

Dans notre nouvelle maison, mon frère et moi partagions une chambre pour la première fois depuis que nous étions bambins. Une fois que ma mère nous avait bordés, nous allumions nos lampes de poche pour jouer à Donjons et dragons, traversant des modules, *Le château fort aux confins du pays* ou *La cité perdue*. La magie, les pérégrinations sans fin, la satisfaction qu'apportait une violence facile étaient si accessibles que tous les matins je me réveillais et regardais autour de moi, surpris d'avoir à aller à l'école, étonné que ma vie puisse en réalité être si ennuyante.

Pendant que nous patrouillions des catacombes, tendant l'oreille pour déceler la présence de prédateurs, ma mère explorait ses vies antérieures. Elle se rendait dans une église psychique où, nous assurait-elle, il n'était pas question de religion ; c'était simplement le lieu où l'on tenait les réunions. La prière, expliquait-elle, était un moyen de parler à des êtres invisibles qui existaient dans la nature et qui voulaient notre bien. Elle nous a montré à répéter *om,* un son reposant qui ressemblait à *mom*. Elle avait appris à le faire à l'église, où les membres s'asseyaient pour partager leurs expériences. Elle nous avait raconté qu'un homme s'était téléporté alors qu'il était dans l'autobus. Son désir de se trouver ailleurs avait été si fort que, sans crier gare, il y était. Le lendemain, il était monté dans le même bus et le chauffeur avait dit : « Eh, je vous ai vu monter la dernière fois, mais je ne vous ai pas vu descendre. »

Je la regardais de près, à la recherche de signes annonçant qu'elle allait nous quitter, mais elle continuait à préparer du pain et de minces biscuits, à nous déposer à l'école avec des lunchs tellement durs à mastiquer que j'en avais mal aux mâchoires. Peut-être avait-elle l'intention de se téléporter ailleurs, ou simplement de s'évaporer, de passer à sa vie suivante. De plus en plus, il devenait évident à mes yeux que tout était possible.

Un samedi, pendant que ma mère était à l'église psychique et que mon frère et ma sœur étaient avec des amis, je suis allé à la poissonnerie avec mon père. La veille, il s'était querellé avec ma mère et j'avais fait semblant d'aller à la salle de bains. Je n'avais pas l'impression qu'elle voulait s'en aller, mais plutôt qu'il cherchait à la convaincre de m'abandonner. Les seules paroles que je l'ai clairement entendu prononcer étaient : «Deni est comme moi. Il n'a pas besoin d'aller à l'école.» C'est là qu'il a repris dès que nous sommes partis.

«Toi et moi, on aime ça être dans la nature et se battre», a-t-il dit en évoquant les nombreuses batailles auxquelles il avait pris part quand il était enfant, l'air fâché, comme si les batailles n'avaient pas été tout à fait résolues et qu'il y avait quelque part un petit caïd de neuf ans avec qui il lui restait des comptes à régler.

«Si je reste avec toi et qu'on voyage ensemble, est-ce qu'on pourra aussi aller dans d'autres pays?»

Il m'a jeté un coup d'œil. «Qu'est-ce que tu veux dire?

— Est-ce qu'on pourra faire le tour de l'Afrique?

— De l'Afrique?» a-t-il répété. J'avais lu une histoire où des descendants des dinosaures avaient survécu à l'intérieur des terres africaines, profondément immergés dans des lacs isolés, ce que je lui ai dit.

Il regardait la route. «Ce n'est sans doute pas une bonne idée. Il y a beaucoup de serpents en Afrique. Tu ne trouves pas ça chouette d'aller camper sans avoir à t'inquiéter d'être piqué par un serpent?»

Il s'interrompait entre chaque mot comme pour reprendre son souffle. Je me suis imaginé des serpents s'introduisant par les fenêtres de notre motorisé pendant notre sommeil, mais j'avais plus peur de ses colères.

«J'imagine», ai-je concédé avec un haussement d'épaules en me demandant si lui avait peur des serpents.

Changeant de sujet, il a expliqué que les temps étaient durs pour ses poissonneries, et je me suis promis en moi-même d'aller inspecter la vitrine du magasin pour voir si quelque poisson préhistorique n'avait pas été attrapé par erreur. Ma mère se fichait que l'économie tourne au ralenti ou que les enfants de chienne à la banque lui fassent la vie dure, a-t-il poursuivi. Je me suis imaginé des banquiers en train de lancer des roches, ses employés penchant la tête pour les éviter tout en essayant de vendre du poisson. Mais les choses ne pouvaient pas aller si mal. Il avait acheté une mallette et m'avait expliqué l'importance de l'objet pour un homme d'affaires en me montrant la serrure cylindrique et l'étiquette qui disait *cuir vernis*. En outre, il serait préférable qu'il ne possède plus ses magasins, puisque nous allions voyager.

À sa poissonnerie, je n'ai remarqué ni manque d'argent ni enfants de chienne. Tout le monde était gentil et les clients déposaient des billets de dix et de vingt dollars sur le comptoir.

Il a vérifié que ses employés faisaient bien leur boulot, puis il a sorti une liasse de billets du tiroir-caisse et l'a glissée dans son veston. Ensuite, il m'a fait asseoir sur un tabouret avec un livre, sous la surveillance de deux hommes qui travaillaient là, et est disparu pendant une heure en compagnie d'une jeune Chinoise très jolie qui travaillait aussi pour lui et dont je n'arrivais jamais à me rappeler le nom.

J'ai demandé à ses employés s'ils avaient pu accidentellement découper en filets quelque poisson étrange d'allure très ancienne, mais ils ont dit que non, alors j'ai entrepris de regarder par moi-même. Dans deux cuves bouillonnantes s'entassaient crabes et homards, leurs pinces fermées par des élastiques. À l'étal se trouvaient des crevettes, de la truite mouchetée, d'épaisses darnes de flétan, de soyeux filets de saumon, des sacs de palourdes grosses comme le poing et des sébastes aux yeux étonnés. Les créatures sur la glace me faisaient chaque fois prendre conscience de la vastitude du monde. En les regardant, je m'imaginais les profondeurs de l'océan, d'un noir scintillant. J'ai commencé à raconter aux employés que j'avais l'intention un jour de sillonner l'Afrique à la recherche des descendants perdus des dinosaures.

«Qu'est-ce que vous fabriquez? m'a demandé mon père quand il est revenu tout seul, les épaules de sa veste constellées de gouttes de pluie.

— On parle de dinosaures», ai-je répondu, avant d'annoncer aux employés: «André et moi, on va travailler et rien faire d'autre que pêcher quand ma mère va être partie et qu'il aura fait faillite.»

Les deux hommes ont blêmi et détourné le regard, mais le visage de mon père est devenu tellement rouge que c'en avait l'air douloureux. Dans son camion, il m'a agrippé le bras.

«Tu ne peux pas dire ces affaires-là!» Il essayait de reprendre son souffle. «Tu as de la chance. Mon père t'aurais lancé par la fenêtre.»

Je restais assis, parfaitement immobile, sans trahir la moindre émotion, car si je me mettais à pleurer quand il était fâché, sa colère décuplait. Il a lâché mon bras et a attrapé le volant comme s'il voulait l'arracher. L'espace d'un instant, je l'ai imaginé étendu dans du verre cassé et me suis posé des questions sur son père.

«C'est correct, a-t-il dit. Tu n'as pas fait exprès. Il faut juste que tu apprennes un peu à te taire.»

Tandis qu'il nous ramenait à la maison, j'ai réfléchi à ses paroles. Je parlais sans arrêt et n'avais jamais songé que cela puisse le déranger, qu'il y avait chez moi des choses qu'il n'aimait pas. Jusque-là, je m'étais senti plutôt unique puisqu'il avait recommencé à passer plus de temps avec moi, comme il le faisait auparavant.

Après un moment, il a dit : «J'haïs ces crisses-là. J'haïs la banque.» Il m'a dit qu'il avait planifié sa revanche. Il allait louer un coffret de sûreté et déposer un colis plein de poisson à l'intérieur. «Je ne suis pas sûr, mais je crois que d'un point de vue légal ils n'ont pas le droit de le sortir peu importe l'odeur.»

Plus tard, arrêté à un feu rouge, il a montré du doigt une banque devant laquelle était garé un camion blindé.

«Tu vois, ils apportent l'argent le vendredi. C'est ce jour-là que les gens sont payés. Ils viennent échanger leurs chèques de paie et il faut que la banque ait des tas d'argent pour tout le monde.»

J'ai hoché la tête sans trop comprendre pourquoi cela avait de l'importance.

À l'approche de la maison, je me suis remis à parler. J'avais réussi à garder le silence pendant la plus grande partie du trajet, jusqu'à ce que ma langue se mette à frapper sur mes dents et à donner de petits coups sur mon palais, ce qui chatouillait. J'avais besoin de parler, et j'avais réfléchi au fait que les idées spirituelles de ma mère ne plaisaient pas à mon père. Je me demandais ce qu'il pensait d'un dieu tout-puissant en train de le regarder de là-haut, un dieu qui connaissait tout, même ses aventures et son autre famille.

«Est-ce que tu crois en Dieu?» ai-je demandé.

Il a haussé les épaules. «La vie, c'est une grosse farce. Dieu se fout de notre gueule.»

On aurait dit que Dieu lui ressemblait un peu. Quand je lui ai demandé s'il priait, il a répondu : «J'haïs l'église. J'ai grandi avec les osties de prêtres. Je n'y retournerai jamais.

— Mais Bonnie a dit que, des fois, tu voyais des choses.

— Elle a dit quoi?»

J'ai répété une histoire qu'elle m'avait racontée : «Une fois, avait-elle dit, il s'est réveillé et a vu une lumière blanche brillante au-dessus de lui, et il était incapable de faire un geste. Il a été paralysé toute la nuit.»

«Elle t'a raconté ça?» Il criait tandis que nous nous engagions dans l'entrée. Je m'étais encore mis les pieds dans les plats. J'avais trop parlé.

J'ai abaissé la poignée de la portière, sauté par terre et suis entré dans la maison d'un pas lourd.

Ma mère venait de revenir avec mon frère et ma sœur, et ils regardaient à la télévision une émission portant sur des individus hors du commun. Mon père, qui adorait *Ripley's Believe It or Not* et *That's Incredible!*, nous appelait souvent pour nous expliquer ce que l'on y montrait, un homme jonglant avec des scies mécaniques ou un parachutiste maître de l'évasion. Cette fois, l'animateur discutait des yogis indiens, capables non seulement d'interrompre les battements de leur cœur, mais de contrôler toutes leurs fonctions corporelles.

«C'est le genre de trucs dont on parle à l'église», nous a dit ma mère.

J'ai senti que l'intérêt de mon père s'éveillait, accompagné d'un répit de la colère qui était entrée dans la pièce avec lui. Il s'est assis penché vers l'avant, comme s'il pouvait avoir quelque chose à apprendre de ces histoires de mysticisme.

L'animateur expliquait que, pour se nettoyer les intestins, les yogis ingéraient de longues bandes de lin qu'ils faisaient descendre le long de leur tube digestif. L'image de la télé a changé pour montrer un homme de petite taille, le teint brun, presque nu, qui se fourrait du lin dans la bouche, sa pomme d'Adam effectuant des mouvements laborieux. On aurait dit qu'il essayait de manger un très gros spaghetti, et il faisait rouler son ventre chaque fois qu'il déglutissait. L'animateur a expliqué qu'il fallait des heures avant que le lin n'atteigne les intestins du yogi, après quoi celui-ci ferait remonter la bande de tissu à travers son corps. La dernière image le montrait en train de la tirer hors de sa bouche. Il souriait tout en brandissant le ruban de lin, noir après son voyage dans les entrailles de l'homme.

Parfaitement immobile, mon père était bouche bée.

«C'est de la foutaise. Ce gars-là est en train de se sortir de la merde par la bouche. C'est dégueulasse!» Il a saisi le petit calepin noir dans lequel il notait ses numéros d'affaires et l'a lancé en direction de la télé.

«Allez vous coucher! Tout le monde, allez vous coucher! a-t-il crié. Calvaire, c'est dégueulasse!»

Étendu sous les couvertures, je me suis demandé ce qui l'avait tant choqué chez le yogi. Les actions du petit homme ne semblaient pas du tout magiques, mais faisaient plutôt penser à une façon particulièrement pénible et interminable de se passer la soie dentaire, activité que j'avais en horreur.

L'été est arrivé puis reparti, mon père et ma mère passant peu de temps ensemble, mon frère et moi lisant et jouant tellement à Donjons et dragons que nous remarquions à peine quoi que ce soit d'autre. Puis l'école a recommencé et nous avons pleuré la disparition de notre temps libre.

Maintenant, plus de doute, tout était en train de changer. Ma mère et moi étions assis chez Baskin-Robbins et, tandis que je mangeais ma crème glacée, elle m'expliquait qu'elle ne resterait plus avec mon père pour longtemps. Elle disait qu'elle m'aimait et ne voulait jamais me quitter.

«Mais comment je sais ce que je suis censé faire?» ai-je demandé en léchant une coulée de chocolat fondu sur le cornet gaufré. J'avais oublié à quel point les aliments sucrés étaient délicieux.

Elle a réfléchi et, comme si elle choisissait ses mots avec soin, a répondu lentement : « Le monde est à la fois physique et invisible », avant de m'expliquer que les pensées et les humeurs flottaient autour de nous comme des nuages. Nous partagions fugacement l'existence des autres en croisant leur chemin, en respirant le même air qu'eux. Les vérités pouvaient venir à nous de la même façon.

J'ai léché encore ma Rocky Road et rongé le cornet. Était-elle en train de me dire que si je m'asseyais près de mon père et que je respirais profondément, je saurais ce qu'il fallait faire ?

« Tu as simplement besoin de méditer sur le bon choix », a-t-elle dit, et puis elle a souri, comme si, pour peu que j'y mette du mien, la lumière blanche de mon âme pouvait s'allumer telle une enseigne au néon à la fenêtre d'un bar, qui dirait non pas Budweiser ou Molson, mais *Pars avec ta mère* !

Ses cheveux grisonnaient rapidement, ce qui m'a rappelé le jour où elle était venue me chercher à l'école après s'être fait donner une permanente. Je m'étais approché de la camionnette puis, voyant la femme aux cheveux frisés assise au volant, j'avais tourné les talons. Elle avait ri et m'avait appelé, mais j'avais eu peur. Si elle partait sans moi maintenant et que je passais des années sans la voir, peut-être la même chose se produirait-elle.

«Mais André et moi, on va voyager et aller à la pêche, lui ai-je dit, triste tout à coup, laissant le chocolat couler sur mes doigts.

— Quoi? a-t-elle demandé, l'expression de douceur quittant ses yeux.

— Il va acheter un motorisé et on va vivre dedans.

— C'est de la bouillie pour les chats. Il est en train de faire faillite. Il n'est même pas capable de faire les paiements pour son auto. Il te ment. Il ment à tout le monde.»

Jour après jour, je me demandais quel autre mensonge il pouvait bien raconter. Il y avait eu cet après-midi où les deux hommes nous avaient arrêtés sur la route de la vallée, quand il avait menti en prétendant être quelqu'un d'autre. La police n'était pas revenue, alors peut-être qu'il avait réussi à les tromper. Je niais les bourdes que je commettais, alors pourquoi n'aurait-il pas fait de même? Et il avait un comportement encore plus discutable. La liste était longue.

Il conduisait en casse-cou.

Il avait pris part à de nombreuses bagarres.

Quand nous habitions près de la traverse, il avait mis un homme K.O. et avait brisé la mâchoire d'une femme.

Lorsqu'il était fâché, il criait après ma mère.

Elle avait essayé de s'enfuir, et il l'avait simplement suivie.

Souvent, il faisait des blagues cruelles.

Comment savoir si je devais rester? J'allais peut-être mourir de faim puisqu'il se nourrissait exclusivement de tablettes de friandises et de Pepsi, comme une gerboise se nourrit de croquettes brunes et d'eau. Pourtant, il n'avait peur de rien et se fichait de ce que les autres pensaient. Je ne pouvais détacher mes yeux de lui. Un nouveau désastre grisant pouvait éclater à tout moment.

J'aimais particulièrement les histoires qu'il racontait, sa cadence rythmique qui transformait les mots et peuplait les syllabes de coups et de corps tombés. «Je continuais à frapper, à frapper cette armoire à glace, disait-il, j'évitais ses poings et je sautais en l'air et je le bourrais de coups, mais le gars avait la tête dure comme de la pierre et je commençais à avoir mal aux mains alors je l'ai fait trébucher. C'était peut-être un dur à cuire, mais il est tombé raide.»

Et j'adorais les tours qu'il jouait. Il les qualifiait tous de «vieux tours indiens» de sorte que je m'imaginais un vieil Indien à la peau tannée lui disant: «N'oublie pas de souffler sur le feu pour l'attiser» ou «Si tu es en train de perdre une bataille, frappe ton adversaire dans les couilles, puis au visage. On se fout qu'il soit par terre. Frappe-le dans les dents. À la guerre comme à la guerre.»

«Celui-là, c'est mon vieux tour indien préféré.» Il était en train d'entreposer les clôtures à mailles losangées qu'il utilisait chaque hiver là où il vendait des arbres et, après avoir mis les rouleaux à la verticale, il a posé des blocs de béton par-dessus, hors de vue. Si des voleurs s'avisaient de dérober les clôtures, les blocs leur tomberaient sur la tête.

Une fois, sur le grand emplacement qu'il exploitait au centre-ville, il avait découvert que quelqu'un grimpait à un coin de la clôture chaque nuit pour voler un arbre.

«Ça, c'est un bon vieux tour indien», avait-il dit en vidant un sac de merde de chien sur le sol. Il y avait roulé l'arbre, qu'il avait appuyé dans le coin où venait le voleur. Le lendemain, il m'avait emmené de l'autre côté de la clôture, où gisait le sapin, près de la route. Nous avions bien ri, et longtemps, en nous imaginant le voleur plein de merde.

Mais parfois ses bouffonneries ne me semblaient pas si drôles, comme cette fois où il avait attrapé une araignée aux longues pattes sur son tableau de bord. Nous attendions à un feu rouge. C'était l'été, les fenêtres de l'auto étaient baissées, et il avait dit : «Regarde ce vieux bouc!» Dans la voiture près de nous, un vieillard avec des lunettes épaisses était penché sur son volant comme un myope au-dessus d'un livre. Mon père avait étendu le bras par-dessus moi et lancé l'araignée sur la tête chauve du vieil homme.

Maintenant, il me fallait décider. J'étais assis sur le canapé. Les pentures ont grincé dans l'entrée et des pas ont traversé la cuisine. Mon père était debout dans l'embrasure, la peau pendant de chaque côté de sa bouche, le regard trop fixe.

Il a demandé : «C'est pour l'école?»

Un roman de Jules Verne était posé sur mes genoux. Le livre m'avait fasciné, qui présentait un continent enfoui sous la terre — et pourquoi pas? Comment les scientifiques pouvaient-ils être certains que cela n'existait pas? Mais je n'ai rien dit, sachant que celui que j'avais devant moi n'était pas le père qui voulait voyager et aller à la pêche, mais celui qui ne se préoccupait que de ses affaires.

«Tu lis trop, a-t-il dit. Tu devrais faire un peu de sport.»

Tandis que j'essayais de trouver une repartie, j'ai ressenti un sentiment de solitude que j'étais encore incapable de nommer. J'avais cessé de parler de lévitation, des pouvoirs de l'esprit et d'amis invisibles, mais je n'avais pas pensé qu'il pouvait y avoir chez moi d'autres choses qu'il n'aimait pas.

«Je me suis battu aujourd'hui, lui ai-je annoncé.

— Ah oui?» Il a haussé les sourcils puis a bâillé, levant l'avant-bras pour se cacher la bouche. «C'est bien. Je suis content que tu ne te laisses pas marcher sur les pieds.»

Je m'étais efforcé de la jouer coriace à l'école, multipliant les *fuck* et les *goddamn* pour faire fondre en larmes les autres élèves et les faire détaler. Quand

Matthieu avait tiré sur mon manteau, je l'avais traité de *fuck banana*. Il avait paru si étonné que j'avais profité de l'occasion pour le frapper.

«Bien. C'est bien, a dit mon père en me dévisageant comme s'il me soupçonnait de mentir. Tu lui as foutu une vraie raclée, pas vrai?

— Ouais, je lui en ai donné toute une.» En entendant mes paroles, j'avais l'impression que ma victoire était beaucoup plus importante que je ne l'avais cru sur le moment, même si je n'étais pas certain d'avoir utilisé le sacre correctement.

Mon père s'est appuyé contre le cadre de porte, les yeux toujours fixés sur moi, mais il a bâillé de nouveau. Il est allé à la cuisine. La porte du frigo s'est ouverte, des bouteilles ont cliqueté.

«Calvaire, l'ai-je entendu dire. Il n'y a rien à manger.»

J'ai fermé mon livre. Il me fallait prendre une décision. Peut-être que je devrais partir avec ma mère. Mon père n'était assurément pas aussi amusant qu'il l'avait déjà été.

Il est revenu entouré d'un halo de colère, semblable à la fumée de cigarette qui se dégage de la veste d'un fumeur. Il s'est assis et a posé le téléphone couleur pêche sur l'appui-bras du fauteuil, puis a soulevé le combiné. Il a dégluti bruyamment, a avancé la mâchoire et s'est mis à composer.

À son expression, j'ai su qu'il allait sacrer après quelqu'un. Ma tristesse s'est atténuée, me dénouant la gorge, et un étrange sentiment de légèreté m'a envahi. Comment les mots pouvaient-ils être porteurs de tant de force? Personne ne savait sacrer comme lui! C'était son don. Chaque insulte montait de son ventre, non pas comme une éructation, mais comme un vomissement soudain, un son qui mordait la gorge et brûlait dans les sinus comme de la bile.

J'ai entendu la faible sonnerie dans le combiné et une petite voix grêle a dit: «Allo.» Mon père ne s'est même pas présenté. Il a beuglé: «Joue pas au fou avec moi!» Puis il a pris une inspiration si profonde que je pouvais voir toutes ses dents, les lignes foncées de ses nombreux plombages et jusqu'au rouge de sa gorge. Il a crié, en enfilant les mots: «Enfant de chienne de salaud de crisse de petite merde, je vais te botter le cul!»

Admiratif devant tant de maîtrise, j'en ai oublié qu'il me fallait prendre une décision et, sans m'en rendre compte, j'ai sauté en bas du canapé et exécuté une danse de la victoire sur le tapis. Il a attrapé son calepin noir et l'a lancé dans ma direction.

La fin prendrait des airs d'excursion de pêche, un long trajet dans la nuit, les montagnes noires et les routes à demi emportées par les crues, jusqu'à une aube sur une rivière où commencerait tout ce qui avait de l'importance.

Je suis allé dans le bois, j'ai fermé les yeux et tourné en rond dans le but de me perdre. Il me fallait perfectionner mes habiletés de survie. Marchant au hasard, je cherchais des tunnels sous des buissons et m'imaginais des portails magiques sous les branches basses des arbres.

Et puis je me suis contenté de rester assis. Quelque chose que je ne comprenais pas faisait que j'avais du mal à respirer et que ma gorge se serrait de chagrin. Mon père m'avait toujours dit que je lui ressemblais, et je faisais de mon mieux pour ne pas pleurer devant lui. Mais j'avais remarqué la façon dont ma mère m'observait parfois, le front plissé, ses yeux bleus humides, comme si elle allait fondre en larmes en me regardant passer la porte en courant. Elle aimait que nous discutions ensemble et me voir lire des livres, mais comment mon père voulait-il que je sois? Plein de folie à certains moments, sage en d'autres occasions. C'était difficile à suivre. Ce n'était pas juste.

Dans les romans, quelque chose de terrible se produit qui force le héros à partir et à devenir autre, mais ma vie ne faisait que traîner en longueur. Le poids qui oppressait ma poitrine ne disparaissait que lorsque je lisais. En tournant les pages, j'éprouvais un accès de vertige, un picotement le long de mes bras et sur mon visage. Même quand je racontais des histoires à l'école, je devenais subjugué, je m'élevais de plus en plus haut dans les airs, vers le ciel, de plus en plus loin de la vérité. Et une fois que j'avais conté une histoire, peu importe combien elle était biscornue, farcie de magie, je savais qu'elle était vraie. Je n'avais qu'à regarder une photo de mes parents prise lors de leurs premières années ensemble pour voir le passé, et cette scène qui se déployait sous mes yeux — que je racontais à tout le monde —, jamais je ne la remettais en question.

Auprès des autres élèves de ma classe, je chantais les louanges de mon père, racontais les immenses saumons et truites steelhead qu'il sortait de rivières glaciales, debout dans le courant qui manquait de l'emporter. Ils m'écoutaient, mais à un certain moment — quand le saumon lui mordait la jambe, lui entaillait la main ou enroulait le fil à pêche autour de sa botte et tentait de le tirer en aval —, ils reniflaient et me traitaient de menteur.

Ce qu'ils ne comprenaient pas, c'est que leurs histoires étaient sans intérêt parce qu'ils se souciaient trop de la chronologie. On y marchait trop, on passait trop de temps à ouvrir et à fermer des portes. Ils ne voyaient pas que deux événements remarquables qui s'étaient produits à deux ans d'intervalle, aux deux extrémités du pays, s'appelaient irrésistiblement l'un l'autre de la même façon qu'une fille souriant à l'autre bout de la pièce me donnait envie de venir m'asseoir près d'elle. En écoutant mon père, j'oubliais la lente marche des minutes. Un chien avait déjà tenté de le mordre, et il avait déjà pêché un saumon de vingt kilos, alors il semblait tout naturel que le poisson blessé le morde aussi. Il fallait ignorer les minutes et les heures, libérer les instants éblouissants de l'existence de la grille du calendrier dont ils étaient prisonniers.

Bientôt, me promettais-je en traversant la forêt pour rentrer à la maison, ma vie serait une histoire, et je serais libre.

Les classes se sont interrompues pour les vacances de Noël. L'automne avait été doux, mais le temps avait fini par changer. La neige tombait sur les forêts dénudées, recouvrant les fossés de glace.

Nous avons déménagé de nouveau, cette fois dans une ferme plus petite, plus proche des magasins de mon père. Ma mère n'a quasiment pas déballé les boîtes. Elle ne s'intéressait plus guère à la nourriture, confectionnait des sandwiches à la hâte pour se dépêcher d'aller rejoindre ses amis de l'église psychique. Elle avait encore deux chevaux, mais les années du lait de chèvre maison étaient révolues.

Le lendemain de Noël, elle nous a emmenés au centre commercial. Mon père nous avait donné à chacun cent dollars en petite monnaie. Nous avions passé la journée de Noël à compter, voûtés comme des harpagons au-dessus des piles de pièces, mais au centre commercial j'ai remarqué que mon frère n'achetait rien.

Je me suis approché de lui. «Qu'est-ce que tu vas t'acheter?

— Rien. J'ai donné mon argent à Bonnie.

— Tu as fait ça? Vraiment?

— Elle en a besoin. C'est important. »

J'ai frissonné. Dans mon sac à dos, j'avais des rouleaux de pièces de cinq, dix et vingt-cinq cents, et je refusais de croire que la bêtise de mes parents puisse me priver du plaisir de les dépenser. Tandis que j'achetais un livre d'histoires mystérieuses, ma mère se tenait à quelque distance et m'observait avec une expression de patience douloureuse, comme si elle était l'objet de quelque humiliation au milieu d'une salle de classe. Je n'ai plus eu le cœur à faire des emplettes.

Pendant que nous traversions le stationnement, elle regardait au loin, cherchant quelque chose, une réponse de la part de ses propres amis invisibles, une manière de jeter un pont au-dessus des minutes implacables et assommantes où rien ne se produisait afin de relier deux fragments de sa propre histoire. Je savais qu'elle avait besoin de mon argent pour y parvenir, et que j'allais le lui donner.

Lorsque nous sommes arrivés à la maison, la nouvelle camionnette de mon père était garée dans l'entrée, et il était à la ferme en train de préparer un tas de bois à brûler. La fermeture de ses points de vente l'avait tenu occupé et il n'avait pas passé plus de quelques heures à la maison le jour de Noël. Il s'est mis à marcher vers la maison. Je suis allé dans ma chambre et me suis allongé sur mon lit avec mon livre neuf.

La chicane a éclaté juste à l'extérieur de la maison, j'ai roulé de mon lit et suis allé à la fenêtre. Je me suis demandé ce qu'ils avaient dit pour commencer la dispute mais moi aussi je sentais la colère m'envahir, et crier aurait pu me faire du bien.

«Je suis tanné de ces niaiseries-là!» a-t-il tenté de crier mais, à ma grande surprise, les champs plongés dans la pénombre et le silence de la nuit semblaient n'en avoir cure et le vent soufflait dans sa voix, la rendant creuse.

«Ça ne te regarde pas!» a-t-elle crié à son tour en noyant les paroles de mon père. Ça m'a pris de court. Elle parlait avec une telle force, sa force à lui, comme si elle avait enfilé ses bottes et son manteau et qu'elle le regardait avec ses yeux noirs alors que lui, debout, nu, dans les champs, aurait voulu reprendre ce qui lui appartenait mais était trop épuisé pour le faire.

«Je ne peux pas y croire, s'est-il écrié. Tu parles à… à une sorte de médium et maintenant tu penses que Vancouver va être détruite par un tremblement de terre.

— J'en ai marre de me justifier!» a-t-elle rétorqué. Les nuages qui voilaient la lune se sont écartés et les ténèbres se sont éclaircies de sorte que les étoiles ont clignoté une fois, toutes ensemble, avant de disparaître comme des bernacles.

Elle a ajouté un certain nombre de choses, qu'il ne respectait pas ses désirs et ne lui laissait pas de place pour grandir, et sa voix demeurait forte, exploratoire, d'une certaine manière, dans sa façon d'atteindre de nouveaux sommets, comme si elle découvrait à cet instant seulement que c'était possible.

Le camion de ma mère a démarré, ses feux arrière ont flambé comme il descendait l'entrée.

La nuit s'est apaisée et un brasier s'est allumé au fond de la propriété. Mon père brûlait des centaines d'arbres de Noël invendus, la lueur des flammes dessinant une tache indistincte sur le verre givré de la fenêtre. D'aussi loin que j'aie pu me souvenir, il avait toujours adoré échafauder des bûchers : des détritus jonchant le terrain, des pneus et de vieux appareils, le bois de hangars pourrissants, et une fois une roulotte qu'il avait réussi à caser à l'arrière de son camion. Il avait empilé des branches mortes de pin et d'épinette par-dessus avant d'arroser le tout d'une si grande quantité d'essence qu'il avait dû en répandre une longue traînée loin de l'amoncellement afin de pouvoir y mettre le feu sans danger. Nous nous étions accroupis ensemble quand il avait lâché l'allumette. La flamme avait jailli comme l'aileron d'un requin dans l'herbe et le bûcher s'était embrasé, aspirant l'air vers le ciel. J'avais senti une soudaine chaleur sur mon visage. La température était si élevée que les arbres de Noël s'étaient changés en cendres devant nos yeux et que le métal de la tente-roulotte s'était tordu et effondré. Il s'était levé, mains sur les hanches, en riant, et je n'aurais pas su dire pourquoi c'était si bon de brûler des choses, comme de bâiller ou de s'étirer pendant la classe. Peut-être essayait-il de retrouver ce sentiment maintenant, tout seul, en mettant le feu à des arbres.

Je suis allé dans l'entrée, j'ai chaussé mes bottes et tiré la porte de son cadre gauchi. L'air glacé s'est déversé sur moi, et j'ai suivi la terre durcie de l'entrée jusqu'à l'arrière de la maison.

À mi-chemin, je me suis retrouvé face à un fossé, le dos du ponceau enseveli encore visible là où avaient circulé les gros camions transportant les arbres. Au-delà brillait la lumière vacillante du feu. Le froid me mordait le visage, la nuit était silencieuse, exception faite du bruit des voitures passant sur la route. Je n'avais pas eu le temps de m'habituer à cette ferme, les hangars et la grange demeuraient inexplorés, la forêt clairsemée s'élevait plus loin, de l'autre côté d'un champ mangé par le gel.

J'ai jeté un regard derrière moi. Mon cœur serré s'est mis à battre la chamade tandis que le monde se brouillait. Les lumières de la maison déviaient vers la route. La lune qui se levait s'est hissée un peu plus haut dans le ciel, sautant par-dessus les étoiles.

J'ai fait quelques pas encore et me suis arrêté. Mon souffle rapide se transformait en buée, le centre brasillant du feu était un œil rouge. Je ne voyais pas mon père. Des étincelles fusaient dans l'air froid, flottaient en refroidissant puis mouraient. Quand le vent a tourné, la chaleur a tiédi mon visage.

Il m'a appelé.

La peur a quitté ma poitrine et j'ai continué d'avancer sur la terre brûlante. Il se tenait juste passé le feu, bras croisés, et je me suis arrêté près de lui.

«Elle est fâchée», m'a-t-il dit.

L'air le plus calme possible, fier de la façon dont je me tenais debout près de lui à regarder le feu, j'ai demandé d'un ton dénué d'émotion : « Qu'est-ce qu'on va faire ?

— Je ne sais pas, a-t-il répondu comme s'il pouvait désirer mon conseil. Peut-être qu'on peut partir en voyage. Des fois, quand on part en voyage et qu'on rentre, ça va mieux au retour. Des fois, c'est tout ce que ça prend. »

J'ai imaginé un long trajet, des jours et des jours passés à regarder les arbres et les montagnes par la fenêtre, et puis lui qui disait : « On est assez loin. » On aurait rebroussé chemin, prêts à tout recommencer. Mais aurait-il changé ?

L'éclat du feu brillait sur ses pommettes mais cachait ses yeux. J'avais peur qu'il m'ordonne de rentrer dans la maison, mais il ne l'a pas fait.

« Les choses vont se tasser », a-t-il dit, et dans sa voix j'ai entendu celle de ma mère, le chagrin, l'incertitude et la peur, et j'ai su que quelque chose avait changé.

J'ai perdu le compte des jours. Je lisais ou jouais à Donjons et dragons avec mon frère, mes peurs s'évanouissant comme des poissons qui descendent un cours d'eau noir.

Un soir, je me suis endormi sur le canapé et j'ai entendu mes parents rentrer par la porte de devant après s'être querellés. Ils sont entrés dans le salon et je n'ai pas ouvert les paupières. Je les sentais au-dessus de moi, les yeux baissés, silencieux, comme étonnés que j'existe. Ma mère a dit qu'elle me porterait à ma chambre, mais mon père a répondu qu'il s'en chargeait. Il m'a soulevé, ma joue contre le tissu rêche de sa chemise, mon bras pendant. J'aurais pu ouvrir les yeux et dire que j'allais marcher, mais j'ai senti, à la douceur de ses gestes, qu'il souhaitait me porter. J'ai respiré les odeurs que dégageait sa chemise, résine de pin et café, essence et transpiration, sans en tirer de réconfort. Les battements de mon cœur ne se sont pas apaisés. Je n'ai pas sombré dans le sommeil, bercé par cette sécurité. J'observais, sentant la colère monter en moi, surpris d'être ce petit garçon, un bras replié contre sa poitrine, l'autre pendant, ballant. J'avais l'impression de me souvenir, comme si ce moment avait été une photographie et que je voyais la manière dont les choses étaient autrefois.

Après qu'il a fermé la porte, j'ai allumé ma lampe et j'ai lu. C'était la seule façon de me calmer. Dans le roman, des royaumes s'affrontaient et, à un certain moment, je me suis endormi et me suis retrouvé à brandir une épée devant des ennemis indistincts et dépourvus de visage jusqu'à ce que, flairant le danger, je me retourne pour voir une sombre silhouette s'approcher. Je me suis réveillé, hors d'haleine, et n'ai pas retrouvé le sommeil avant le lever du soleil.

À ma nouvelle école, je me suis frayé un chemin parmi la foule du matin; les autres élèves se retournaient pour s'écrier: «Hé, regarde où tu vas!» Je me suis assoupi en classe. J'avais oublié mon devoir. Quand les autres enfants ont parlé des cadeaux que le père Noël leur avait apportés, j'ai dit que le père Noël n'existait pas. « Il n'y a que les bébés qui croient au père Noël. Revenez-en. »

Une fillette s'est mise à pleurer. J'ai entendu quelqu'un dire qu'il détestait le nouveau.

À la récréation, j'ai exploré le vaste terrain. Je n'avais que mépris pour tout le monde. J'étais incapable de parler aux autres sans essayer de les blesser. Comme je tournais le coin, cinq garçons sont apparus devant moi.

« Hé, c'est le nouveau », a dit Tom. Il était dans ma classe, grand et blond, sa frange proprement peignée vers l'arrière.

Autour de moi, les garçons formaient un demi-cercle qui allait se rapprochant.

Des années plus tôt, quand j'avais commencé la première année, mon père m'avait donné des leçons sur la façon de se battre, comme si je partais non pas pour l'école mais pour m'engager comme mercenaire. Il m'avait prévenu de ne jamais montrer ma peur et m'avait dit que je devais terroriser mes ennemis.

« Fuck you, dog-shit-faced cocksuckers ! » ai-je hurlé à pleins poumons.

Les garçons ont reculé, mais Tom s'est détaché d'eux, a couru vers moi et m'a asséné un coup de pied dans les couilles. Je suis tombé à genoux, et mes poumons se sont vidés de leur air.

«Courez! a-t-il crié à ses amis. Il est dingue!»

Ils ont pris leurs jambes à leur cou tandis que je me tenais les côtes en attendant que mes poumons recommencent à fonctionner.

De retour en classe, Jamil s'est approché de moi. C'était un gamin vif, originaire de l'Inde, à la peau foncée, que j'avais aperçu le matin près de l'entrée. Il avait poussé un autre garçon pour le faire tomber, lui avait pété au visage et s'était enfui. Il a jeté un coup d'œil à la saleté sur mes genoux.

«Je ne crois pas à Noël non plus, m'a-t-il dit. C'est des conneries. Veux-tu qu'on soit amis? On pourra casser la gueule de Tom après les cours.

— Ouais, on va lui casser la gueule.»

Jusque-là, mes sacres avaient été une aussi bonne défense que mes poings. Les prières et les mantras atteignaient peut-être le monde invisible, mais le blasphème, c'était la puissance des mots déchaînée dans ce monde afin de terrasser mes ennemis. Et pourtant, on m'avait frappé dans les couilles. Mon père avait raison. Il fallait que je m'endurcisse.

Pendant que Jamil faisait circuler dans la classe la rumeur voulant que je mette Tom au défi de m'affronter dans une ruelle entre deux édifices en briques, je m'entendais déjà décrire ma victoire à mon père. Mais une heure plus tard, en entrant dans la ruelle, je me suis mis à trembler.

Tom attendait avec ses amis, leurs chemises fripées, foncées par l'interminable bruine d'hiver. Le moindre détail se détachait sur le mur de briques, leurs visages nerveux se découpaient comme s'ils étaient dessinés sur du papier quadrillé. La pluie perlait dans les cheveux de Jamil qui, debout près de moi, criait : «Vas-y ! Casse-lui la figure !»

Tom m'a donné une poussée dans la poitrine. Je lui ai immobilisé la tête dans une clef de bras. Nous avons trébuché jusqu'au mur, les briques raclaient nos vêtements comme du papier sablé.

Les amis de Tom ont voulu lui prêter main-forte, mais Jamil les en a empêchés. Il leur donnait des claques au visage, dansant de droite à gauche comme s'il gardait un filet de volley-ball.

«Qu'est-ce qu'il y a, petite tapette ? criait-il. Tom est pas capable de se battre tout seul ?»

Tom s'est libéré de ma prise. De derrière, il a essayé de me mettre les doigts dans les yeux. J'ai reculé jusqu'à le coincer contre le mur de briques, puis j'ai projeté mon corps contre le sien à plusieurs reprises, jusqu'à ce que sa tête frappe le mur avec un bruit de bois.

Je me suis retourné et l'ai frappé trois fois. Il est resté là à me regarder fixement, les narines trop larges et noires. Du sang s'est mis à couler de l'une d'elles. Ses yeux se sont remplis de larmes. Il s'est penché, a ramassé son sac à dos et est parti en courant. Il est disparu dans la ruelle, les pans de son manteau battant dans le vent.

J'avais du sang sur la lèvre, là où un de ses ongles l'avait entamée.

Je me suis dépêché de retourner à l'endroit où les parents venaient chercher les enfants. Mon frère attendait sur le trottoir. Son regard s'est porté sur mon visage puis, comme un interrupteur, a descendu jusqu'à ma bouche.

«Qu'est-ce qui t'est arrivé?

— Je me suis battu.»

Des élèves se sont agglutinés autour, se pressant entre nous. Ils lui ont raconté la bataille, d'un débit rapide, en pointant ici et là.

La camionnette brune de ma mère a émergé de la circulation et s'est rangée près du trottoir. Je suis monté, elle s'est penchée au-dessus de l'espace séparant les sièges avant et a pris mon menton dans sa main.

«Est-ce que tu te bats?»

Ses yeux bleus fixaient ma coupure comme s'ils voyaient la chose qu'elle détestait le plus au monde.

«J'ai été obligé.

— C'est mal de se battre. On ne se bat pas. On parle avec les gens. Et si tu n'arrives pas à régler le problème en parlant, tu le dis à ton institutrice. Tu le dis au directeur. Tu me le dis à moi. Comprends-tu?»

Je n'ai pas répondu. Il ne servait à rien d'argumenter. Si je faisais ce qu'elle disait, j'étais perdu à l'école. Il faudrait que je me batte constamment.

Mon frère a parlé, depuis la banquette arrière.

«Tout le monde dit que Jamil t'a aidé.

— Quoi? a demandé ma mère.

— Ce n'est pas vrai! me suis-je écrié. Il a juste empêché les autres de me frapper!»

J'ai voulu croiser le regard de ma mère, mais j'ai eu l'impression d'être ébloui, comme en regardant le soleil miroiter sur la mer.

«Écoute, a-t-elle repris. Je ne veux plus que tu te battes, mais André va demander ce qui s'est passé. Quand il te posera la question, ne lui dis pas que tu as eu de l'aide. Ça ne lui plairait pas.»

Mon père était si occupé qu'on ne le voyait presque pas, mais ce soir-là il nous a emmenés souper, mon frère, ma sœur et moi. Quand il est venu nous chercher, ma mère était déjà partie à l'une de ses réunions. Il a à peine ouvert la bouche, même au restaurant. Il a commandé du café, puis a remarqué ma lèvre.

«As-tu gagné?» a-t-il demandé, les yeux fixes tout à coup.

J'ai jeté une œillade à mon frère et répondu: «Ouais.

— Vraiment?»

J'ai hoché la tête en tentant de dissimuler ma colère. L'histoire était presque parfaite. La confrontation dans la ruelle, les autres élèves qui s'étaient rassemblés pour regarder, la pluie qui tombait le long de la mince tranche de ciel entre les édifices. Pour un élève de cinquième année, Tom était certainement une armoire à glace. Mais, avec mon frère assis en face de moi, j'étais incapable de raconter l'histoire comme il l'aurait fallu.

Mon père a demandé: «Comment ça s'est passé?»

J'ai lancé un coup d'œil à mon frère puis j'ai évité son regard et, à contrecœur, j'ai décrit comment j'avais projeté Tom dans le mur de briques avant de me retourner pour le frapper trois fois, jusqu'à ce qu'il saigne du nez.

«C'est bien», a dit mon père.

J'ai risqué un autre coup d'œil à mon frère. Il m'observait, l'air inquiet et confondu. Mon père nous a regardés, l'un après l'autre, et j'ai baissé les yeux vers mes mains, mais il était trop tard.

«Quoi? a-t-il demandé. Pourquoi est-ce que tu le regardes comme ça?»

Comme je ne répondais pas, il s'est retourné vers mon frère.

«Allez. Raconte.»

Mon frère a haussé les épaules. Il n'avait jamais su mentir. J'étais cuit.

Il a fini par dire: «Deni a eu de l'aide.

— C'est pas vrai!» ai-je crié. Ma langue s'est enroulée dans ma bouche, les mots *son of a bitch* coincés là-dedans, luttant pour sortir tandis que je serrais les mâchoires pour les garder à l'intérieur.

«Quel genre d'aide?» a demandé mon père.

De mauvaise grâce, mon frère s'est lancé dans des explications, mais il ne racontait pas l'histoire comme elle s'était déroulée. Il n'avait même pas assisté à la bagarre; tout ce qu'il décrivait, c'était Jamil me protégeant. Les détails étaient exacts, mais la façon dont ils s'enchaînaient ne l'était pas. Tom avait failli m'arracher les yeux! Je lui avais cogné la tête contre les briques tout seul. La lutte avait été chaude.

Mon père m'a regardé. «À partir de maintenant, tu te défends tout seul. Tu es capable de tenir tête à deux ou trois ti-culs, tu m'entends?»

J'aurais voulu lui rappeler que ses frères et lui se protégeaient mutuellement dans leur village. Mais il y avait des replis sombres sous ses yeux, et les os de son crâne semblaient affleurer sous la peau. Un éclat a brillé dans ses prunelles, comme dans le regard d'un chien qui s'apprête à mordre.

«De toute façon, tout le monde sait que tu n'es pas la tête à Papineau», a-t-il conclu avec un mince sourire qui découvrait ses dents du haut. Il a commencé à dire autre chose, mais ma langue s'est libérée et j'ai crié : «Ta gueule!»

La pièce a basculé et s'est embrouillée. J'avais de nouveau du sang sur les lèvres. Mon frère et ma sœur regardaient fixement leur assiette. Étourdi, je n'ai pas dit un mot. Je refusais de le regarder.

Quand nous sommes partis, il a soupiré à plusieurs reprises, se frottant le visage en me lançant des œillades, mais je refusais de croiser son regard. J'avais fait ce qu'il m'avait appris, je le savais. Si j'avais pu raconter l'histoire à ma façon, il aurait compris.

«L'ostie de banque, a-t-il marmonné pour lui-même. Elle est en train de ruiner ma vie. Je vais aller répandre un voyage de fumier sur ses marches.»

Je me suis assis près de la fenêtre, le froid se dégageait de la vitre. Si la fin était inévitable et s'il devait y avoir un nouveau départ, pourquoi ne pas prier pour que cela se produise? Pourquoi ne pas en finir au plus vite? J'en avais assez de leur rage, assez de les entendre hurler comme des animaux dans l'obscurité.

Le lendemain, j'ai annoncé à ma mère que je voulais partir.

Elle a emballé nos lunchs mais, plutôt que de nous emmener à l'école, elle nous a conduits chez l'une de ses amies où elle nous a dit de rester et de jouer à Donjons et dragons.

Quand elle est revenue, midi avait presque sonné. Tout ce que nous possédions était entassé dans la camionnette ; des boîtes et des couvertures s'amoncelaient le long des parois, son berger allemand préféré était couché entre les sièges. Dans la remorque blanche fixée à l'arrière se trouvaient les deux chevaux.

Elle nous a fait monter en vitesse dans la camionnette en nous disant qu'elle nous expliquerait bientôt. Nous avons roulé jusqu'à la frontière.

Sur l'autoroute, elle nous a annoncé que nous allions vivre avec notre tante en Virginie.

Ma sœur a fondu en larmes. Elle a dit qu'elle ne reverrait jamais ses amis, et ma mère lui a répliqué qu'elle les reverrait un jour. Assis à l'arrière, bras croisés, mon frère regardait ses pieds sans piper mot. Mais pour ma part j'avais libéré ma rage et j'avais l'impression de m'éveiller d'un long sommeil, vide et ouvert, impatient de voir le monde. Quand nous avons traversé Seattle, j'ai montré d'un geste la Space Needle.

« On s'en fout, a dit mon frère. On n'est pas ici pour admirer des trucs. »

En regardant l'obscurité gagner l'autoroute, je ressentais une excitation que j'étais incapable d'expliquer. Nous étions partis en voyage, et peut-être qu'un jour, quand je reverrais mon père, je pourrais lui raconter cette histoire de notre fuite et de notre découverte d'une nouvelle vie. Nous ne serions plus fâchés, et il me dirait tout ce qu'il avait fait depuis notre départ. Il rirait et raconterait comment il était allé en ville et était entré dans la banque avec un saumon dans sa mallette. Comment il avait payé pour le coffret de sûreté, pris la clef, et enfermé le poisson à l'intérieur.

J'ai essayé de l'imaginer déchaîné et victorieux, comme quand j'étais enfant, toujours en train de rire, toujours en train de jouer un mauvais tour, mais tout à coup, j'étais de nouveau en proie à la colère.

L'aube grise nous a rejoints alors que nous traversions les montagnes vers l'est, des cicatrices de neige sur l'accotement, de la glace bleue sur les rochers. La lune était toujours suspendue au-dessus des lumières de villes lointaines dont l'éclat faiblissait. Ce n'était pas le voyage dont il m'avait parlé, celui dont nous reviendrions pour recommencer à neuf. Pourtant, j'éprouvais la liberté du mouvement, de la nouveauté, l'émoi qui va du cœur jusqu'aux membres, le désir de ne jamais arrêter, de ne jamais plus tenir en place.

2

LES FANTÔMES DE LA GUERRE CIVILE

Au début de leur relation, mon père refusait de laisser conduire ma mère. Il était d'avis que cela ne seyait pas aux femmes. Mon frère aurait pu faire sa cinquième année à l'école de la vallée, une construction de deux pièces où il aurait pu se rendre à pied, mais elle avait insisté pour qu'il fréquente un meilleur établissement, à trente minutes de là. Ayant découvert les exigences qu'entraînait le transport des enfants, mon père lui avait donné un ancien camion cube qu'il utilisait pour vendre ses poissons aux carrefours avant d'ouvrir ses poissonneries. Les flancs étaient rongés par la rouille, et il n'avait d'autre siège que celui du conducteur. Ma sœur s'asseyait sur un tabouret en bois à côté de ma mère, mais mon frère et moi étions heureux de prendre place sur le plancher, à cause d'un trou causé par la corrosion.

«Éloignez-vous de là!» nous disait ma mère. Tous les jours, je ramassais de vieilles gommes à mâcher dans la cour de récréation pour le plaisir de les voir frapper l'asphalte. Même quand elle nous criait après, nous restions à quatre pattes, scrutant le grain fuyant et embrouillé de la route, heureux quand elle changeait de voie et que la ligne jaune pointillée défilait par à-coups.

En 1980, mon père avait ramené à la maison notre premier véhicule neuf. D'un brun terreux, le GMC Vandura de trois quarts de tonnes était, à mes yeux d'enfant de cinq ans, une montagne. L'intérieur de velours côtelé couleur crème était doté de quatre fauteuils pivotants à accoudoirs, d'un tapis à poils longs, de deux tables sur pied, de petits plafonniers semblables aux appareils d'éclairage dans les avions ainsi que d'un canapé qui se dépliait pour former un lit, éclairé par des lampes aux abat-jours de plastique. Entre les deux sièges avant, un couvercle se soulevait pour révéler le moteur rutilant et, à l'arrière, une échelle en chrome menait à un porte-bagages à motifs de feuilles d'érable fixé sur le toit. Le premier jour, je me suis exercé à escalader la fourgonnette, cherchant des anfractuosités où glisser les doigts pour me retenir, comptant les tours que je pouvais faire sans tomber jusqu'à ce que j'agrippe l'antenne, sonnant ainsi le glas de la radio FM.

Mon père qui trouvait la camionnette malcommode à manœuvrer l'avait laissée à ma mère pour s'acheter plutôt un Ford Bronco qu'il avait échangé, quelques années plus tard, contre une minifourgonnette, modèle qui venait tout juste d'apparaître sur le marché et dont l'intérieur avait été vidé pour le transport de marchandises. Mais ma mère s'était prise de passion pour la fourgonnette brune convertie, laquelle, équipée d'un moteur V8, était capable de tirer sans mal une remorque à chevaux. Elle avait dit qu'elle la voulait et n'avait pas lâché prise jusqu'à ce qu'il la lui cède, la laissant payer les versements.

Elle nous conduisait partout, ainsi que notre berger allemand. Haut perchée au-dessus de la route, offrant un point de vue privilégié sur les véhicules environnants, la fourgonnette tanguait, ballottait sur ses amortisseurs de sorte que nous avions tous, y compris le chien, vomi sur le tapis avant d'avoir le pied marin. Ma mère s'en servait pour transporter du foin et des chèvres, et puis nous partions en excursion, garant le véhicule sur le gravier des ravines dans les montagnes où nous allions à la pêche, ou bien nous mettions le cap sur Barkerville pour y voir des hommes barbus que mon père appelait des quêteux tamiser de l'or. Ma mère haïssait ces excursions où sa fourgonnette se retrouvait sous la houlette de mon père ; pendant qu'il pêchait, elle faisait les bagages, déballait le tout, nettoyait et préparait les repas, déchue du rang de capitaine à celui de vulgaire mousse.

Elle a toutefois fini par mener à bien sa mutinerie. Elle nous a fait traverser la frontière et a filé à vive allure vers l'est pendant toute cette première nuit.

Je dormais par terre, bercé par les vibrations du moteur mais, réveillé à l'aube, je me suis assis près d'elle. Elle étudiait toutes les voitures que nous croisions, jetant de fréquents regards dans les rétroviseurs de côté.

«Pourquoi est-ce que tu as si peur?» lui ai-je demandé.

Elle a soupiré, les premiers rayons du soleil dans nos yeux.

«Il est en colère, a-t-elle répondu d'un ton mesuré. Je ne sais pas ce qu'il va faire. Il ne voulait pas que je parte et...» Elle a hésité, cherchant ses mots, puis a complété sa pensée d'un trait, comme si elle était incapable de la retenir plus longtemps: «Je ne lui fais pas confiance. Il est dangereux.»

Comme le soleil se levait, je me suis mis moi aussi à jeter des regards derrière nous pour tenter de discerner les sombres visages qui devenaient visibles quand une auto s'approchait. Pourquoi avoir tellement peur? Pouvait-il vraiment être si dangereux? Il ne parlait de rien de plus redoutable que de conduire vite et de se bagarrer. Mais à ce moment-là, je me suis rappelé la nuit près du traversier, le sang sur son visage et sur ses mains, la conscience que deux personnes gisaient, sans connaissance, dans l'entrée de gravier. Pourrait-il nous faire la même chose à nous?

En nous escortant à la salle de toilette d'une halte routière, elle inspectait tous les véhicules, scrutait les ombres derrière les fenêtres embuées.

«Ne vous éloignez pas, nous a-t-elle prévenus. Méfiez-vous des étrangers. Il a peut-être mis quelqu'un à nos trousses. La fourgonnette se voit comme le nez au milieu du visage.»

Mais par ces jours de janvier dans les montagnes, la fourgonnette était le seul réconfort qui s'offrait à nous.

Une fois traversé l'État de Washington, elle nous a acheté des billets d'avion et nous a envoyés chez notre tante. Là, nous avons attendu, souvent assis sur la galerie, effrayés à la pensée que mon père ait pu nous rattraper. Quelques jours tard, fous de joie, nous avons vu notre montagne mobile s'engager dans l'entrée, chatoyante de poussière.

Chez notre tante, nous dormions sur des matelas posés à même le sol et des lits pliants. Le téléphone sonnait souvent et, quand c'était ma mère qui répondait, mon père criait si fort que je pouvais entendre le bredouillis métallique de sa voix de l'autre bout de la maison.

Le jour, j'errais dans les bois, attrapant des écrevisses dans des ruisseaux aux berges d'argile rouge, lisant tout ce qui me tombait sous la main : des romans où il était question de vaudou et de meurtres. Mais bien que l'avenir semblât plus excitant que jamais, je fondais parfois en larmes sans raison. J'étais secoué de profonds sanglots que je ne comprenais pas, et je pleurais à chaudes larmes jusqu'à ce que ma tante agrippe des poignées de ses cheveux blonds et les tire si fort que les racines foncées apparaissaient, semblables à une bande de peinture.

Je ne comprenais pas pourquoi nous étions venus si loin. J'avais cru que, des trois enfants, j'étais celui qui ressemblait le plus à mon père, et pourtant je n'avais pas pleuré quand nous étions partis. La nuit, le téléphone sonnait dans le couloir et je me réveillais pour regarder la fenêtre noire. Le canapé grinçait dans le salon quand ma mère se levait pour débrancher l'appareil. Où était-il ? Que faisait-il maintenant que nous n'étions plus là ?

Tous les membres de la famille ont pris des numéros de téléphone confidentiels, mais la tension est demeurée, comme s'il avait pu arriver à tout moment, faire du mal à ma mère et nous emmener.

On nous a inscrits à l'école ; il y a téléphoné, réussissant à parler à mon frère qui, sous le regard attentif des secrétaires, ne pouvait répondre à ses questions et a dû raccrocher en pleurant.

À cette nouvelle école, le directeur, un ancien sergent instructeur, arpentait les couloirs en bombant le torse, les hanches tellement larges que ses pantalons ressemblaient à des jodhpurs. La cafétéria était équipée d'un feu de circulation (vert pour la conversation, jaune pour le chuchotement, rouge pour le silence) et, dans ma classe de cinquième année, deux gamins blancs à la barbe naissante se sont bagarrés avec deux garçons noirs baraqués.

Mes camarades, les Blancs, se faisaient appeler les Rebs. Nous étions en train d'étudier la Guerre civile, et ils avaient écrit : «Le Sud se relèvera !» sur leurs cahiers à anneaux. Notre institutrice vantait les mérites de Robert E. Lee et baissait la voix pour nous expliquer sur le ton de la confidence que la guerre n'avait pas été provoquée par l'esclavage.

Dans l'autobus jaune qui me ramenait enfin à la maison, je lisais, affalé et voûté, les genoux appuyés dans le dossier du siège devant moi. Le chahut et les cris des enfants me distrayaient de *Taran Wanderer*, trouvé à la bibliothèque. Je lisais trois lignes, Taran partait à l'aventure, et puis je me mettais à penser à ce que mon père était en train de faire et à me demander pourquoi tout le monde avait tellement peur.

«Je lui ai passé un doigt», racontait un élève de sixième à un autre gamin. Il criait presque. «Eh oui. Elle m'a laissé faire. Elle était tellement serrée que j'ai juste pu rentrer mon petit doigt…»

J'ai plissé les yeux, m'efforçant de rester avec Taran. Mais de quoi diable parlait-il? Passer un doigt, est-ce que c'était comme tirer au poignet ou jouer à roche-papier-ciseaux? Quoi qu'il en soit, la fille semblait avoir gagné.

L'autobus s'est arrêté en grinçant et la porte s'est ouverte. Mon frère, ma sœur et moi, ainsi que la plus vieille de nos cousines, une grande fillette aux cheveux bruns ondulés, avons descendu les hautes marches recouvertes de caoutchouc jusqu'à l'asphalte inondé de soleil. L'entrée de gravier montait dans un corridor d'arbres et, en atteignant l'abri d'auto, nous étions hors d'haleine.

Derrière la maison se trouvait une cour brûlée par le soleil qu'un petit bois clairsemé séparait de la pelouse verte et bien arrosée des voisins, deux petits garçons blonds dont l'aîné, athlétique, se montrait particulièrement protecteur envers son petit frère. Il venait de traverser les arbres, un ballon en caoutchouc rouge sous le bras, et nous appelait. Nous avons laissé tomber nos sacs à dos pour aller jouer au kickball avec eux, une poussière fauve moutonnant autour de nos pieds.

Le camion argenté de mon oncle est arrivé, et j'ai couru l'accueillir. Ma mère en parlait comme d'un gars du coin et il me dominait de sa haute taille, la barbe hirsute, le crâne commençant à se dégarnir, une bedaine de bière étirant sa salopette et mettant en évidence un crayon de menuisier dans la poche avant. Il travaillait dans le revêtement d'aluminium et m'avait déjà montré une vipère cuivrée qu'il avait tuée avec un morceau de bois d'allumage. Cette fois, la plate-forme de son camion contenait deux tortues happantes aux allures de dinosaures qu'il avait prises au crochet dans l'étang d'une forêt et rapportait à la maison pour qu'on les mette à bouillir.

«Elles pourraient t'arracher le doigt d'un coup de dents», a-t-il dit d'une voix traînante tandis que je grimpais sur le pare-chocs arrière.

Je n'avais aucune intention de passer un doigt à ces tortues. Elles étaient toutes les deux plus grosses que des enjoliveurs et leurs têtes massives allaient de droite à gauche tandis que leurs pieds griffus s'agitaient faiblement dans la flaque sale de sang séché par le soleil. J'en ai tâté une avec un bâton, mais elle n'a pas réagi.

« Est-ce qu'on pourra aller pêcher à un moment donné ? » ai-je demandé en sautant en bas du camion, mais mon oncle s'était éloigné, comme s'il était occupé. Il emmenait souvent mes cousins à la pêche et je ne voyais pas pourquoi je n'aurais pas pu y aller aussi.

« Tiens, attrape ! » a-t-il dit en lançant une petite balle brune. Je bondissais pour la saisir au vol quand je me suis rendu compte que c'était sa chique de tabac. La masse visqueuse a atteint ma paume avant que je puisse retirer ma main et s'est défaite en touchant le béton. Mon oncle a éclaté de rire et est entré dans la maison.

Le plus jeune des deux voisins, arrivé en·courant, a demandé : « Tu ne viens pas jouer ? »

Je l'ai poussé et ses jambes ont vacillé comme les pattes d'une chèvre nouveau-née tandis qu'il cherchait à se retenir au poteau de l'abri d'auto. Immédiatement, son frère a quitté la partie de kickball et était là, poings levés, yeux brillants. Il m'a ordonné : « Laisse-le tranquille. »

Ça m'a rappelé un épisode de *G.I. Joe* qui se terminait avec l'un des personnages qui, sous une forme plus jeune et héroïque, livrait une leçon sur le harcèlement. J'ai simplement détourné les yeux vers la forêt, comme si c'était là la chose la plus ennuyante du monde.

J'ai pris mon sac à dos et suis allé m'asseoir sur la galerie avant que personne n'utilisait puisque tout le monde entrait et sortait par la porte de l'abri d'auto. J'ai rouvert *Taran Wanderer*. J'avais lu les livres de Lloyd Alexander à mon ancienne école et j'avais aimé celui-ci, où le jeune Taran se donnait pour mission de découvrir l'identité de ses parents afin de pouvoir épouser la princesse Eilonwy. Expédition, découverte, peur de la violence — tout cela m'avait fasciné. Mais en ce moment, je n'arrivais plus à me concentrer. Je lisais chaque page deux fois. Pourquoi est-ce que je m'étais montré si méchant? Peut-être que j'étais comme mon père, et en grandissant j'en viendrais à terroriser tout le monde. Je ne me sentais pourtant pas très effrayant. J'avais l'impression que ma tête était une boule dans le flipper dont mon père m'avait déjà appris à jouer dans une entrée de restaurant.

À ce moment, ma mère s'est garée dans l'entrée, les pneus de sa fourgonnette broyant le gravier. Elle travaillait à l'écurie où ses chevaux étaient en pension, et elle est sortie vêtue d'une chemise déboutonnée aux manches roulées et d'un jean, de la saleté incrustée dans le denim sur ses cuisses.

«Qu'est-ce qui ne va pas? a-t-elle demandé.

— Je ne sais pas.

— Viens. Je vais visiter quelques appartements à louer. Il faut juste que je me change en vitesse.»

J'ai grimpé dans la fourgonnette dont l'intérieur brûlant sentait l'avoine et le foin, le poil de chien et la poussière. Elle est revenue vêtue d'une jupe brune et d'une blouse. Nous nous sommes élancés sur la route, ma fenêtre baissée, des bourrasques me rafraîchissant le visage tandis que je gardais les yeux fermés. Quand je les ai ouverts, des prairies se déployaient vers la ligne basse et pentue de lointaines montagnes. Une petite maison de ferme attendait au bout d'une entrée sinueuse, et j'ai redressé le dos. C'était là. J'en étais sûr.

On aurait dit que le soleil se couchait plus tôt à cet endroit. Les ombres tombaient comme des capes sur le dos des collines et le vent semblait particulièrement frais. Je pouvais me voir marcher sur un sentier qui sillonnait les pâturages. Il y aurait des cours d'eau peu profonds et, si j'en avais envie, je pourrais continuer jusqu'au pied des montagnes, où le brouillard qui baignait l'horizon ressemblait à une fine ligne de buée.

Mais ma mère avait déjà fini de parler au propriétaire. Elle est revenue à la fourgonnette le menton bas, son expression tendue laissant deviner qu'elle était pressée de s'en aller.

Elle a fait rugir le moteur et nous avons cahoté dans les nids-de-poule de l'entrée jusqu'à la route asphaltée. Je me suis dit qu'elle serait heureuse si je lui disais combien l'endroit me plaisait, mais elle m'a expliqué que le propriétaire lui avait annoncé de but en blanc qu'il refusait de louer à des mères seules.

«Es-tu une mère seule?

— Oui.

« — Et c'est quoi, le problème ?

— Les gens pensent que je ne serai pas capable de payer le loyer.

— Oh, ai-je dit. Es-tu capable ?

— Oui. Mais cet endroit est un peu cher. Ce n'est pas ce qu'il nous faut. »

Elle roulait vite et le mouvement rapide de la fourgonnette sur la route montueuse me donnait mal au cœur. J'ai de nouveau laissé le vent entrant par la fenêtre me fouetter le visage.

Cette fois, nous avons tourné sur un terrain à proximité d'une autoroute à quatre voies, un dédale où s'entassaient les maisons mobiles. J'éprouvais de nouveau ce sentiment d'être à l'intérieur d'un flipper. J'avais découvert à l'école que les élèves qui prenaient plaisir à tourmenter les autres habitaient ici et nous sommes passés devant une bande d'entre eux, le dos rond dans leur veste de jean, les yeux plissés, qui cherchaient quelque chose à détruire. Ils m'ont vu et m'ont fixé comme si j'étais un poisson dans un aquarium. Puis ils ont tous éclaté de rire, dévoilant leurs dents tels des chiens qui aboient. J'ai jeté un coup d'œil à ma mère, qui a dit : « Tes cheveux. »

Touchant ma tête, je me suis rendu compte que le vent avait dressé mes cheveux droits sur mon crâne, comme si je les avais enduits de gel à la manière d'une vedette rock. J'allais payer pour cela le lendemain.

Tout au fond du terrain, à l'orée d'une forêt, elle s'est arrêtée près d'une maison mobile d'allure quelconque, blanche avec une garniture grise dont il manquait une partie.

Un homme rondelet portant une chemise habillée et une casquette des Redskins est sorti, ses yeux dissimulés par la visière. Sa bouche s'est ouverte et ne s'est pas refermée.

«J'pensais que vous étiez colombiens», a-t-il dit avec le même mouvement de rumination que mon oncle. Il a ajusté sa visière d'une main viandeuse ressemblant à une grosse crêpe velue.

«De Colombie-Britannique, lui a dit ma mère.

— Où est-ce que c'est ça?

— Au Canada.

— Eh ben, je m'attendais à du monde basané comme des Mexicains. Entrez.»

Les murs étaient couverts d'un papier peint à motif de fleurs de lis taché par l'eau et, dans la pièce du fond, un criquet jaune était perché près d'un trou dans le linoléum, ses antennes frémissantes aussi longues que des pattes d'araignée. J'ai tapé du pied, mais pas avant qu'il ait disparu dans son trou. Ma mère était en train de discuter du prix, et ils se sont interrompus quand mon soulier s'est abattu sur le plancher. Je l'ai entendue dire qu'elle la prenait. J'avais mal à la tête, ma nausée était plus forte que jamais.

Alors que nous retournions chez ma tante, j'ai lâché : «Je voudrais qu'il meure.

— Quoi ? Qui ?

— André. Tout serait plus facile s'il était mort. On aurait pu rester.»

Elle a quitté la route et m'a agrippé le bras.

«Ne dis plus jamais ça.» Elle m'a secoué, mais je me suis libéré. Les mots étaient apparus sur mes lèvres. Je n'aurais su dire d'où ils venaient.

«Pourquoi as-tu si peur de lui ?» ai-je demandé. C'était la seule question qui avait du sens.

Elle a éteint le moteur de la fourgonnette, a regardé au loin avant de tourner les yeux vers moi. Elle avait fait couper ses cheveux de sorte qu'ils encadraient son visage, et ses yeux avaient l'air plus grands, d'un bleu cristallin. Même si elle soutenait mon regard, je ne croyais pas qu'elle me dirait pourquoi il nous fallait aller si loin, ou ce qui, chez mon père, l'empêchait de dormir la nuit, ou la raison pour laquelle elle et ma tante fermaient la porte de la chambre à coucher pour tenir des conciliabules chuchotés.

«Il y a des choses que je ne peux pas t'expliquer avant que tu sois plus vieux. Je te promets que je le ferai un jour.»

J'ai détourné les yeux comme si j'étais encore fâché mais, en vérité, elle en avait assez dit. Ses mots, bien que peu nombreux, créaient un sentiment d'expectative plus grand que n'importe quel livre. Ils prouvaient que j'avais eu raison d'entretenir des soupçons au sujet de mon père. Il y avait une raison pour tout ce qui s'était passé.

Pendant que ma mère partageait son temps entre son boulot à la ferme équine et un emploi de secrétaire chez IBM, mon frère, ma sœur et moi nous nourrissions exclusivement de ramens. Nous avons essayé toutes les saveurs, débattant à savoir lesquels, de ceux au bœuf, au poulet ou aux fruits de mer, avec leur sachet de poudre de crevette, étaient les meilleurs. Si nous découvrions une nouvelle saveur au supermarché, nous nous rassemblions autour comme une bande de groupies s'agglutinent autour d'un album rock.

«Au porc! Ceux-là sont aux porc!» ou bien: «Épicés! Il y en a juste trois! Ils sont à moi!»

Les lunchs pour l'école consistaient en d'insipides pizzas rectangulaires où s'imprimaient des motifs ressemblant à des semelles de pneu, accompagnées de lait au chocolat, de frites et de l'indispensable ketchup qui, en Virginie, était considéré comme un légume et, à ce titre, devait contribuer à combler nos besoins nutritionnels.

De tels repas me causaient un pincement de déception au ventre. La faim me tenaillait comme un caïd de cour d'école. La faim dormait sur mon ventre comme un chat tiède. Quand je marchais sur la route, la faim aboyait comme le chien méchant d'un voisin, jusqu'à m'affoler. Nos repas dans la vallée me manquaient cruellement, je rêvais d'assiettes pleines de spaghettis ou de grands bols de soupe à la viande.

Les bons livres se faisaient de plus en plus rares. À la bibliothèque de l'école, j'écumais les rayons. J'avais relu Tolkien, C. S. Lewis, Lloyd Alexander et Madeleine L'Engle, aussi me suis-je attelé à la mythologie dans l'espoir d'y trouver quelque soulagement. Les Grecs évoquaient la naissance de la civilisation avec une telle netteté que je m'imaginais la première aube étincelant au-dessus de la terre toute neuve et chatoyante, et regrettais de n'avoir pas été là pour voir comment c'était avant que les choses tournent mal, ce qui n'avait pas tardé à se produire. Les Scandinaves aimaient la fin, le Ragnarök, le soleil avalé par un loup, les ténèbres de l'hiver.

Le carré de lumière matinale tranché en deux traversait le mur tandis que je restais allongé avec le seul livre de mythologie qu'il me restait à finir. Le toit en métal de la roulotte crépitait et grésillait comme si le soleil y tapait des doigts, et la pièce était en train de devenir étouffante. Ma mère était partie voir ses chevaux, ma sœur avait passé la nuit chez une amie et mon frère était assis en tailleur devant sa télé où était branché le Commodore VIC-20 sur lequel il apprenait à programmer en BASIC 2.0 à l'aide d'un manuel aux pages cornées.

Je suis sorti par la porte de côté et suis resté debout dans le soleil, étirant les bras au-dessus de ma tête.

Le frère aîné d'un camarade de classe, un jeune homme au dos rond du nom d'Earl Darwin, descendait la rue muni d'un détecteur de métal.

Je l'ai hélé et il s'est retourné d'un bloc, comme s'il était taillé dans un morceau de bois. Lorsqu'il parlait, il devait forcer ses cordes vocales; on aurait dit que des mains invisibles étaient en train de l'étrangler.

« Quoi? a-t-il coassé.

— Qu'est-ce que tu fais?

— Je cherche des artéfacts de la Guerre civile. »

Je lui ai demandé ce que ça voulait dire, et il m'a expliqué qu'il explorait les champs avec le détecteur de métal. Il m'a montré une pelle d'armée verte à la lame pliante.

« Si je creuse pour toi, je peux venir? » ai-je demandé en songeant que trouver des objets anciens, c'était un peu comme lire des mythes. Il a simplement hoché la tête et dit: « Ça me va. »

Tandis que nous descendions la longue pente bordée de maisons mobiles dont les toits métalliques nous reflétaient le soleil dans les yeux, il m'a interrogé sur ma famille et m'a demandé depuis combien de temps j'étais ici. Il refusait de croire que je n'avais pas de religion et, tel Darwin, il m'a exposé l'ordre du monde: des églises pour les Blancs et des églises pour les Noirs, des bons et des méchants, le ciel et l'enfer, un voisin qui tremblotait dans sa chaise de parterre parce qu'il avait fumé de l'origan imbibé de

163

liquide hydraulique, un laveur de fenêtres à six orteils qui couchait avec toutes les mères monoparentales, une adolescente qui était tombée enceinte parce que son petit ami, voulant épargner sur les condoms, avait plutôt utilisé du Saran Wrap.

Il m'a brossé le portrait des personnages du parc de maisons mobiles : le gamin noir obèse qui se voyait offrir un G.I. Joe toutes les semaines par son père, même s'il les attachait invariablement à un monceau de brindilles qu'il arrosait d'essence afin de les faire carboniser près des virevents et des flamants roses sur leur minuscule pelouse ; le gars pâle et musclé, les orbites creuses, que nous avons aperçu, entouré de filles, en train de soulever sa bicyclette d'un bras, ce qui lui valait (a expliqué Earl) de coucher tant qu'il voulait — dont j'imaginais que ce devait être comme se faire border à volonté. Il a ajouté que le père du gars avait été tué dans le champ près du parc de maisons mobiles, le crâne défoncé à coups de deux par quatre. Je me suis dit qu'il y avait quelque chose qui clochait chez les pères des environs.

« Il le méritait », m'a dit Earl tandis que nous traversions les quatre voies de l'autoroute pour gagner le pâturage des chevaux. « C'était une pédale et il était toujours en train de tripoter les gens. »

Les Américains aimaient tant les gros mots que je me demandais si c'était génétique, comme la couleur des yeux. Même si ma mère ne jurait pas beaucoup, elle était soupe au lait, prompte à dire que tout le monde était dans l'erreur et à dicter la bonne manière de faire les choses. C'était indiscutablement une qualité américaine que je possédais. En y pensant, je me sentais comme un personnage de roman, fier et dépourvu de toute honte. Si vous n'aviez pas d'obsession et n'étiez pas prêt à risquer votre vie pour vos convictions, alors votre place était probablement ailleurs.

Au cours de l'heure qui a suivi, chaque fois que le détecteur d'Earl a bêlé, j'ai déterré des trésors de la Guerre civile : boucles de ceinture, bottes et harnais, ainsi que des balles de plomb — des dizaines, dont quelques-unes avaient été aplaties par l'impact. Tout à l'ivresse de la découverte, je haletais, penché, écumant l'argile rouge de mes doigts jusqu'à ce que l'objet apparaisse. Cela, je l'ai su tout à coup, était ma destinée. L'archéologie ! Comment ne l'avais-je pas compris plus tôt ? J'adorais le mystère, et qu'est-ce qui pouvait être plus mystérieux ? J'avais l'impression que nous allions incessamment découvrir quelque objet fabuleux, une statue en or de Zeus ou un casque romain.

Un vieux fermier est venu voir ce que nous fabriquions.

«J'ai déjà déterré un coffre-fort, a-t-il affirmé, ses yeux d'un bleu surnaturel dans son visage bronzé.

— Quel genre de coffre-fort ?» a demandé Earl, suffoquant. Il tirait sur sa chemise à carreaux comme si la chaleur de l'après-midi avait été insupportable. Je me suis penché en avant.

«Un vieux coffre-fort, a répondu le fermier. Un très vieux coffre-fort. Ça doit faire trente ans de cela. Je creusais un champ d'épuration. J'ai trouvé un coffre-fort profondément enfoui et le diable m'emporte si je n'ai pas passé quatre ans à essayer de l'ouvrir. Peut-être cinq. J'ai tout essayé : marteau-piqueur ; torche à souder. Mais la porte ne bougeait pas. Alors je l'ai remis dans la terre.

— Quoi ?» s'est exclamé Earl. J'étais pratiquement plié en deux, comme pour creuser la terre de mes dents afin de retrouver le coffre-fort.

«Ça a fini par m'embêter, a dit le vieil homme.

— Mais on raconte qu'il y a des coffres-forts enterrés qui contiennent de l'or de la Guerre civile, lui a dit Earl. Est-ce qu'il portait des inscriptions ? Vous souvenez-vous où vous l'avez enterré ?»

Le vieil homme a détourné les yeux, ses lèvres tirées vers le bas indiquaient la réflexion, ou qu'il s'apprêtait à se fendre d'un sourire. Il a haussé les épaules. «J'ai oublié. Ça fait un bail.»

Et puis il est parti en traînant les pieds, penché en avant, le fond de son pantalon brun pendant sur son derrière comme s'il n'y avait rien que des os dessous — un squelette malicieux, l'un des morts confédérés sorti de la terre viciée pour nous tourmenter.

L'idée de ce coffre-fort me rendait fou. C'était insoutenable. Couché dans mon lit, la nuit, je m'imaginais creuser. J'entendais le moment précis où la lame de la pelle frappait le fer rouillé. Je sentais le choc dans mon bras et me redressais sur mes oreillers. Je sortais de mon lit comme pour aller à la toilette ; debout dans la salle de bains, j'allumais la lumière et me regardais dans le miroir.

J'annonçais à mon reflet : «J'ai trouvé un coffre-fort. Il est plein d'or.»

Et puis je fermais la lumière, retournais me coucher et me remettais à m'imaginer creusant, attendant de percevoir le bruit métallique de la lame de la pelle, tremblant d'anticipation.

Toujours incapable de trouver le sommeil, je sortais mon calepin et retournais à la salle de bains. Assis sur le siège de la toilette, j'écrivais des histoires où des fantômes de la Guerre civile apparaissaient dans un champ à la pleine lune, livrant des batailles désespérées. Sous leurs pieds était enterré un ancien coffre dont le héros du récit, un jeune archéologue, avait appris l'existence par un vieil homme effrayant qui s'était évanoui dans les ombres de la forêt. Le jeune garçon devait trouver quelqu'un pour l'aider à déterrer le coffre et libérer les esprits des morts de manière à récupérer l'or, mais la seule personne à qui il pouvait demander main-forte était son père. J'hésitais, crayon dans les airs, en essayant de décider de quel genre de père il s'agirait, si on pouvait lui confier un secret et ce qu'il ferait si je lui permettais d'entrer dans l'histoire. Frustré, je retournais me coucher.

Tous les après-midis, en rentrant de l'école, je m'arrêtais au sommet d'une montée sur la route menant au parc de maisons mobiles. Je contemplais les toits plats, quelques-uns étroits, d'autres double largeur, au-delà de la courtepointe de jardins exigus où s'entassaient les braseros rouillés et les voitures cannibalisées, jusqu'au champ que nous ratissions. Je haïssais le fermier d'avoir oublié l'emplacement du coffre-fort. Seul mon père pouvait comprendre. Il était peut-être assis à la maison en train d'aiguiser un couteau, ou tapi dans l'ombre près du bureau de poste, en train d'attendre ma mère, mais pas de doute, il comprendrait pour le coffre-fort.

Je n'ai pas pu m'en empêcher. Son numéro était inscrit sur l'une des cartes qu'il avait envoyées ; je suis entré dans une cabine téléphonique et j'ai fait un appel à frais virés. Nous ne nous étions parlé que quelques fois depuis mon départ, brièvement, ma mère passant le combiné à la ronde, et c'était la première fois que je l'appelais de mon propre chef. Pouvait-il vraiment être si redoutable ? Le soir, ma mère et ma tante chuchotaient à son propos et plus d'une fois ma mère m'avait dit qu'il était dangereux et que nous ne devions rien lui révéler de nos vies. Comme le téléphone sonnait, mon cœur se débattait frénétiquement comme un lapin heurté par une voiture qui vit ses dernières secondes.

« Hé, Deni… a-t-il dit après avoir accepté les frais. T'es tout seul ?

— Ouais», ai-je répondu, en songeant qu'il avait une voix étrange, rocailleuse et lointaine. Il croassait presque en parlant, comme s'il était devenu vieux.

«Tu vas bien?

— Euh, oui, mais je voulais te demander quelque chose.

— Oh, a-t-il dit d'une voix claire, tout à coup. Qu'est-ce que c'est? Qu'est-ce qui se passe?

— Il y a ce coffre-fort...» lui ai-je dit. Au même moment, je me suis senti au bord des larmes.

«Un coffre-fort?

— Ouais, un coffre-fort.» J'ai répété l'histoire du fermier, le coffre de fer dans l'argile rouge de Virginie, palpitant tel un cœur juste sous l'herbe jaunie, qui attendait d'être déterré et forcé.

«Ce fermier, ce vieux type, a demandé mon père, il ne se rappelle vraiment pas?

— Non, vraiment. Il ne se rappelle pas!»

Mon père ne disait rien.

«Ce salopard ment, s'est-il exclamé. Personne ne va simplement remettre un coffre-fort dans la terre.

— Il a dit que c'est ce qu'il avait fait.

— Je ne le crois pas.

— Il a dit qu'il était frustré. Il avait essayé de l'ouvrir.

— Pour l'amour du Christ! Je l'aurais ouvert, moi. C'est pas si difficile.

— Non?

— Non. C'est facile. Maudit, je me demande ce qu'il y avait à l'intérieur. Tu parles d'un ostie de crétin.

— Ouais, ai-je dit. C'est un crétin.

— Bien vrai, a-t-il renchéri. C'est un ostie de câlice de crétin. »

J'ai ri. Et puis il a demandé comment ça allait. J'ai un peu parlé de l'école, des idiots d'instituteurs, de la pêche et de ce que je mangeais ces temps-ci. Il y a eu un long silence, et j'ai compris que c'était le moment où il allait poser les questions qui mettaient ma mère en colère: il allait chercher à apprendre notre numéro de téléphone ou à savoir où nous vivions. Mais il s'est juste raclé la gorge et m'a dit qu'il m'aimait. J'ai dit que je l'aimais, et nous avons raccroché.

J'ai posé le front contre le plastique chaud du téléphone.

L'avais-je trahie? Je n'avais pas révélé notre numéro de téléphone ni notre adresse à mon père. Il n'avait pas posé la question. Il avait paru manifester un intérêt sincère pour le coffre-fort — avec raison! À ce moment-là, j'ai serré les dents. S'il avait été moins fou, nous aurions pu rester. Nous n'aurions pas été là, dans un parc de maisons mobiles. Est-ce que je le haïssais? Ma mère avait une peur bleue de lui. Il y avait eu cette nuit, près du traversier, quand il avait mis l'homme K.O. et brisé la mâchoire de la femme. J'avais vu les égratignures sanglantes sur son visage, le sang sur ses mains.

La nouveauté — l'excitation de ce nouveau monde — s'était émoussée. Tel un de ces gros joueurs de football dans les cours de mise à niveau, le soleil brûlant m'a jeté au sol, a renversé mes poches et m'a donné un coup de pied. Je me suis traîné jusqu'à la maison mais, cette nuit-là, je n'ai pu trouver le sommeil. Je me demandais si je le haïssais, me demandais ce qu'il y avait dans le coffre, ou comment il savait que les coffres-forts étaient faciles à ouvrir. Nous pourrions le déterrer et l'ouvrir, lui et moi. À l'intérieur, il y aurait quelque chose de fabuleux.

Derrière notre roulotte poussait un entrelacs de broussailles touffues et de plantes grimpantes, le genre de forêt pleine de souches et de mauvaises herbes où, dans les films, on trouvait des cadavres. Je me suis accroupi sur l'argile rouge de la berge d'une rivière qui coulait avec la lenteur d'une plaie suppurante. Des tourbillons d'huile et des morceaux de détritus et de feuilles en jonchaient la surface. On aurait dit de l'asphalte mouillé après un orage.

Je le sentais dans mes os — quelque chose d'horrible allait se produire d'un jour à l'autre.

J'allais être mordu par cent serpents. Je regagnerais la maison en trébuchant, bleu et enflé à cause du venin, la langue grosse comme une débarbouillette mouillée, mes yeux seraient deux masses de Jell-O violet. Je mourrais, ma mère pleurerait et mon père dirait *désolé*.

J'avais déjà eu des cloques causées par l'herbe à puce autour des chevilles, des poignets et du cou. J'avais su que j'allais l'attraper. Bientôt, je me couperais accidentellement à la main.

Sur le manche du canif rouge que mon père avait envoyé dans son dernier colis de cadeaux était imprimé le mot *Vancouver*. J'ai choisi une branche sur la berge et j'ai commencé à la dépouiller de ses rameaux pour en faire une lance qui me servirait à tuer un serpent venimeux et à inspecter ses crochets. Je garderais le crâne près de mon lit pour me souvenir, et ça me rendrait méchant. Personne ne me marcherait plus sur les pieds. Je sciais le bois, la lame près de ma main, attendant le moment où elle allait glisser.

«Fuck», ai-je grogné. J'avais fini et ne m'étais pas coupé.

Empoignant la fourche de mon pantalon, j'ai relevé le bas et me suis accroupi, les pieds dans la boue, attendant qu'un enfant de chienne de serpent vienne m'emmerder.

«Deni!» Ma mère m'appelait. J'ai lâché la lance, replié le canif et couru vers la maison mobile.

À l'intérieur, mon frère et ma sœur se disputaient les jouets qui venaient juste d'arriver. Mon père les expédiait à une boîte postale que louait ma mère afin de ne pas lui révéler où nous vivions — « Pas que ça change quoi que ce soit, m'avait-elle déjà dit. Il pourrait tout aussi bien m'attendre là s'il le voulait. Ça m'inquiète parfois. » Il nous faisait souvent parvenir des colis pleins à craquer de jouets, et elle enrageait de voir qu'il nous offrait des centaines de dollars de camelote mais pas un sou pour de la nourriture ou des vêtements d'hiver.

« Attendez-moi ! » ai-je crié, et j'ai effectué une glissade digne d'un joueur de baseball parmi les emballages déchirés. Mon nom était écrit sur une boîte où l'on voyait la photo d'une voiture de Formule 1.

« C'est à moi, mes osties ! ai-je braillé en l'attrapant.

— Deni, arrête de sacrer », a dit ma mère.

Je ne l'ai pas gratifiée d'un regard. En quelques gestes, j'avais déchiqueté la boîte. La voiture téléguidée était d'un rouge rutilant, et je lui ai asséné une claque pour me prouver qu'elle était bien réelle. Quand je l'ai déposée par terre et que j'ai activé la commande, elle a filé sur le tapis et foncé droit dans le mur.

« Wow ! ai-je crié. T'as vu la puissance !

— Les enfants, a dit ma mère, je veux vous présenter quelqu'un. »

Un homme de petite taille, les cheveux gris, était soudain apparu dans la roulotte, comme un fantôme.

«Voici Dickie.»

Il avait le visage épais d'un buveur, les lunettes de broche d'un élève doué et les biceps contractés d'un G.I. Joe. Sa Camaro noire était garée dehors et, à mon grand étonnement, il s'est assis à table et a allumé une Winston qu'il a tenue lâchement entre ses lèvres, plissant les yeux dans la fumée à la manière d'un Marlon Brando fané.

«Quels joujoux est-ce que vous avez là? a-t-il demandé.

— Des cadeaux de la part de mon père», ai-je répondu.

Il a cligné de l'œil et a jeté un regard à ma mère.

«Attends une seconde. J'ai oublié que j'avais acheté quelque chose moi aussi.»

Il est allé à sa Camaro et est revenu avec du poulet dans un emballage en styromousse. J'avais lu un livre où un gamin de la campagne emmenait une poulette dans un bordel et, à l'expression de Dickie, je m'attendais à moitié à voir ma mère se mettre à danser en soutien-gorge.

Mais nous étions de bonnes poires. Nous nous sommes rassemblés autour de la cuisinière tandis qu'elle accomplissait son opération alchimique; les poitrines de poulet translucides et flasques se sont transformées en morceaux de choix blancs comme nous en voyions rarement. La cuisine exiguë était pleine de fumée à l'odeur carnée, comme un relais routier, le grésillement de la viande aussi fort que la pluie sur le toit métallique de la roulotte.

J'aurais été reconnaissant, mais Dickie mangeait vite et j'achevais à peine mon assiette quand il a embroché le dernier morceau qui restait dans la poêle. J'aurais voulu lui planter ma fourchette au milieu du visage.

«Es-tu un laveur de vitres? ai-je demandé, curieux de savoir combien d'orteils il avait.

— Quoi?» a fait ma mère, qui a expliqué qu'il travaillait pour une compagnie de téléphone et qu'elle l'avait rencontré lors d'une blind date. Après, elle nous a dit d'aller dans nos chambres.

«O.K.», ai-je répondu en prenant mon sac d'école. Mais j'ai laissé la voiture de course rouge allumée, sous la table.

Je me suis dirigé vers ma chambre en traînant les pieds, je me suis assis sur mon lit et j'ai attendu, les mains sur la télécommande. Mon frère a commencé ses devoirs mais m'a jeté un coup d'œil. J'ai souri. Il a levé un sourcil.

Bien que les murs aient été minces comme du carton, il n'était pas facile d'entendre ce qui se disait dans une autre pièce. Dickie parlait de la pluie et du beau temps. Il racontait à ma mère qu'il avait bu huit cafés alors qu'il traînassait près du refroidisseur d'eau. Elle a dit : «Oh.» J'aurais voulu qu'elle lui révèle quelque chose de choquant sur mon père, la raison pour laquelle elle avait si peur de lui et pourquoi nous vivions en Virginie. Mais elle ne l'a pas fait. Et puis c'est devenu très silencieux.

Quand le silence eut duré près d'une minute, j'ai appuyé sur l'accélérateur de la télécommande.

Le moteur a émis un sifflement, la voiture a foncé dans un mur et ma mère a poussé un cri.

J'ai sorti la tête par la porte, je les ai regardés et j'ai ricané : «Hé hé.

— Dehors! Sors dehors!» a-t-elle crié.

Dickie riait, me montrant ses dents jaunes, mais ses yeux étaient aussi fixes et peu amusés que des têtes de clous.

Il a dit : «Les gars…», puis il s'est raclé la gorge et a dégluti.

Ainsi expulsé, j'ai sorti ma voiture téléguidée dans le soir qui tombait. J'ai fait rugir le moteur dans la rue, effectuant de rapides virages à 180 et à 360 degrés.

Habituellement, j'étais plutôt indifférent aux jouets. Ils arrivaient et je m'amusais avec jusqu'à ce que je m'en lasse. Mais la voiture m'impressionnait, avec son puissant moteur, et je savais que mon père s'était donné du mal. Cela me chicotait. S'il était vraiment mauvais, pourquoi accepter ces cadeaux?

Plus de six mois s'étaient écoulés depuis notre départ, et je ne m'étais jamais imaginé que ma mère trouverait un autre compagnon. Chaque fois que je pensais à mon père, je sentais la colère monter en moi et puis je me rappelais que je l'aimais. Que faisait-il maintenant? Vivait-il dans la même maison, où il regardait la télé tout seul, les yeux froids et hostiles? Une image m'est venue à l'esprit: il était debout dans un champ, les traits dénués d'expression, comme une statue que j'avais vue dans un livre sur l'archéologie, une silhouette seule dans un vaste désert, le visage presque effacé. Mon père avait toujours été insaisissable. C'était trop dur de penser à lui, et j'aurais voulu l'oublier. Mais la voiture rouge filait dans la rue, soubresautant quand elle frappait des fissures. C'était un cadeau assez extraordinaire. Pourquoi ne pouvait-il pas être entièrement bon ou entièrement mauvais, comme dans un roman de fantasy, plutôt que cet amalgame de sentiments mêlés?

Un garçon au dos voûté et aux jambes légèrement arquées s'est approché, tournant la tête à droite et à gauche pour essayer d'identifier la source du bruit strident du moteur. Il avait les cheveux taillés ras sur le devant et les côtés du crâne, longs à l'arrière. Dans son visage carré couvert de boutons où poussait une barbe naissante, ses yeux d'insecte semblaient d'autant plus proéminents. Dickie avait dû ressembler à ce gamin quand il était jeune.

Il s'est arrêté, suivant du regard les zigzags et les lignes droites du bolide rouge, bougeant la tête comme un chat qui guette un oiseau.

«Tu vas me donner cette auto, a-t-il laissé tomber.

— Quoi?

— Je vais la prendre.»

J'ai baissé l'antenne de la télécommande et me suis approché de la voiture.

«C'est mon père qui me l'a donnée, ai-je dit. Il va falloir qu'on se batte si tu veux l'avoir.»

Dans son visage pointaient quelques poils naissants. Il a paru soupeser l'idée, ruminant cette éventualité, puis il a dit: «Très bien, alors. Je vais aller chercher le fusil de mon papa et te descendre.»

J'ai ramassé la voiture et j'ai filé. Je suis entré dans la roulotte au moment où Dickie et ma mère s'embrassaient. Il était en train de glisser une main sous son chemisier.

«Ils vont me descendre!» ai-je hurlé.

J'ai couru jusqu'à ma chambre, sauté dans mon lit et fermé les yeux, serrant la voiture, son moteur encore chaud contre ma poitrine.

LA TRAVERSÉE DE GRANDS ESPACES

Peu de temps après que ma mère eut rencontré Dickie, nous avons tous attrapé l'hépatite A en mangeant d'une trempette qui s'était gâtée à rester pendant des jours sur la table chez ma tante. Pendant que ma mère travaillait, Dickie est venu à la maison et nous a emmenés chez lui, affirmant d'un ton guilleret que nous serions mieux livrés à ses bons soins. Ce soir-là, elle était furieuse quand elle est venue nous chercher, échevelée, les premières pâleurs de la maladie sur son visage.

«Comment oses-tu prendre mes enfants sans ma permission!

— Hé, je suis désolé…

— Non, ne pense pas une seconde que tu sais ce qui est le mieux pour eux. Si tu veux aider, tu me demandes. Tu m'appelles. Je vais te dire où est leur place. »

Il ne cessait de répéter *s'il te plaît* et *désolé,* chose que mon père n'aurait jamais faite. Je m'attendais à ce qu'elle lui donne son congé, mais il est resté à prendre soin de nous et à faire ce qu'elle disait. Peu après, nous avons emménagé chez lui, dans une maison de style ranch près de Bealeton, une ville qui n'était guère plus que l'intersection de deux autoroutes, avec un 7-Eleven et une sorte de marché aux puces où des kiosques offraient des cassettes pirates de musique heavy métal, des outils d'occasion et diverses babioles à l'effigie d'Elvis. Neuf mètres de pelouse séparaient notre maison de la route 28, des herbes folles poussaient dans les champs derrière notre cour, jonchés de détritus, qui devaient être rasés pour laisser la place à un centre commercial.

Ma mère, qui ne s'était jamais mariée parce que mon père refusait, a épousé Dickie en quatrième vitesse à l'hôtel de ville, avec pour seules dépenses un jonc et une nouvelle robe. Au cours des trois années qui ont suivi, elle l'a accompagné à ses congrès annuels de vendeurs à La Nouvelle-Orléans et à Ocean City. Il avait deux semaines de vacances par année, au cours desquelles nous rendions visite à sa famille dans une ferme non loin de Canton, en Ohio, où son neveu faisait raser son numéro de jersey de football dans ses cheveux taillés en brosse et où j'ai appris à fabriquer un silencieux à l'aide de cannettes de bière. Les hommes pêchaient la nuit, buvant de la bière tout en éclairant à la lampe de poche les carpes qu'ils tuaient à l'arc. Chaque fois que je manifestais de l'ennui, Dickie m'équipait d'un vieux fusil à verrou et me chargeait de l'élimination des chiens de prairie dont les terriers pouvaient casser la patte d'un cheval, même s'il y avait longtemps que les pâturages ne servaient plus, abandonnés à quelques pompes à pétrole rouillées qui levaient et abaissaient lourdement leurs têtes d'oiseaux préhistoriques.

La seule constante, au cours de ces années, était la fourgonnette. Comme nous ne prenions pas nos repas ensemble, nous n'avions jamais autant l'impression d'être une famille que lorsque nous roulions sur la route. Si Dickie conduisait, nous devenions des prisonniers, la fourgonnette tout à coup était une boîte, la discorde menaçait d'éclater, il y avait de l'électricité dans l'air comme avant un orage d'été. Mais, comme mon père, il n'arrivait pas à apprivoiser le véhicule, se plaignait qu'il y avait trop de jeu dans le volant et qu'il avait l'impression de piloter un bateau. Ma mère s'en servait pour naviguer entre la maison, l'école et le boulot, l'utilisait comme un autobus pour la garderie quand elle travaillait. Elle avait refusé les offres d'un mécanicien du coin qui lorgnait le puissant moteur dont il aurait voulu équiper sa voiture de course. Une collègue obèse de ma mère chez IBM avait cassé le dossier du siège du passager, et à partir de ce moment nous avons roulé avec le siège du conducteur relevé et celui du passager abaissé, ce qui faisait que nos trajets ressemblaient à des séances de thérapie.

Parfois, de l'arrière, je baissais les yeux vers les voitures qui roulaient derrière nous. Une fois, il s'agissait d'un state trooper sur l'autoroute 66. Me souvenant des histoires de mon père, je lui ai fait un doigt

d'honneur et il nous a arrêtés, a inspecté la fourgonnette, a interrogé ma mère sur son origine et lui a
demandé son certificat d'immatriculation.

Le plus souvent, toutefois, j'attendais de retrouver
le sentiment que j'adorais : non pas uniquement le
mouvement de l'autoroute, mais une luxueuse impression d'abandon. Assis à l'arrière — toujours l'été avec
une fenêtre ouverte, l'air entrant en coups de vent
pour soulever la poussière —, je respirais les lieux où
nous avions vécu, le foin et les céréales de la ferme,
les paquets de bois de pin frais pour la construction
de stalles. Quand nous voyagions, il me semblait que,
d'aussi longtemps que je me souvienne, j'avais voulu
partir pour ne jamais revenir.

À treize ans, j'allais à l'école à pied et savourais ces
moments de solitude. Quand il avait plu pendant la
nuit, les voitures qui passaient me soufflaient un air
humide au visage. Par les chauds après-midis, je rentrais en prenant un raccourci à travers les terres agri-
coles, cassant des tiges sèches entre mes doigts,
contemplant les champs jaunes montés en graine, les
arbres élancés plantés en brise-vent qui ressemblaient
à des images de la savane africaine.

Mais en arpentant les corridors de l'école, j'étudiais
les groupes avec circonspection : habitants et fans de
heavy métal, jeunes bon chic bon genre, tronches,
enfants de militaires arborant des épinglettes «Nuke
Kadafi» sur leurs vestes de jean. Je fréquentais parfois

des Blancs et parfois des Noirs. Ils finissaient tous par me dire que j'étais bizarre et m'ordonner de ficher le camp. Le discours de ma mère sur la destinée me rendait amer. Elle m'avait forcé à suivre des cours de français pour débutants, et même si c'était ridiculement facile, chaque fois que le professeur me posait une question, je répondais : «Je ne sais pas» puis je haussais les épaules en détournant les yeux. J'ignorais pourquoi j'avais même appris cette langue que mon père haïssait ou ce qu'elle avait à voir avec sa vie. La nuit, je rêvais que mon corps était couvert de longs poils noirs et que je jouais au football, même si dans la réalité je ne le pouvais pas. Ma mère m'avait interdit les sports violents non seulement parce qu'ils étaient pour les brutes, mais parce que nous n'avions pas d'assurances.

Ce n'est que lorsque je lisais ou que j'écrivais que je me sentais apaisé. Mon frère et ma sœur éprouvaient-ils la même chose ? Mon frère jouait aux jeux vidéo dès qu'il rentrait de l'école, stores baissés, sa chambre semblable à une caverne sombre. Ma sœur chantait derrière sa porte fermée, en écoutant la radio.

On aurait dit que, tous les quatre, nous n'avions cessé de changer depuis que nous avions traversé la frontière. Chaque fois que je clignais des yeux, ma mère était différente : shorts faits de jeans coupés, haut à licou jaune, permanente de boucles serrées puis, avant un souper avec Dickie, une robe bleue moulante avec un voile en forme de cœur formant un soupçon de décolleté, les cheveux ondulés. Le lendemain, elle portait des pantalons à pinces et une blouse cintrée, une barrette en acier derrière la tête. Il lui arrivait de parler différemment, de rire différemment, comme si elle essayait une autre voix.

«Vous avez tous une destinée dans la vie», nous a-t-elle rappelé un soir qu'elle nous avait convoqués pour une discussion de famille — une idée qu'elle avait eue récemment, la communication étant chose importante.

Comme elle le faisait depuis des années, elle s'adressait non pas à des élèves moyens, mais à des penseurs d'envergure. Ma sœur avait la musique dans le sang. Elle était capable de se saisir d'un instrument qu'elle n'avait jamais vu et de jouer un air comme s'il y avait eu des violoncelles et des pianos dans le ventre de ma mère et qu'elle avait attendu toutes ces années pour les retrouver. Mon frère était un génie de l'informatique. Il s'était lié d'amitié avec quelques pionniers ruraux adeptes du Commodore 64 et se classait parmi les premiers à l'examen de mathématiques de l'État. Pour ma part, je serais archéologue et j'apprendrais autant de langues que Heinrich Schliemann, qui avait découvert la ville de Troie.

Plus tard ce soir-là, Dickie a exprimé son désaccord.

«J'avais plein de rêves, moi aussi, m'a-t-il confié, mais ces trucs-là n'arrivent pas à tout le monde. Je voulais être pilote. Regarde où je suis maintenant. Et puis, tu es paresseux.»

J'ai haussé les épaules. Normalement, je le contredisais, mais il avait peut-être raison.

«Je t'ai vu reconstruire cette radio l'autre jour, a-t-il dit. Tu ferais un bon mécanicien. Tu devrais parler au gars du dépotoir et voir s'il serait prêt à t'engager.»

La vie était tellement misérable que j'étais incapable de formuler un contre-argument. Au Nouvel Âge, tout irait mieux, mais j'étais fatigué d'attendre l'Armageddon.

«J'ai quelque chose d'important à dire, nous a annoncé ma mère lors de notre discussion suivante. Votre père et moi nous disputons votre garde. Il essaie d'obtenir le droit de vous voir, et j'ai proposé des termes raisonnables. Mais il a refusé, alors j'ai demandé la garde exclusive, sans droits de visite pour lui. Je ne lui fais pas confiance. Il pourrait vous enlever et s'enfuir.»

Elle s'est interrompue et nous a regardés très lentement l'un après l'autre. «Comment vous sentez-vous par rapport à cela?»

Personne n'a répondu. Chaque fois qu'elle mentionnait mon père, un sentiment de danger planait autour de nous. Il semblait irréel maintenant, comme éloigné dans le temps, le souvenir d'un orage d'été avec de la grêle, de la pluie chaude et du tonnerre. En pensant à lui, j'avais l'impression de désorientation qu'on ressent après un rêve — je n'étais plus sûr du jour ou de l'heure, j'avais le sentiment inconfortable qu'il y avait quelque chose que je m'efforçais de comprendre. Aux frontières de ma vie — sur l'autoroute s'effaçant jusqu'à n'être plus qu'une tache grise dans le lointain, dans les règles de l'école secondaire de premier cycle qui pouvaient être transgressées par un juron ou une bagarre —, je sentais sa présence, comme s'il avait été juste hors de ma vue, à attendre.

Le lendemain, dans le cours d'anglais, nous avions un remplaçant, un jeune fraîchement émoulu de l'université, portant une barbe taillée en bouc, qui venait du District de Columbia. Je lisais un livre sur la découverte de villes anciennes et, après le cours, je me suis attardé et lui ai raconté que j'avais l'intention de devenir archéologue et écrivain.

«Pas question, mon vieux, a-t-il dit. Ne fais pas cela. L'archéologie, c'est ennuyeux à mort. J'ai un ami qui travaille au Smithsonian maintenant mais qui bossait dans le désert avant. Il dit que c'est la chose la plus assommante du monde. Il a passé quatre ans là-bas, à survivre à coups de martinis tièdes et d'antidépresseurs.»

Je supposais que les antidépresseurs devaient ressembler à de l'antigel, mais j'étais relativement certain que les martinis étaient une sorte de rongeurs — peut-être de petite taille. J'avais lu que les premiers trappeurs nord-américains expédiaient des peaux de martinis en Europe, et je n'avais nulle intention d'avaler ces trucs juste pour pouvoir devenir archéologue. Et puis, j'aimais mieux écrire.

Dans la clameur de la cafétéria, je me suis assis avec mon calepin. Comme j'ignorais tout du fonctionnement d'une lutte pour la garde d'enfants, je ne pouvais écrire là-dessus. J'avais commencé une histoire de fugue et je rêvais continuellement de m'enfuir de l'école ou de la maison, mais je m'étais rendu compte que je ne connaissais rien du monde, de ce qui se passerait réellement si je partais.

Ma mère et mon frère s'échangeaient souvent des romans de fantasy ou bien cognaient à ma porte pour m'offrir des tomes dont la couverture était ornée de princesses à demi nues. Aussi acharnés que des vendeurs de drogue, ils ont continué jusqu'à ce que je devienne accro et qu'il me faille terminer chaque série épique avec eux. Il y avait toujours une confrontation imminente entre le bien et le mal, un monde qui s'en trouverait vide et dépouillé ou bien qui renaîtrait de ses cendres, ce qui avait l'heur de m'attirer : quelque chose de définitif se produirait incessamment. Mais, par-dessus tout, dans les livres de fantasy, on pouvait simplement se mettre en route et la vie ressemblait un peu aux aventures de mon père : des étrangers, des batailles hasardeuses, de nouveaux paysages. Brièvement, je me mettais à divaguer, et je me demandais ce qu'il pouvait avoir fait d'autre, pourquoi donc ma mère l'estimait si dangereux.

Mandy, une jolie brunette aux longs cheveux à la Farrah Fawcett et à la minijupe de patineuse à roulettes, s'est assise près de moi et je lui ai dit que j'écrivais une histoire de fantasy ayant pour héros un vagabond sans identité. Elle a fait un sourire forcé, soulevant les pommettes comme si elle plissait les yeux dans le soleil, et puis s'est détournée.

Peut-être ma mère avait-elle tort, et je ne possédais ni don ni destinée. Je voulais faire quelque chose, n'importe quoi. Mais même si j'écrivais mon histoire maintenant, rien ne changerait.

Au bout de la table, deux gars parlaient de sexe juste assez fort pour que je les entende; l'un d'eux racontait qu'une fille, une meneuse de claque, avait mis ses pieds derrière sa tête. Dans mon calepin, j'ai entrepris de griffonner une minuscule femme nue même si je n'allais sans doute jamais en voir une en chair et en os. Jamais.

Après l'école, alors que les autres garçons étaient occupés à déboîter leurs genoux non assurés en jouant au football, je suis resté assis dehors à dessiner d'autres femmes nues, de sombres petits V en graphite entre leurs jambes écartées, des seins en U avec un point au milieu. Les dessins me semblaient passablement réalistes. J'étais excité en les regardant. Peut-être était-ce là mon don.

En rentrant à la maison, j'ai traversé l'espèce de marché aux puces. Quand je me suis arrêté pour examiner les copies pirates de Quiet Riot et de Metallica, l'homme derrière la table a remarqué mon calepin. Il l'a attrapé et a appelé les gars qui tenaient les étals d'outils et de statues d'Elvis. Ils ont ri et reniflé, s'arrêtant le temps de s'essuyer la bouche du revers de la main.

«Je vais te donner dix cents pour chaque dessin que tu m'apporteras, m'a dit le propriétaire de l'étal d'outils, un homme barbu vêtu d'une salopette. Mais j'aime la variété, alors arrange-toi pour qu'ils soient bons.»

Chaque jour après l'école, je lui apportais quelques pages, mais peu de temps après on a fermé les étals pour laisser la place au centre commercial, et le marché de la pornographie s'est tari.

Dickie préparait des biscuits pour une fête de bureau. C'était la seule chose qu'il savait cuisiner, et pour se livrer à cette activité il portait une paire de chaussettes rouges, comme s'il s'agissait d'une sorte d'attribut cérémoniel. Munies de bandelettes en caoutchouc, celles-ci l'assuraient qu'il ne glisserait pas sur le sol, comme si la pâtisserie constituait une procédure à haut risque.

Je restais pas loin parce que je l'avais entendu chuchoter avec ma mère au sujet de la lutte pour la garde. Comme je n'avais pas réussi à saisir les détails, je m'étais dit que je réussirais peut-être à lui soutirer quelque chose.

«Qu'est-ce que tu penses de la cause?» ai-je demandé pendant que les biscuits gonflaient dans le four. Il était en train d'ouvrir un colis qu'il avait reçu par la poste.

«Regarde-moi ça.» Il m'a montré une douzaine de sacs Ziploc contenant de la poudre blanche. Son père les avait envoyés.

«Cool, ai-je dit. Tu fais le trafic de drogue.

— Hé, fais attention à ce que tu dis.

— O.K., à quoi ça sert?

— À pisser.

— Quoi?

— À pisser quand je suis dans l'auto.»

Je savais qu'il apportait des boîtes de café en prévision de l'heure de pointe du District de Columbia. Il gardait aussi une poupée grandeur nature que ma mère avait fabriquée pour ma sœur; il l'asseyait dans le siège du passager afin de pouvoir emprunter la voie réservée au covoiturage. Son métier semblait l'avoir dépouillé de sa dignité. J'avais toujours cru que les adultes possédaient la liberté dont je me languissais, mais maintenant je constatais que je m'étais lourdement trompé.

Il est revenu de la salle de bains. La poudre s'était transformée en gel. Ainsi, en ai-je déduit, la pisse ne pouvait pas se renverser. Il a tenu le sac devant la fenêtre, l'urine congelée brillant dans le soleil couchant comme de l'ambre vieux d'un million d'années.

«Jésus-Christ, a-t-il dit, quel truc formidable.»

Je ne savais pas exactement pourquoi je tenais tant à connaître les détails de la bataille pour notre garde, mais il me semblait qu'il devait y avoir là plus que ce qu'on m'avait dit. Je ne parlais presque jamais à mon père, une fois tous les six mois, peut-être, et alors il essayait de raconter quelques histoires: un de ses chiens s'était sauvé et il avait passé la journée à arpenter la forêt jusqu'à ce qu'il le retrouve, mort, à côté d'un morceau de viande empoisonnée qui avait été laissé là à l'intention des bêtes sauvages; ou bien il avait acheté une camionnette dont le moteur avait des problèmes, de la fumée s'élevait du pot d'échappement et un crétin de policier l'avait arrêté pour lui dire qu'il ne voulait pas voir ce genre de camionnette sur son autoroute. Mon père lui avait dit: «Ce n'est pas votre autoroute. Je ne contreviens pas à la loi et vous êtes en train de m'empêcher de prendre ma camionnette pour aller la faire réparer.» Le crétin de policier était parti et mon père avait continué à conduire la camionnette telle quelle, le moteur consommant presque autant d'huile que d'essence. J'étais toujours intéressé quand il racontait des histoires, mais une fois qu'il s'arrêtait, nous n'avions pas grand-chose à nous dire. Il avait l'air fatigué et lointain, même si des souvenirs de folie subsistaient de nos aventures si différentes de l'existence assommante que je menais maintenant. Personne d'autre n'avait jamais semblé si plein de vie.

«Penses-tu que c'est nécessaire d'aller en cour? ai-je demandé à Dickie.

— Je ne sais pas.» Il triturait le sac d'urine. «Les militaires doivent avoir inventé ça pour les pilotes. Les militaires fabriquent les meilleurs trucs.»

Comme il ne répondait pas à mes questions au sujet de la cause, je lui ai demandé comment c'était d'être dans l'armée.

«T'es trop mauviette pour l'armée, m'a-t-il dit.

— Ah ouais? Merci. As-tu déjà tué quelqu'un?

— Juste une fois. Je plantais des poteaux de téléphone au Viêt Nam quand des gars sont sortis du bois et ont abattu mon partenaire. Je les ai tirés.

— Vraiment?» Je me suis assis, prêt à me laisser captiver.

Il a enfilé ses mitaines blanches — celles que personne d'autre n'avait le droit d'utiliser — et a sorti la plaque du four. Quand il faisait des biscuits pour le bureau, il ne partageait pas. Ça ne servait à rien de lui demander, même s'il les faisait parader. Il faisait cela, je le savais, parce qu'il cherchait la bagarre. Quelqu'un lui avait chié dessus au bureau et il arrivait à la maison impatient de nous chier dessus à son tour. Ma mère m'avait prévenu qu'il avait mauvais caractère mais bon cœur, comme s'il s'agissait d'une maladie compliquée.

«C'est tout? ai-je demandé.

— Hein?

— Tu leur as juste tiré dessus?

— Ouais.» Et puis il a raconté une histoire sur son ami qui avait été abattu, avec qui il avait déjà pris une brosse et déconné. L'ami avait accidentellement entaillé la main de Dickie avec une paire de pinces à bec fin.

Je l'ai interrompu: «Pourquoi est-ce que vous plantiez des poteaux de téléphone au Viêt Nam?

— Parce qu'ils en avaient besoin.

— Est-ce que c'est comme ça que tu en es venu à travailler pour une compagnie de téléphone?

— Non, c'est juste un hasard.»

J'ai soupiré. L'histoire était sans intérêt. Il était impossible d'obtenir des détails, que ce soit sur la bataille pour la garde, sur mon père, ou simplement sur ce qui devait avoir été une scène de guerre macabre.

Serments d'allégeance au drapeau et matches de basketball improvisés, pep rallies, bagarres et cigarettes, bière bon marché apportée en douce à des parties de football, une meneuse de claque noire qui a disparu et dont la photo nous a hantés sur les pintes de lait. La vie avait pris une forme prévisible.

L'été précédant la neuvième année, j'ai pris tous les boulots possibles, nettoyant les stalles d'une ferme équine, inspectant des clôtures à la recherche de brèches que je réparais, transportant des balles de foin. De retour à l'école secondaire où les rivalités tribales faisaient rage, ma carrure élargie m'a valu quelque respect.

«Le travail de ferme va faire un homme de toi», m'a dit Dickie quand je lui ai rendu visite dans son refuge au sous-sol, et il m'a confié qu'à mon âge il était un vrai dur à cuire. «Je volais des cigarettes à mon père. Quand j'avais rendez-vous avec une fille, je chipais des fleurs au cimetière. Si quelqu'un m'emmerdait, je le frappais quand il avait les yeux tournés. »

Je hochais la tête. Je supposais qu'un coup traître c'était un peu comme de voler un coup.

« Faut que j'aille m'occuper de ma Corvette du pauvre », m'a-t-il dit d'un ton où perçaient à la fois de la moquerie pour lui-même et de la fierté, et il est parti changer l'huile de sa Datsun, achetée quand il avait vendu sa Camaro.

Seul dans le sous-sol, j'ai pris un paquet de ses cigarettes dans le carton sur la tablette, puis je suis monté dans ma chambre, où je l'ai glissé dans mon sac d'école.

Après les cours, pour me débarrasser de ma réputation de rat de bibliothèque, je suis allé traîner sous le pont de l'autoroute, et j'y ai partagé les cigarettes. J'ai amadoué Travis et Brad, deux fans de heavy métal, même si Travis était un redneck et Brad un fils de militaire qui se vantait d'exploits sexuels invérifiables accomplis lors de ses années passées en Allemagne et qui aimait à spéculer sur ce qui était véritablement arrivé aux ossements d'Hitler. Je les ai interrogés sur leurs pères. Celui de Brad était toujours sur une base militaire. Celui de Travis recevait de l'aide sociale et passait ses journées dans une chambre meublée d'un unique fauteuil rembourré et dont les murs étaient garnis d'étroites étagères qu'il avait lui-même construites. Il les avait remplies de cassettes dans leurs étuis en plastique, dont chacune contenait un sermon.

Il restait assis dans le fauteuil pendant des heures à écouter la parole de Dieu.

De temps en temps, je leur racontais les histoires de mon père se battant pour une femme ou conduisant un modèle T sur une voie ferrée, pigeant ici et là pour arranger le tout à ma guise, ce qui fait que le modèle T manquait de freins ou que mon père mordait le nez de son ennemi. En racontant, je me sentais en apesanteur ; grâce aux mots, tout était possible. Brad et Travis voyaient la fièvre gagner mes yeux et éclataient de rire. On se mettait à se pousser, le torse bombé, la tête rejetée en arrière, mes yeux à 15 cm des leurs tandis qu'on avançait et reculait en titubant, tels des coqs.

La fin de semaine, nous écumions le comté en buvant ce que nous arrivions à voler à l'étalage, multipliant les bagarres. Nous allions à des carnavals tellement country que les pleurs des bébés semblaient faire partie de la musique. Des habitants passaient avec le pas chaloupant et les yeux plissés des chiens de chasse de bandes dessinées tandis que nous tentions de nous dessoûler à la fontaine près du kiosque de rafraîchissements, où nous nous aspergions le visage d'eau. Debout dans l'ombre, nous comparions nos couteaux.

En rentrant à la maison, tard le soir, je laissais le vent des poids lourds passant sur la route me fouetter la peau. Quand un camion solitaire s'approchait, je minutais son avancée et m'engageais sur la chaussée, juste assez loin pour être à quelques centimètres, et je pouvais voir l'amas de métal tremblant filer devant mon visage. Mon cœur battait la chamade, une fine sueur acide perlait sur ma peau et séchait aussitôt dans l'air de la nuit.

Je pensais de plus en plus à mon père. Dans ses histoires, il traversait le pays en stop ou en auto, prenait de dangereux boulots dans la nature ou bien se battait contre des étrangers pour se protéger. Je n'avais jamais rencontré personne d'autre qui eût une vie pareille. S'il avait vécu ici à ma place, assommé d'ennui par l'école, las d'être à la maison, est-ce qu'il aurait simplement levé le pouce afin de monter dans la première voiture à passer et de voir où elle l'emmènerait, et puis aurait trouvé un moyen de survivre?

Même l'autoroute a fini par devenir tranquille, si ce n'était pour une auto qui descendait de temps en temps la bretelle et dont les phares étaient des filaments vacillants dans le vide de l'obscurité.

J'ai traversé le champ plongé dans les ténèbres derrière ma maison, ayant oublié qu'on l'avait nettoyé au bulldozer et que de profondes tranchées avaient été creusées dans la terre pour accueillir les pieux de béton du centre commercial, aussi fallait-il que je me déplace avec prudence, comme si j'infiltrais une zone de guerre.

Quotidiennement, Dickie m'observait quand il pensait que je ne regardais pas. Je pouvais le voir contempler les excès potentiels de mon comportement de dur à cuire.

«Il y a un gars qui a commencé une bataille», lui racontais-je en décrivant quelques poussées et puis en expliquant que j'avais tenu les bras du gars en question jusqu'à ce qu'il recule.

Dickie hochait la tête. À l'évidence, il avait des doutes.

«Je suis déjà passé par là», a-t-il dit.

Il m'a raconté qu'il s'attirait des ennuis à l'école. Avait des retenues. Picolait, se battait. Bientôt, mes exploits égaleraient les siens et il me verrait comme un dur à cuire en bonne et due forme. Peut-être à ce moment-là me révélerait-il ce que ma mère refusait de me dire au sujet de la lutte pour la garde. Ça me paraissait injuste que lui, entre tous, en sache plus que moi sur mon propre père.

En arpentant les couloirs de l'école secondaire, j'avais les épaules raides, une tension électrique dans l'échine. J'avais l'impression que si je regardais à droite ou à gauche, j'allais perdre la boule, me mettre à distribuer des coups de poing et des coups de pied.

Dans le but d'arriver en retard aux cours, j'attendais dans le couloir, espérant de la sorte attirer l'attention des filles. Mais tout le monde me voyait comme un rat de bibliothèque qui cherchait à faire l'intéressant. Les rednecks secouaient la tête. Il existait un système de castes rural, et je les confondais. Tout de même, j'étais assidu.

Je me tenais avachi sur ma chaise, portant des lunettes de soleil à deux dollars que j'avais volées et dont le prix était encore collé sur la lentille miroir. Je sortais un crayon à mine et me penchais vers la fille assise à côté de moi.

«Il me faut ma dose», chuchotais-je.

Je faisais sortir la mine de plomb jusqu'à ce qu'elle ressemble à l'aiguille d'une seringue. Puis je me tapotais l'intérieur du bras. J'avais maintenant un public. Tenant le bouton, j'appuyais la pointe sur une grosse veine. Le plomb rentrait dans le tube, semblant transpercer ma peau. Je levais les yeux au ciel, battais des jambes et murmurais: «Oh oui, bébé, oh oui» avant de mourir, victime d'une overdose d'extase.

«Devine quoi?» ai-je demandé à Dickie ce soir-là, appuyé sur son étagère à outils.

Debout devant son établi, il était occupé à vaporiser du lubrifiant WD-40 dans le combiné du téléphone. Il y avait de la friture sur la ligne, et il avait pensé que cela pourrait régler le problème. «Oui?

— J'ai été mis en retenue. J'ai reçu la fessée à l'école.

— Quoi?» Il s'est tourné vers moi.

J'ai expliqué que le directeur adjoint m'avait frappé trois fois derrière les cuisses avec une grande palette en bois percée de trous pour l'aérodynamisme. La rumeur à l'école voulait qu'il ait déjà joué dans les ligues majeures.

Je m'apprêtais à décrire mon indifférence face à la punition, la façon dont j'avais dit : « N'importe quoi » en m'éloignant d'un pas traînant, mais Dickie a tiré les lèvres pour révéler des dents tachées par la nicotine.

Il m'a poussé et ma nuque a heurté le mur. Plongeant vers l'avant, il m'a agrippé par le cou et immobilisé. Je sentais mon sang battre dans mon visage, la pièce devenait noire et son rictus furieux s'élargissait, comme pris dans une bulle. Il serrait, enfonçant les doigts, la paume de ses mains écrasant ma trachée. Mes yeux forçaient comme s'ils allaient sortir de leurs orbites.

« Petite crapule, a-t-il dit. Il te reste pas mal d'affaires à apprendre. Si tu fais encore des tiennes, je vais te casser la gueule. »

J'avais l'impression que la peau de mon visage allait fendre.

« Et je sais que tu piques des cigarettes. Si jamais je t'attrape, je vais te donner toute une raclée. »

Mais il n'avait pas fini. Je crachotais, la langue entre les dents.

« T'es pas si coriace, hein ? Quand tu es prêt, viens me chercher. On verra bien qui va gagner. »

La seconde où il m'a libéré, j'ai monté les marches en courant. Je toussais en me tenant le cou. J'ai claqué la porte derrière moi et suis resté là, haletant.

Mon père envoyait souvent des cartes, et dans chacune il inscrivait son numéro de téléphone, comme s'il craignait que nous n'ayons pas reçu la précédente, ou peut-être parce que celui-ci changeait souvent. J'en ai trouvé une parmi les objets épars sur le plancher de ma chambre.

J'ai ouvert la fenêtre et me suis laissé glisser, puis j'ai traversé la pelouse, plié en deux, et j'ai couru jusqu'au 7-Eleven.

Mais au moment même où il répondait, je me suis rendu compte que je ne pouvais lui demander de m'aider, parce qu'il était fou. Pourtant, pouvait-il vraiment être bien pire que qui que ce soit d'autre?

«Hé, Deni, a-t-il dit d'une voix embrouillée et endormie.

— Hé», ai-je répondu. Il a demandé comment j'allais, et j'ai dit: «O.K. Tout va assez bien. Je n'aime pas trop l'école, mais ça va.»

Je parlais comme si rien ne s'était passé. Si je lui avais raconté ce que Dickie avait fait, il serait venu et l'aurait tué, je savais cela avec plus de certitude que j'avais jamais su quoi que ce soit.

Comme je me demandais quoi dire, je lui ai raconté que je m'étais fait percer l'oreille. J'ai dit cela comme si c'était le choix le plus naturel, et il a commenté: «Ouais, c'est populaire maintenant, pas vrai?»

La vérité, c'était que, un mois plus tôt, j'étais venu au 7-Eleven avec Dickie et que le caissier boutonneux avait une oreille percée. Dickie m'avait dit que si jamais je faisais ça, il me mettrait à la porte. La semaine suivante, au centre commercial, je m'étais fait percer l'oreille et, à mon retour à la maison, il avait regardé fixement mon oreille sans rien dire. Dans la classe, mon professeur me faisait appliquer un pansement sur mon lobe, et j'ai raconté ce dernier détail à mon père. Il a toussé et dit : « C'est débile. Quel imbécile. Pourquoi est-ce que les gens font des trucs aussi cons ? » Et puis il s'est tu. Il écoutait, attendait.

La pression grandissait dans ma poitrine. J'avais tant de choses à demander. Ce désespoir palpitant ressemblait à la soif de mouvement qui me poussait à arpenter l'autoroute juste pour voir des semi-remorques passer dans l'obscurité.

« Tu n'aimerais pas venir me voir ? » a-t-il demandé.

Je n'ai pas répondu. C'est la question qu'il posait quand ma mère nous conduisait, mon frère, ma sœur et moi, jusqu'à un téléphone afin que nous puissions lui parler. Il prononçait ces mots, l'un de nous éclatait en sanglots, et elle nous arrachait le combiné des mains pour le raccrocher.

Quand il a repris la parole, il avait l'air soûl. On aurait dit qu'il allait peut-être pleurer.

« Je t'ai tenu dans mes mains.

— Quoi ?

— Quand tu es né. Je t'ai mis au monde. » Il avait souvent raconté cette histoire des années auparavant.

Alors que nous étions à la pêche de nuit au poisson-chat, il me jetait un regard où se mêlaient l'affection et l'inquiétude, me racontait que le cordon ombilical était enroulé autour de mon cou, et combien il était fâché contre ma mère qui ne voulait pas aller à l'hôpital. Il m'avait tenu, avait massé ma poitrine, soufflé dans ma bouche, recommencé jusqu'à ce que je commence à respirer. L'entendre me raconter cela à ce moment me donnait à croire qu'il savait tout de moi.

« Je voulais que tu naisses à l'hôpital, a-t-il dit, mais ta mère avait ses foutues idées bien à elle. Elle avait peur des docteurs. Elle haïssait tout ce qui était moderne. »

Il a hésité et dit que, le jour de ma naissance, elle avait laissé la cuisine sens dessus dessous et qu'il avait dû laver un chaudron pour faire bouillir les ciseaux. Il me racontait ce détail quand j'étais petit, et le fait qu'elle n'ait pas lavé la vaisselle à temps pour ma naissance semblait toujours grave. Mais je souriais maintenant. C'était bizarre qu'il raconte l'histoire de la même manière, qu'il n'ait pas changé.

« Elle n'a jamais été bonne à grand-chose dans la maison, a-t-il dit. Mais c'est moi qui t'ai ramené à la vie, nom de Dieu. Je t'ai tenu dans mes mains. »

Cette nuit-là, en rêve, j'étais seul dans la vallée. Un ours s'est approché de moi à travers champs et j'ai couru en appelant mon père. Mais il n'y avait que des fermes lointaines et des hangars, sombres contre les terres qui se déroulaient en contrebas des montagnes.

En retenue, j'étais penché au-dessus des *Raisins de la colère*.

Mon professeur d'histoire m'avait suggéré de le lire afin d'obtenir des crédits supplémentaires. Oubliés, l'archéologie, ses martinis fuyants à toutes pattes et ses verres d'antigel. L'extase de la solitude du désert, de la traversée de vastes espaces, pouvait être atteinte sans le concours de la moindre profession. Je pouvais être un vagabond! Plus mon désir de partir grandissait, plus je pensais à mon père. Tandis que les personnages de Steinbeck défiaient les lois et parcouraient le continent, je m'efforçais de saisir ce qui les motivait. Qu'est-ce qui l'avait motivé, lui? Qu'est-ce qui me motivait, moi? Ce mystère me torturait les méninges.

«Écoutez bien, tout le monde!» C'était Mme Henley, l'Irlandaise qui était notre surveillante de retenue. Les gars prétendaient qu'elle fumait de la marijuana. Elle était poète, et faisait se produire les délinquants dans ce qu'elle appelait des slams de poésie.

«Sortez une feuille de papier. Un mot de travers et je vous envoie chez le directeur pour une fessée, et si vite que vous allez en avoir la tête qui tourne. Maintenant, écrivez ce qui vous met en colère. Écrivez ce qui vous rend dingues. Ne vous inquiétez pas de la grammaire et de ces trucs-là.»

Quand nous avons eu fini, elle est allée se mettre debout au fond de la classe dans sa robe de maison, des mèches de cheveux folles pendant autour de ses joues enflées comme par le sommeil.

De grands garçons, le visage encore plein de crasse de l'atelier de mécanique, ont lu des poèmes comme : « Fugueur », « Détention juvénile » ou « Foyer d'accueil ». J'aurais voulu écrire sur le fait que, à la lecture de Steinbeck, j'avais compris tout ce que j'ignorais de mon père et de son passé, de sa famille, et des raisons derrière ce qu'il avait fait. Mais, gêné de raconter ces choses aux autres élèves, j'avais griffonné un court poème intitulé « Après la fin du monde ».

Nous marchions jusqu'au pupitre la tête basse, l'air maussade, et nous nous écoutions les uns les autres sans nous regarder.

Je serrais mon poème dans mon poing, tant et si bien qu'il m'a fallu défroisser la feuille pour le lire.

désolation

un vaste espace

à traverser

seul

Je suis allé me rasseoir. Personne ne m'a regardé.

Un gros fils de fermier avec des épaules comme une poutre s'est levé et a lu : « Nous passons comme du grain dans un tamis, quelques-uns retenus et jetés. »

J'ai serré les poings et j'ai dû me forcer à penser à mon pied dans sa chaussette pleine de sueur pour m'empêcher de pleurer.

Après la retenue, je l'ai rattrapé dehors et frappé au bras.

Il a crié : «Qu'est-ce que tu crisses ?»

J'ai répondu : «Ostie de poète.»

Il m'a poussé et m'a tiré jusque sur l'herbe, l'intérieur de son bras m'enserrant le cou. Je lui ai martelé l'estomac de mon coude et j'ai donné quelques coups de poing par-dessus mon épaule, avec le même mouvement maladroit que pour me gratter le dos, mais sans réussir à atteindre son visage.

Et puis j'ai arrêté de fendre l'air de mes poings et nous sommes restés tous les deux, cherchant notre souffle.

La bataille pour la garde avait pris fin.

«J'ai gagné, nous a annoncé ma mère. Le juge lui a même refusé un droit de visite.» Légalement, mon frère, ma sœur et moi aurions dû attendre nos dix-huit ans avant de revoir notre père, mais ma mère avait estimé que quinze ans était plus raisonnable. Nous pourrions alors décider par nous-mêmes.

Ce soir-là, j'ai vaporisé du WD-40 sur les pentures de ma porte. Elle appelait ses amis, et je suis sorti sur la pointe des pieds, attendant au sommet des marches avant de descendre vers sa chambre comme un prédateur.

«C'est à cause de son passé, disait-elle. Il n'a même pas le droit de traverser la frontière.»

J'étais tellement excité que j'ai eu du mal à regagner ma chambre en silence. Pas le droit de traverser la frontière? Rien ne pouvait me sembler plus menaçant ou plus mystérieux. Est-ce que je rêvais? J'avais l'impression que ma vie était tout à coup aussi excitante que je l'avais souhaité.

Lors de mon excursion suivante, elle disait: «... il a perdu à cause de son dossier...»

Son dossier? Figé sur les marches, j'essayais de saisir d'autres mots, le cœur battant de plus en plus vite. Est-ce qu'elle voulait parler d'un truc avec la police? Était-il si mauvais? Ou bien ne s'agissait-il que de la bagarre près du traversier? Je suis retourné à ma chambre à pas de loup et j'ai fermé la porte.

Je n'avais jamais désiré si fort que les pouvoirs de l'esprit soient bien réels — désiré pouvoir lire dans les pensées de ma mère et connaître la vérité sur mon père. Mais les êtres humains nourrissaient tellement de haines que le tissu même de la société dépendait de cette ignorance de ce qui se tramait dans la tête des autres.

Je me suis assis à mon pupitre. Pourquoi avais-je besoin d'écrire? Derrière tout ce que je voulais, je sentais une impulsion fortement ancrée en moi, comme la lumière qui emplit le vide, un désir si profondément enraciné et dont j'étais si certain que j'imaginais des hommes saints dans des romans de fantasy allumant des feux dédiés à des puissances sacrées. Je savais que le tumulte de la vie pouvait être rendu parfait dans un poème. Les lieux et les êtres perdus pouvaient tous être sauvés dans une histoire. Et les histoires qui plongeaient dans le passé débouchaient aussi sur mon avenir, comme si j'écrivais pour me montrer à moi-même qui je pouvais être. Je me suis levé et j'ai chaussé mes souliers. J'ai soulevé la moustiquaire de la fenêtre et me suis jeté au sol trop rapidement, m'éraflant la main sur le cadre d'aluminium. Le sang coulait sur ma paume tandis que je m'accroupissais dans l'obscurité, serrant les doigts pour tenter de chasser la douleur. Une image m'est venue, étonnamment nette.

Quand j'avais six ans, mon père s'était coupé à la main en travaillant sur une tondeuse. J'étais entré dans la salle de bains afin de le voir nettoyer la plaie. J'avais grimpé sur le siège de la cuvette pour regarder dans le lavabo. Là avait été la surprise, le plaisir à la vue de sa coupure, la façon dont ses doigts s'activaient autour tandis que le sang coulait en rubans, colorant l'eau. Nous ne parlions ni l'un ni l'autre, tous les deux absorbés par le travail lent et grave.

Et puis il avait ouvert la plaie avec ses doigts et me l'avait montrée, laissant le sang affluer pour la laver avant de la refermer de son pouce.

C'était un jour d'été ; l'odeur du gazon coupé et des vapeurs de la tondeuse entrant par les moustiquaires de la fenêtre, l'éclat de son sang, et l'amour que j'avais pour lui.

Il y avait autre chose qu'il me fallait comprendre.

Des camions poids lourds étaient arrêtés sur l'accotement de l'autoroute non loin du 7-Eleven. La fumée de leurs pots d'échappement s'élevait devant les phares de la cabine.

«Hé», ai-je dit à un homme qui retournait à son camion d'un pas chaloupé. Il tenait dans ses mains quatre sacs de chips, plusieurs grosses bouteilles de Dr. Pepper et un sac en papier taché de gras.

«Ouais?

— Vous allez à Memphis?

— Désolé, mon gars, je vais juste à Roanoke.»

À chaque chauffeur, je posais la même question, gardant dans ma poche ma main enveloppée d'un bandage. J'avais presque quatorze ans, mais je prétendais en avoir seize, et être sans abri. J'allais à Memphis pour y vivre avec un cousin. J'avais vu la ville sur une carte, pas si loin et pourtant au cœur du pays, tout juste à la hauteur du Mississippi, qui coupait le continent en deux.

La plupart des chauffeurs disaient qu'ils allaient ailleurs, mais une équipe formée d'un homme et de sa femme m'ont écouté. Tandis que je parlais, ils échangeaient des regards soupçonneux. Puis l'homme a haussé les épaules.

«Et merde», a-t-il dit. Il avait les cheveux roux clairsemés; à la joue, une cicatrice ressemblant à une fossette, une autre au-dessus d'un sourcil. Il avait fait pire lui-même, je le savais. Il comprenait.

Le camion portait des plaques de l'Oklahoma. L'homme a dit que nous traverserions Memphis dans onze ou douze heures. Ma mère m'avait depuis longtemps accordé mon indépendance, me laissant partir des week-ends entiers tant que je rentrais le dimanche soir. Elle serait peut-être fâchée que je ne lui aie pas dit où j'allais, mais cela n'avait maintenant rien d'inhabituel.

Je guettais les pancartes tandis que nous filions sur la route 17, passant Warrenton, puis prenions la rampe en direction ouest vers l'autoroute 66 pour une courte distance avant de mettre le cap vers le sud sur la I-81.

Passé les sombres chaînes des Appalaches et les vallées où scintillaient les lumières de maisons éparses, en traversant la Virginie vers le Tennessee, je sentais le continent se déployer devant nous. L'épouse de l'homme dormait dans la couchette de la cabine tandis qu'il partageait ses sandwiches avec moi et que j'inventais des histoires sur mon cousin à Memphis. Je lui ai raconté comment mon beau-père m'avait jeté à la porte, ce qui semblait inévitable, inscrit dans mon destin.

L'aube laissait filtrer une pâle lumière sur le paysage, comme si nous regardions à travers un verre dépoli. Mais quelque ravi que j'aie été de ce que je voyais, la peur grondait dans mon ventre. J'ai mangé des sandwiches à la salade de poulet jusqu'à ce que la cabine empeste la mayonnaise et que l'homme suggère : «Gardons-en pour plus tard.» J'ai raconté des histoires sur presque toutes les bagarres auxquelles j'avais participé, tous les professeurs et tous les élèves qui m'avaient cherché noise. Puis j'ai hésité, sûr d'avoir d'autres histoires, de meilleures, mais moins sûr de savoir lesquelles étaient suffisamment importantes ou sembleraient vraies.

Le soleil flambait à l'horizon, pas tout à fait derrière nous, la lumière était tiède sur ma joue, et tandis que nous roulions, le paysage de l'autre côté de ma fenêtre papillotait derrière les grands arbres bordant la route comme les images d'un vieux film, moments d'immobilité morcelés et rapiécés.

Quelques heures plus tard, la femme nous a rejoints dans la cabine. Elle avait sous les yeux des poches si enflées qu'on aurait dit que ses orbites reposaient dans des barques.

«Où est-ce qu'on te laisse, petit?» m'a-t-elle demandé, puis elle a pris une gorgée de café, renâclé et avalé. Il m'est venu à l'esprit que je l'avais peut-être empêchée de dormir avec mon bavardage.

«Bientôt», ai-je répondu en plissant les yeux pour lire la prochaine pancarte. À l'intérieur de mon crâne, l'anxiété commençait à gémir comme le feedback à la fin d'un air de heavy métal, quand le gars en jeans déchirés poussait sa guitare devant les haut-parleurs. J'ai fait semblant de reconnaître les noms sur les panneaux.

«Ce n'est plus très loin…» Je me suis humecté les lèvres, me demandant comment j'allais rentrer. Il me semblait que nous n'avions effectué que trois virages importants, mis à part quelques autoroutes fusionnées et interconnectées dans la région de Knoxville. Je saurais me débrouiller avec ça. J'étais certain que je le saurais.

Le couple a échangé un coup d'œil. Un regard d'inquiétude a flotté entre eux, et puis le feedback derrière mes yeux s'est intensifié.

«Ici. Celle-là», ai-je dit.

Le moteur a ralenti et l'homme a fait crier la boîte de transmission, stoppant le camion juste avant la sortie.

Terrorisé, le ventre tordu par l'angoisse, je les ai remerciés et je suis descendu en vitesse pour dissimuler ma peur. Le camion a fait un bond en avant, ses garde-boue se sont balancés, embossés de femmes nues à demi allongées. L'extrémité carrée de la remorque a rapetissé et s'est fondue dans les ondes de chaleur qui s'élevaient au-dessus de l'autoroute.

Où diable était le fleuve? Je m'attendais à trouver un canyon, une fissure entre deux mondes que j'avais imaginée sur la carte, comme une longue fermeture éclair à l'avant d'un jean de femme.

La chaleur coulait sur le béton. Il y en avait partout: bretelles d'accès et de sortie à l'autoroute où s'engageaient les camionnettes et les voitures avec une langueur de fin de semaine. J'ai tendu le cou, comme si le fleuve pouvait se trouver de l'autre côté d'un garde-fou. Pas de chance. Il fallait me dépêcher de rentrer.

Je pouvais sentir la pression de mes pieds sur le sol tandis que les battements de mon cœur répandaient un vertige dans mon sang. J'avais mal à la poitrine, et envie de pleurer. J'ai pensé aux histoires de mon père, à ses périples à travers le continent, les hivers passés à bûcher dans le nord ou à trimer dans les mines d'Alaska. Avais-je enfin fait quelque chose de presque aussi incroyable ? Ma vie limitée, ce corps manquant de force, tout cela me paraissait une sorte de retenue, une prison, et j'en avais marre d'attendre d'être comme lui.

La réverbération heavy métal me déchirait le crâne tandis que je courais sur la bretelle et traversais le passage surélevé pour atteindre l'autre côté. J'ai franchi d'un bond une barrière de béton et levé le pouce.

Il a fallu une heure avant que quelqu'un s'arrête et, petit à petit, je me suis calmé. Je m'étais rendu jusqu'à Memphis — ou, du moins, pas très loin. J'étais en train de rentrer à la maison. Trois virages sans complications. C'est tout ce qu'il faudrait. Tandis que le brouhaha dans ma tête s'apaisait, je me suis remis à parler. J'ai décrit le père que je n'avais pas vu depuis presque quatre ans. D'abord, je n'ai dit que peu de choses : que je sillonnais le pays comme lui, faisant mon chemin. Mais, d'heure en heure, comme je le faisais des années plus tôt au terrain de jeu, en racontant des histoires plus grandes que nature, en retrouvant le passé dans des images, j'ai découvert ce que je voulais dire. J'ai assemblé les morceaux en les énonçant. Il avait voyagé. Nous étions pareils. Nous avions été pareils de tellement de façons, et mainte-

nant je buvais et je me battais. Je ne pouvais m'empêcher de transgresser les règles. Il les avait transgressées aussi. Les paroles que ma mère avait prononcées
au téléphone s'emboîtaient comme les pièces d'un
casse-tête. Il n'avait pas le droit de traverser la frontière. Il avait son passé. Son dossier. Après notre
départ, les soirs où il appelait et proférait des
menaces, j'entendais les chuchotements de ma mère
et je devinais l'intensité de sa peur. Je savais que ce
qu'il avait fait était grave. Il fallait que ce le soit. Il
avait battu un homme. Il devait être allé en prison et
avoir accompli des choses terribles et magnifiques,
comme j'en ferais moi aussi. Voilà ce que c'était que
d'être un homme. Voilà ce que c'était que la liberté.
En m'entendant, je me sentais blessé, plus vieux et
plus fort.

«Qu'est-ce qu'il a fait? a demandé le camionneur.

— Je ne sais pas. Je sais juste que c'était grave. Il
n'a même pas le droit d'entrer aux États-Unis.»

Mon ignorance a paru le satisfaire. Elle avait l'accent de la vérité, et il a hoché la tête avec solennité.

Après quelque temps, il m'a fait descendre, je suis
monté dans un autre camion et j'ai continué à raconter des histoires, découvrant les mêmes vérités, sentant ma certitude s'affirmer. J'ai décrit le vieux souvenir que j'avais de la bagarre sur la réserve indienne,
quand je l'avais vu avec le visage ensanglanté.

Le soleil tombait comme un cataclysme enflammé,
l'immolation d'un royaume imaginaire, l'horizon était

d'un rouge de sacrifice. Je suis descendu à la bretelle menant à la I-66. J'étais presque arrivé. On m'a de nouveau fait monter, et je suis descendu à la route 17. Pendant trois heures, dans l'obscurité, j'ai marché jusqu'à ce que quelqu'un ralentisse, m'éclaire de ses feux de route, m'étudiant sans doute pour s'assurer que je n'étais pas dangereux.

J'avais réussi, j'avais accompli un exploit qui méritait que je m'en vante. C'était difficile à croire. Je suis arrivé à la maison quelques heures avant l'aube le dimanche. Je ne pouvais pas entrer tout de suite. Je devais faire semblant que je revenais de chez un ami.

La serrure de la portière du passager de la fourgonnette était brisée depuis plus d'un an. Je suis allé à l'arrière, j'ai déplié le canapé pour en faire un lit où je me suis couché. Le tissu sentait la poussière, le foin et le bran de scie, le chien, le cheval et l'avoine, la lointaine vallée et les maisons qui m'en séparaient. J'y ai enfoui le visage et me suis mis à pleurer.

LA DÉCOUVERTE DU FEU

Je couvais la question depuis des jours, attendant de me trouver seul avec ma mère, et nous étions maintenant tous les deux, en train de rouler vers la maison.

«Est-ce qu'André a déjà fait de la prison?» ai-je demandé en m'efforçant de donner un ton nonchalant à ma voix.

Elle est restée silencieuse pendant un moment.

«Pourquoi est-ce que tu me parles de lui? Tu l'as vu?»

J'ai répondu très vite, pour ne pas l'inquiéter: «Non. Je pensais à lui, c'est tout. Ça me semblait logique. Il a déjà fait de la prison, pas vrai?»

Elle a paru réfléchir à ce que j'avais dit. Puis elle a expiré, un soupir fatigué, contrôlé, toujours sans tourner les yeux vers moi.

«Oui, a-t-elle dit, mais juste pour des peccadilles.

— Quelles peccadilles?» Je ne la croyais pas. Ses paroles ne correspondaient pas à sa peur. J'avais soif de détails, je voulais qu'elle me fasse suffisamment confiance pour partager avec moi ce qu'elle savait.

Elle n'a pas répondu, assise roidement au volant tandis que nous roulions sur la route 28. Nous sommes passés devant des champs en friche dont la destruction imminente était annoncée par des panneaux portant le nom de futurs lotissements.

Elle s'est engagée dans notre entrée, a éteint le moteur et est restée à regarder droit devant, le jaune poussiéreux de la cour traversé par une fauchée de vert près de la corde à linge, là où courait le système septique.

«Je ne veux pas parler de ça.

— J'ai le droit de savoir.»

Elle a soupiré, sans bouger, le regard toujours fixé en avant.

«O.K., a-t-elle dit. O.K.»

Je n'ai rien dit, craignant de l'interrompre.

«Ton père... a passé beaucoup de temps en prison.»

Son expression était difficile à déchiffrer et je l'ai étudiée, conscient que, d'une certaine façon, je la blessais peut-être avec mes questions.

«Pourquoi?

— Je me proposais de te le dire quand tu serais plus vieux. Il a eu des ennuis avant ta naissance et celle de ton frère. Il dévalisait des banques.»

Elle s'est retournée sur son siège. J'avais l'habitude qu'elle me dévisage ainsi ouvertement, scrutant mon expression, cherchant à découvrir ce que j'avais fait à l'école ou à déterminer si je mentais, mais je n'ai rien trahi. Mon père était un voleur de banques. La vérité dépassait mes espérances. J'avais l'impression d'être en train de lire une histoire où il était question des dieux et de leurs ancêtres. C'était ce que je voulais, quelque chose qui me distinguerait à jamais.

Le même jour, elle s'est assise avec mon frère et moi. Il écoutait attentivement, avec la même expression fermée que lorsqu'il jouait à des jeux vidéo pendant des heures, mais je savais que les paroles de ma mère devaient l'affecter. Je m'étais faufilé dans sa chambre pour lire ses calepins et j'avais été étonné par l'émotion dont ses histoires étaient baignées. Des hommes faisaient les cent pas sur les sols lisses de tours de contrôle ou affrontaient l'obscurité d'encre au-dessus de villes du futur, regardant au loin avec rage, seuls.

«Ce que votre père a fait est mal, nous disait-elle, mais il est quand même votre père.»

J'ai hoché la tête et, une fois la discussion finie, je suis allé dans ma chambre. J'ai fermé la porte et je suis resté le dos appuyé contre le battant.

Des vols de banque.

Jamais plus je ne me soucierais de corvées et de devoirs. Personne ne pouvait me dire quoi faire.

J'ai fermé les yeux et pris une profonde inspiration. J'avais la tête qui tournait, mon corps se tendait en prévision de la bouffée d'adrénaline tandis que je descendais le masque qui cachait mon visage. Lui et moi faisions irruption par les portes en brandissant des pistolets, ordonnions à tout le monde de se coucher sur le sol. Comme dans une bande dessinée, il traversait d'une glissade le hall jusqu'à la voûte et, tirant sur une poignée semblable à celle d'un four à micro-ondes, ouvrait celle-ci. Un gérant à l'air très sérieux sortait, tenant devant lui un unique sac blanc orné d'un signe de dollar doré.

«Fuck yeah!» criait mon père quand nous étions dans la voiture, le moteur rugissant.

Nous nous enfuyions par des routes poussiéreuses et des prairies désertes, en riant, le vent dans nos cheveux.

C'est ainsi que les choses se passaient, je le savais. Dans les livres de fantasy ou les romans américains réalistes, les meilleurs personnages refusaient les lois d'une société faible et conformiste. Ils avaient soif d'intensité et d'inconnu.

J'ai ouvert les yeux. L'estomac dans les talons, je suis allé à la cuisine voir ce qu'il y avait dans le frigo. Tout en mangeant, je considérais ma nouvelle existence comme si je la lisais dans un livre. Je voulais me battre, me mettre à l'épreuve et en témoigner par l'écriture. Je serais un romancier et un hors-la-loi.

Une autre carte est arrivée, ornée de mots couverts de brillants : «Je pense à toi.» À l'intérieur était écrit un numéro, rien d'autre. Comme dans un film de prison, j'avais l'impression d'être un détenu qui reçoit un cadeau où sont dissimulés des instruments d'évasion. J'ai quitté la maison et descendu l'autoroute jusqu'au 7-Eleven.

Un orage se préparait, le ciel était noir et les fils électriques se balançaient. Les camions ralentissaient, leur moteur teuf-teufant à la croisée des autoroutes. Après avoir composé le numéro à frais virés, j'ai entendu faiblement sa voix au bout du fil.

Nous ne nous étions pas parlé depuis des mois. Il semblait différent, réservé, peu sûr de lui, pas du tout ce que j'imaginais depuis que ma mère nous avait avoué ses crimes.

Il a demandé comment j'allais et je lui ai dit : «Ça va. J'en ai juste ras le bol de l'école.

— Oh.» Il a demandé comment allaient mon frère et ma sœur, et j'ai dit : «Correct.» J'ai parlé un peu de la vieille motocyclette trouvée dans l'étable où ma mère gardait ses chevaux et que j'étais en train de retaper, et d'une veste en cuir que je désirais. Et puis j'ai épuisé ce que j'avais à raconter et nous sommes restés silencieux si longtemps que j'ai su que je devais lui dire ; je devais exprimer la seule chose à laquelle je pouvais penser.

« Bonnie m'a dit.

— Elle t'a dit quoi ?

— Elle m'a dit pour… pour tes crimes. »

Il ne parlait pas.

Les nuages se rapprochaient, emmenaient le soir avec eux.

« Qu'est-ce qu'elle t'a dit ?

— Pas grand-chose. C'est moi qui ai demandé. Je suppose que je savais déjà.

— Tu savais déjà quoi ?

— Que tu avais déjà fait de la prison. J'étais fier de toi. Elle a dit que tu dévalisais les banques. »

Encore une fois le long silence. Le vent soufflait la poussière du stationnement, projetant un verre en sty-romousse écrasé contre le mur de briques.

« Elle a dit ça ? a-t-il demandé doucement.

— Je veux savoir ce que tu as fait.

— Ce que j'ai fait ?

— Je veux tout savoir. C'est formidable. Personne d'autre n'a un père comme toi. »

Il respirait dans le combiné.

« Qu'est-ce que tu veux savoir ?

— Les banques... Est-ce que tu dévalisais seulement des banques ?

— Non.

— Qu'est-ce que tu volais d'autre ?

— Je... » Il a soupiré. « Beaucoup de choses.

— Comme quoi ?

— Tu veux savoir ça ? Tu es fier ?

— C'est formidable. Je trouve ça formidable. »

Je haletais presque, mon cœur battait trop vite. Je sentais combien il m'était étranger. Quatre années avaient passé, et je l'imaginais comme il était avant, vivant dans la même maison, conduisant la même auto. Mais, à la manière dont il parlait, au soin avec lequel il choisissait ses mots, j'ai su qu'il avait changé.

« Je dévalisais des banques, a-t-il dit. C'est vrai. J'ai dévalisé un tas de banques. Et des bijouteries.

— Combien ?

— Peut-être... Je ne sais pas... Peut-être cinquante banques. Le vol à main armée, c'était de la petite bière. C'était facile. J'ai fait seulement un cambriolage. C'est différent.

— Qu'est-ce que tu veux dire ?

— Un cambriolage, c'est quand tu t'introduis la nuit et que tu prends tout. Tu vas dans la voûte. Un vol, c'est avec une arme. N'importe qui peut faire ça. Mais pour faire un cambriolage, il faut en avoir entre les deux oreilles. »

L'image de mon père armé d'un revolver, dévalisant les banques comme si de rien n'était, m'impressionnait, mais le cambriolage me laissait froid.

« Et les bijouteries ?

— Il y en a eu beaucoup, a-t-il dit comme pour me faire plaisir. J'écoulais le stock auprès de la mafia.

— La mafia ?

— Pas de quoi en faire un plat. C'est assez commun. J'ai dû dévaliser — je ne sais pas — cinquante bijouteries aussi. C'était comme un métier. »

Sa voix est devenue rocailleuse et il a toussé. Je lui ai demandé comment on s'y prenait pour dévaliser une banque et il m'a parlé de surveillance, de l'importance de savoir à quelle heure arrivait le camion blindé le jour de la paye. C'est à ce moment-là que les caissières avaient le plus d'argent. Il a hésité, s'est raclé la gorge. « C'est ça qui est ça. »

J'avais du mal à respirer, à trouver ce que je voulais lui demander ensuite. J'avais tant de questions. Je voulais qu'il parle, mais il s'est muré dans le silence. Puis les mots ont franchi mes lèvres.

«As-tu déjà tué quelqu'un?»

La pluie s'était mise à tomber, striant la poussière du stationnement. Le ciel bas était plat et gris, le vent fort.

«Non, a-t-il fini par dire d'une voix si rauque que c'était presque un murmure. Écoute, Deni, j'ai abandonné le crime à cause de vous. Je voulais une famille. Je ne voulais pas retourner en prison et ne pas voir mes enfants. C'est pour ça que j'ai arrêté.

— Mais c'est fabuleux. Je trouve ça fabuleux. Personne d'autre n'a un père comme toi.»

L'averse a gagné en puissance, des bourrasques soufflaient sous la saillie, me trempant près du téléphone où j'étais pelotonné. Les éclairs flambaient au-delà de l'autoroute, illuminant la mosaïque de toits d'un lotissement. Le tonnerre a fait trembler le sol et la ligne a coupé.

J'ai raccroché, tiré ma veste de jean au-dessus de ma tête et couru jusqu'à la maison.

«Regarde ça», a dit Brad en brandissant une bouteille de Coke dans le goulot de laquelle était enfoncé un chiffon enflammé. Nous l'avions remplie d'essence et de savon à vaisselle dans les proportions nécessaires pour faire un bon cocktail Molotov, si l'on se fiait à ce

223

qu'il prétendait avoir appris dans les émeutes en Allemagne. Debout dans un champ, il a lancé la bouteille contre la carcasse d'une voiture abandonnée, et le feu s'est répandu le long de la portière.

«Vous avez vu ça? nous a-t-il demandé, à Travis et moi. Le savon à vaisselle fait coller l'essence. Vous attrapez de ce truc sur la peau et vous brûlez à mort.»

Comme j'habitais près de l'école, nous revenions souvent chez nous à pied. Dickie travaillait dans le District de Columbia et ma mère devait passer chercher mon frère et ma sœur à leur école, aussi personne n'était à la maison avant dix-huit heures. Nous fumions les cigarettes de Dickie et écumions le matériel qu'il achetait compulsivement pour son atelier encombré. Nous fabriquions des lance-flammes à partir d'aérosols de lubrifiant à moteur ou de peinture. Nous immergions des billes en styromousse dans des bocaux d'essence, produisant ce que nous appelions du napalm maison. Dans les champs en friche, où on ne pouvait nous voir depuis l'autoroute, nous mettions le feu à des détritus. Des flacons d'alcool à friction et des cannettes de peinture en aérosol enveloppés de chiffons enflammés explosaient quand nous tirions dessus avec la carabine calibre .22 que j'avais reçue pour mon quatorzième anniversaire. Nous avons rempli d'essence un vieil écran de télé et avons couru dans le bois pendant qu'il sautait. Nous rivalisions pour voir qui était capable de tenir le plus longtemps la flamme d'un briquet sous sa paume. On aurait dit qu'il ne pouvait exister d'amour de la vie sans amour du feu.

Quand j'étais seul, une fébrilité impatiente me faisait abandonner mes livres pour mes calepins, puis
délaisser ceux-ci pour les champs et les bords de
l'autoroute, avant de revenir à mes livres. À quelques
reprises, j'ai talonné ma mère pour qu'elle me livre le
détail des crimes de mon père, clamant qu'elle devait
en savoir plus, mais elle jurait que non. J'aurais désespérément voulu entendre ces histoires, pourtant, je
n'ai pas rappelé mon père. J'allais avoir quinze ans
dans moins d'un an, et j'avais l'impression qu'en lui
téléphonant je me trouverais à lui ouvrir notre vie et
à mettre ma mère en danger. Je savais que si je parlais
davantage, toute ma frustration et ma colère éclate-
raient au grand jour. Mieux valait attendre, l'appeler
juste avant mes quinze ans, et puis partir une fois
pour toutes.

Pour me calmer, j'ai dressé une liste de tout ce que
j'allais faire :

Voler une voiture

M'introduire par effraction dans une maison

Me faire tirer dessus (amendé pour : me faire tirer
dessus et survivre)

Dévaliser une banque

Mais à quoi bon m'introduire par effraction dans
une maison si je n'avais même pas perdu ma virgi-
nité ? J'avais essayé, pas de doute, mais j'étais trop
franc, trop honnête. Avec les hommes, je ne montrais
rien. Mais aux filles, j'avais envie de tout révéler, tout
ce que j'avais lu et rêvé. Je contemplais la lettre

cousue sur leur costume de meneuses de claque : *T,*
pour la mascotte de l'école, le Trojan. Nous en avions
tous un dans notre portefeuille. Les gars plus âgés les
vendaient, vieux, usés par le portefeuille, nous rejoi-
gnant à la salle de toilette pour les glisser dans notre
paume en échange de quelques dollars, afin de nous
permettre de retourner au flot d'adolescents comme
des immigrants illégaux munis de faux passeports.

Mais à quoi bon les condoms si je ne pouvais arbo-
rer la rude indifférence des garçons les plus vieux,
l'air rosse qui attirait les filles comme une charogne
sur la route attirait les corbeaux.

«Mon père était un voleur de banques», ai-je dit à
Travis et à Brad. Ils m'ont dévisagé, ont vu le gars qui
avait toujours été obsédé par les livres.

«Ouais, c'est ça.»

Furieux, j'étais déterminé à les impressionner.

Depuis que je vivais sur la route 28, mes voisins gardaient dans leur abri d'auto une motocross que je
n'avais jamais vue utilisée ni déplacée. J'ai concocté
un plan, traversé chez eux et toqué à la porte.

La voisine avait une tignasse sombre, l'air à la fois
négligée et troublée. Je l'avais souvent vue se dépêcher de faire monter deux jeunes enfants dans sa
Buick fatiguée. Je lui ai dit que des amis et moi voulions acheter une moto et que nous nous demandions

si la sienne était à vendre. Ses yeux se sont mis à briller quand j'ai parlé d'argent, elle est entrée dans la cuisine et a passé un coup de fil. Elle parlait à son beau-fils, m'a-t-elle dit. C'est à lui qu'appartenait la moto, et il en demandait neuf cents dollars.

«Je ne sais pas pourquoi il demande si cher. Il a pas touché à cette affaire-là depuis des années.»

J'ai pris une mine déçue. Je lui ai dit que mes amis et moi allions devoir mettre plus d'argent de côté. Elle semblait prête à négocier, mais je suis parti.

De retour à ma chambre, j'ai déplacé mon pupitre de manière à ce qu'il se trouve face à son abri d'auto et, tous les jours après l'école, en lisant *À l'est d'Eden* ou *Tortilla Flat,* je consignais les allées et venues de mes voisins. On devait faire de même pour les banques. Le mari revenait tous les soirs vers dix-neuf heures trente. La mère n'était jamais là avant dix-sept heures. La seule inconnue, c'était un jeune homme dégingandé aux cheveux longs qui se pointait une fois par semaine. Vêtu de jeans délavés à l'acide, il se préparait un sandwich dans la cuisine et prenait une bière au frigo, engloutissant les deux sous l'abri d'auto. Après quoi il s'en allait. Il était impossible de prévoir exactement le moment de ses visites, mais elles étaient assez rares et avaient habituellement lieu vers seize heures, soit une heure avant le retour de la femme — sa belle-mère, supposais-je.

La semaine suivante, j'ai de nouveau frappé à la porte et elle a répondu.

«Je collecte des fonds pour un voyage scolaire, lui ai-je dit. Nous nettoyons les abris d'auto. Ça ne coûte que cinquante cents.

— C'est tout?» Elle en est restée bouche bée, révélant de petites dents croches.

Elle a sorti la monnaie de son portefeuille et me l'a donnée. Pendant que je balayais, elle a fait monter ses enfants dans la Buick, m'annonçant qu'elle allait faire l'épicerie.

J'ai montré du doigt un vieux canot pneumatique dégonflé dans un coin.

«Il est en train de moisir, ai-je dit. Je vais le suspendre pour le faire sécher, d'accord?

— Bonne idée. Merci. Ce garage est un vrai foutoir depuis des siècles.»

Comme Dickie faisait un usage compulsif d'aérosols contre la moisissure dans le sous-sol, j'en connaissais un bout sur la question, mais le radeau ne semblait pas en porter la moindre trace. Je l'avais simplement remarqué en notant les allées et venues de la famille. L'abri d'auto encombré n'était rien de plus qu'une dalle de béton coulée à côté de la maison, dotée d'un toit supporté par des poteaux de métal mais dépourvue de murs, de sorte que j'avais pu en faire le relevé tout en essayant de concocter un plan. J'ai suspendu le radeau au-dessus de la moto. Il la couvrait parfaitement, révélant à peine la roue avant. J'ai tout nettoyé, m'assurant que le boulot était impeccable. Je suis rentré chez nous juste avant que ma mère arrive à dix-huit heures.

J'ai guetté la maison pendant une semaine encore. Puis j'ai fait part de mon plan à Brad et Travis.

«Si on part de l'école tout de suite, on peut être chez moi à quinze heures trente. Ça nous donne une heure pour démonter la moto.» Je n'ai pas soufflé mot du beau-fils qui se manifestait occasionnellement.

Brad a donné une chiquenaude à son mégot pour en faire tomber la cendre en essayant de prendre l'air d'un dur à cuire, mais il ressemblait à une dame de la bonne société qui triture sa cigarette dans un film.

«On peut faire ça, a-t-il dit d'une voix nasale.

— Fuck oui, a renchéri Travis. C'est facile.» Il était plus petit mais plus bourru que Brad, avec de longs cheveux bruns ternes d'où émergeaient son nez pointu et son menton.

Après l'école, nous sommes allés chez moi au petit trot en portant des sacs de sport vides et des sacs à dos.

Il n'y avait personne à la maison ni chez les voisins. Équipés d'un assortiment de clés à douille et d'un seau d'outils empruntés à Dickie, nous avons couru jusqu'à l'abri d'auto, replié le radeau de caoutchouc et nous nous sommes agenouillés devant la moto. Nous avons dévissé les boulons de carrosserie puis rapidement détaché le moteur, le réservoir à essence, le siège, la chaîne, les freins, même les jauges et les fils, ne laissant que le cadre nu.

J'ai reposé le radeau sur la moto tandis que Brad et Travis portaient, au pas de course, les morceaux jusqu'à la pièce en béton construite près de l'escalier extérieur menant à mon sous-sol. C'est là que je gardais la vieille moto que j'avais découverte dans la grange. Avec tant de morceaux éparpillés, personne ne remarquerait qu'il s'en était ajouté quelques-uns.

Brad et Travis ont glissé le moteur, le réservoir à essence et quelques autres pièces dans des sacs de sport. Puis ils sont retournés à l'école à pied appeler la mère de Brad pour qu'elle vienne les chercher.

Le soir de la danse, un ouragan s'est dissous en tempête tropicale, vents et pluies fouettant la côte. Les bourrasques faisaient osciller les fils électriques et les lampadaires près de la route menant à l'école.

« Mais tu as juste le moteur », a dit Elizabeth. Elle était dans mon cours de préparation à l'algèbre et, dans la cafétéria bruyante, se tenait près de moi afin d'entendre mon histoire, inclinant la tête en arrière pour voir derrière une frange aussi raide qu'un blond râteau de jardinage.

« Pas de problème. Je vais avoir le reste. J'ai un plan. »

J'avais du mal à y croire — la vitesse à laquelle le crime inspirait le respect. Je n'étais plus le même garçon et les autres voyaient bien que je ne craignais ni la police ni qui que ce soit d'autre.

Brad et Travis qui nous avaient rejoints nous ont dit de les suivre. Deux sœurs se trouvaient aussi là, une blonde teinte platine, l'autre assez foncée, que l'on appelait les Sœurs Pastèque.

Carton de six Busch à la main, nous avons traversé le champ derrière l'école pour gagner un nouveau lotissement. Nous sommes entrés dans une maison en construction aux planchers de contreplaqué, où du plastique était suspendu dans les cadres de porte. Le vent était si puissant qu'il faisait trembler les murs.

«Je ne suis pas sûre que ce soit prudent», a soufflé Elizabeth en m'agrippant le poignet.

Nous tenions chacun une bière tiède. Travis a saisi le bras de la Sœur Pastèque aux cheveux bruns et l'a menée dans une autre pièce, par-delà plusieurs feuilles de plastique. On pouvait l'entendre qui arrachait l'isolant des murs pour le répandre sur le sol, et puis tous les deux qui s'étendaient et se débattaient avec leurs vêtements.

Brad racontait à sa Sœur Pastèque son séjour en Allemagne, lui expliquant ce qui était réellement advenu du cadavre d'Hitler, dont le père d'un de ses amis possédait l'os de la mâchoire.

«Tu vois, on sait que c'est le sien parce qu'il a tellement de plombages en or dans les dents. Le père de mon ami le garde sous clef dans un classeur. Ça vaut des millions.»

Tout en parlant, il se rapprochait de sa Sœur Pastèque, mais celle-ci a posé la main sur sa poitrine et l'a repoussé. Il a cessé de parler et elle a changé de sujet, enchaînant sur une fille qui avait répandu des saletés sur son compte, et ce n'était pas cool, et elle ne s'en tirerait pas comme ça.

Le vent continuait de fouetter les murs et de frapper le plastique, soulevant une poussière qui nous piquait les yeux. Elizabeth se tenait près de moi. Elle sirotait sa bière tout en me racontant que, chaque matin, en se coiffant, elle cherchait des araignées sur les murs et les aspergeait de fixatif à cheveux, puis les regardait marcher de plus en plus lentement avant qu'elles s'immobilisent tout à fait. Elle disait qu'elle voulait se faire percer quatre trous supplémentaires à chaque oreille et tatouer dans le dos un aigle dont les ailes descendraient sur ses bras.

Je lui ai dit que mon père était un ex-détenu et qu'un jour j'allais dévaliser une banque, et je lui ai parlé de ma liste : voler une voiture, m'introduire par effraction dans une maison, me faire tirer dessus. Le vent martelait les murs comme si quelque personnage oublié de Steinbeck, invoqué à l'occasion d'une séance de spiritisme, parlait à travers moi.

« Si tu te fais tirer dessus, tu es tout près de la mort. Imagine combien ton désir de vivre est fort. »

Elle s'est encore rapprochée et a appuyé ses lèvres sur les miennes. Je lui ai rendu son baiser en faisant attention de ne pas répandre de salive, suivant les règles que j'avais entendu Brad édicter : ne pas baver, rester proche des lèvres, la laisser glisser sa langue dans ma bouche la première et, par-dessus tout — règle cardinale —, ne jamais expirer dans la bouche de la fille en embrassant, sans quoi l'air expulsé ferait un bruit de canard.

Je contrôlais ma respiration comme je supposais que le faisaient les plongeurs. Nous nous sommes embrassés et elle a frotté mon jean. Le monde a étincelé, lancinant, et puis elle s'est éloignée.

Travis et la Sœur Pastèque étaient revenus et disaient qu'il fallait partir. Ils se grattaient les bras et les jambes comme s'ils étaient dévorés par les puces.

Quand nous sommes retournés à la danse, il a continué à se gratter les membres, frottant, tapotant, soupirant et gémissant, comme s'il faisait maintenant l'amour tout seul.

«Bordel! a-t-il hurlé en saisissant ses couilles, ça n'arrête pas de démanger.

— T'as peut-être attrapé des morpions, lui a dit Brad.

— Eurk, ont fait Elizabeth et l'autre Sœur Pastèque.

— Non, crétin, a repris Travis. C'est l'isolant. La fibre de verre, ça pique en maudit.»

La fille avec qui Travis s'était allongé restait silencieuse, épaules rentrées tandis qu'elle marchait, glissant une main sous sa jupe pour se frotter le derrière et les cuisses.

Brad la lorgnait pour ne pas perdre le moindre aperçu de peau blanche.

«Ça valait la peine? a-t-il demandé à Travis.

— Bon Dieu, oui. Ça vaut toujours la peine.»

La Sœur Pastèque a avancé d'un pas plus rapide et nous a distancés, ses cheveux noirs battant l'air dans l'ultime avancée de l'ouragan.

Le lendemain, en arrivant à l'école, nous avons découvert que, sur la colline où était situé le nouveau lotissement, la maison dans laquelle nous étions entrés s'était effondrée, renversée par le vent. Même si j'aurais aimé m'arroger la responsabilité de la catastrophe, prétendre que j'avais allumé un feu ou donné des coups de pied dans les murs à la manière d'un expert ès arts martiaux, je ne croyais pas pouvoir m'en tirer avec ce mensonge. Et puis, il suffisait de dire que je m'étais trouvé à l'intérieur, en train de boire, juste avant qu'elle ne s'écroule.

L'histoire a plu à Brad, Travis et Elizabeth, qui l'ont adoptée, affirmant eux aussi que la maison s'était effondrée juste après notre départ, alors que nous traversions le champ.

Nous étions unanimes : nous l'avions tous entendue.

«J'ai entendu quelque chose, en tout cas, a dit Elizabeth. Juste d'être là, ça me faisait peur.»

Malgré nos histoires, l'événement avait quelque chose de sinistre, c'était un présage, un mauvais début pour l'amour.

L'étroit chemin baigné de l'ombre de hauts arbres suivait la voie ferrée qui courait en plein soleil puis la traversait avant de s'enfoncer en serpentant dans la forêt touffue où, à chaque tournant, on découvrait davantage de carcasses d'automobiles.

Dickie venait souvent ici pour trouver les pièces qu'il affirmait chercher depuis toujours, même s'il se contentait de les nettoyer et ne les utilisait jamais. J'aimais les véhicules abîmés, camions presque coupés en deux, voitures en accordéon, motocyclettes aussi compactes que des valises. J'imaginais les gyrophares tournoyants des voitures de police et des ambulances, des bras et des jambes saillant du métal écrabouillé, une épouse éplorée tombant à genoux en s'arrachant les cheveux.

«Hé», a dit Dickie. Panier d'outils à la main, il se tenait, voûté, dans l'ombre d'un chêne massif.

«Pourquoi tu ne vas pas demander un job au vieux?

— Je n'ai pas envie», ai-je répondu en affichant un air sombre. Dickie et ses idées étaient au-dessous de moi. Si je l'avais accompagné, c'était uniquement pour sortir un peu de la maison.

«Pourquoi, bon Dieu? Allez. Tu ferais un bon mécanicien.

— Je ne veux pas être mécanicien.»

Il a fait le dos rond comme un chien en colère. «Amène ton cul par là!»

Mes chaussures de course sales ont laissé des lignes rouge foncé dans l'argile brûlée par le soleil. J'ai frappé à la porte de la roulotte.

Le vieil homme a ouvert d'une main tout en tâtant sa braguette de l'autre.

«Ouais, qu'est-ce que tu veux?» Tête rejetée en arrière, bouche ouverte, il m'étudiait par-dessous ses lunettes.

«Je me demandais si vous aviez besoin d'engager quelqu'un.

— Engager quelqu'un?» Il a parcouru des yeux les champs et la forêt qui ressemblaient à un stationnement encombré des décennies après l'Armageddon. «Pour quoi faire?

— Je ne sais pas.

— Écoute ben, mon gars…» Il secouait la tête comme si j'étais le gamin le plus simple d'esprit de la planète, pour lequel il n'éprouvait que de la sympathie. «Je fais pas d'argent, je peux pas payer d'argent.»

Plus tard, quand Dickie et moi sommes rentrés, j'ai vu le morceau de métal graisseux caché sous les banquettes avant. Il m'avait utilisé comme distraction afin de pouvoir prendre des pièces sans payer. Il avait aussi dérobé l'ensemble de soudure portable du vieil homme. Pathétique, ai-je pensé — dévaliser un dépotoir.

Il a descendu tout cela au sous-sol pour le nettoyer et je me suis entraîné sur la galerie arrière. Pendant combien de temps encore me faudrait-il vivre ainsi? Les pieds sur les marches, j'ai fait des pompes jusqu'à ce que la sueur me coule dans les yeux et dégoutte du bout de mon nez. J'ai fait des redressements assis avec un haltère de quinze kilos derrière la tête, en comptant *huit maudits christs, neuf maudits christs, dix enfants de chienne*. Je voulais une nouvelle vie, un nouveau corps, de l'argent et du respect — coucher avec une fille. J'ai fait des flexions des biceps jusqu'à ce que les veines saillent sur mes bras, que mes mains se mettent à trembler et que je n'arrive plus à plier les doigts pour tenir les poids.

Dickie, émergeant du sous-sol, s'est essuyé les mains sur son jean de travail et a cligné des yeux dans le soleil.

« Regarde ça », lui ai-je dit en descendant de la galerie. J'ai fléchi le bras.

Il a ouvert tout grand les yeux, puis a levé la main droite comme pour contracter un muscle lui aussi, mais a plutôt agrippé la chair de mon bras. Mes genoux ont failli céder sous moi.

« T'es-tu servi de mes affaires pour fabriquer des bombes ?

— Non !

— Bullshit ! Il me manque plein de trucs.

— Je ne sais pas de quoi tu parles. » J'ai serré les dents tandis qu'il enfonçait les doigts dans mon bras, mais me suis forcé à ne rien trahir. C'est comme ça qu'on gagnait avec les hommes, en les faisant se sentir idiots.

«Que je t'attrape pas dans mon atelier. Je vais t'arracher le bras, ostie.»

Il m'a lâché et est redescendu au sous-sol.

Le lendemain, chacun de ses doigts était imprimé en noir sur ma peau. Après l'école, quand ma mère est rentrée à la maison, je le lui ai montré. Son regard s'est attardé sur mon bras.

«Qu'est-ce que tu as fait? a-t-elle demandé, le visage tendu. Tu dois avoir fait quelque chose.

— Me blâme pas! ai-je crié, même si je savais qu'elle allait passer un savon à Dickie en privé. Je ne veux plus rester ici. Je veux retourner vivre avec André.»

Sorti en coup de vent, j'ai traversé la galerie et descendu les marches avec l'intention d'aller bouder dans les champs, où je pourrais trouver des trucs à briser.

Elle a attrapé ma manche dans la cour. Elle avait maintenant les cheveux complètement gris, même si elle disait «cendrés», et les boucles de sa permanente s'étaient relâchées de sorte que quelques mèches pendaient devant son visage.

«Tu sais quoi? Ton père n'était qu'un enfant. Il fallait qu'il soit le centre d'attention. Mais il était pire qu'un enfant, parce qu'on ne pouvait pas remettre en question la moindre chose qu'il faisait. S'il rentrait tard, il fallait qu'il vous réveille. Il jouait à des jeux pour que vous sachiez qu'il était le gentil. La méchante, c'était moi. C'est moi qui vous envoyais vous coucher. Je vous faisais manger des aliments sains. Il vous laissait faire n'importe quoi tant que ça ne le menaçait pas. Et il vous emmenait avec son monde, il les laissait boire autour de vous, n'importe quoi. Si c'est ce que tu veux, très bien, tu pourras y retourner quand tu auras quinze ans. Mais dans ce cas, tu n'auras pas la vie que tu veux. Tu auras la vie qu'il veut. Tu seras là pour lui. Tu ne comprends peut-être pas ce que ça signifie aujourd'hui, mais tu comprendras un jour.»

Je refusais de la regarder. Des étoiles apparaissaient derrière la lumière vaporeuse des lotissements voisins. Une luciole a clignoté au-dessus des poubelles.

«Pourquoi es-tu restée si longtemps avec lui?»

Elle a détourné les yeux. «J'avais peur. Je ne croyais pas en moi, et il m'empêchait de croire en moi.»

Dickie a ouvert la porte-moustiquaire donnant sur la galerie. Il s'est penché sur la rampe, les manches de son T-shirt se relevant pour révéler un tatouage de l'armée délavé, un aigle, juste en bas de l'épaule.

«Je commence à en avoir ma claque de tout ça. Pourquoi vous ne rentrez pas?

— Retourne dans la maison, lui a-t-elle répondu d'un ton glacial qui m'a empli de fierté. On discute.

— Jésus-Christ», a-t-il laissé tomber. La porte-moustiquaire a claqué derrière lui et le cadran du four a palpité quand il est passé devant.

«Tout ce que je demande, a-t-elle poursuivi, c'est que tu me fasses confiance. Je fais ce qui est le mieux pour toi. C'est pour ça que je suis partie avec vous. Je regrette de ne pas pouvoir t'en dire plus ; un jour, je le ferai.

— Pourquoi un jour et pas maintenant ?

— Je ne peux pas. »

J'ai serré les poings. «J'en ai marre de tout ici. Je déteste ça. Je veux m'en aller.

— Tu n'as pas quinze ans. Je t'ai dit que tu pourrais partir quand tu auras quinze ans.

— Il ne peut pas être si méchant.

— Tu ne sais pas combien il peut être méchant. Il a dit à tout le monde que je partais parce qu'il faisait faillite, mais je suis partie parce qu'il était fou. Je m'étais toujours dit que je saurais quand le moment serait venu. Et puis, un matin, il a lu un article sur un homme qui avait fait faillite et tué sa femme et ses enfants avant de se suicider. Il a dit qu'il comprenait. C'est pour ça que je vous ai emmenés si loin. Je lui ai raconté qu'un médium m'avait dit de partir, je lui ai parlé du tremblement de terre et de ces trucs-là. Si je lui avais dit qu'il était fou, il aurait pu me faire du mal. Mais je lui ai donné une autre raison. »

C'était logique. Personne n'aimait se faire dire que quelque chose était de sa faute. Mais je ne croyais pas qu'il nous aurait fait du mal. Les gens disaient n'importe quelles bêtises quand ils étaient en colère.

Ses paroles avaient dépassé sa pensée. Mes souvenirs les plus chers étaient des moments passés avec lui, sa folie, nos aventures.

Ma mère a appuyé sa joue contre mon épaule. Les voitures passaient sur la route 28. À chaque coup de vent, des samares tombaient de l'érable en tournoyant et disparaissaient dans le crépuscule, sur les bardeaux du toit.

Une veste de cuir est arrivée par la poste, mais ce n'était pas la bonne sorte ; elle était lustrée et mince, les coutures dessinaient un V dans le dos. C'était un truc qu'une vedette rock européenne aurait porté. Je voulais le look costaud et cuirassé d'un motocycliste, mais je devrais me contenter de ce que j'avais reçu.

À l'école, Elizabeth m'a dit qu'elle n'était pas ma petite amie. Même si elle n'avait que treize ans, elle m'a expliqué : « Désolée, t'es juste un enfant. J'aime les hommes. »

Tous les jours, Travis et Brad cherchaient à savoir comment on réussirait à subtiliser le cadre de la moto. Je répondais qu'il fallait attendre, que c'était pour bientôt. Mais j'étais moi aussi dévoré d'impatience. Cette année m'a paru la plus longue de ma vie et, pour apaiser mon exaspération, nous avons dévalisé un casier d'entrepôt un soir, déçus de découvrir qu'il ne contenait que des boîtes de vieilles décorations de Noël et une autre pleine de détecteurs de fumée — que nous avons volés, nous disant qu'ils valaient peut-être quelque chose. Nous patrouillions les champs, fracassant les vitres de vieilles voitures posées sur des blocs, faisant voler en éclats les phares et les réflecteurs à coups de tuyaux rouillés, tailladant les pneus encore gonflés à l'aide de nos canifs. Nous nous introduisions dans une maison pour dérober des outils et des cassettes, de la petite monnaie et d'autres couteaux.

Je voyais le crime partout. Mon frère restait enfermé dans sa chambre, rideaux tirés, avec pour seule lumière la lueur de son écran d'ordinateur. Il était pâle, ses cheveux s'étiolaient, mais c'était sans doute un pirate qui s'introduisait dans les banques de données du gouvernement et s'assurait une mainmise sur le monde, comme l'ordinateur dans *Terminator*. Je me glissais encore dans le silence de voûte de sa chambre pour lire ses histoires : des hommes qui fixaient des femmes dans les yeux, éperdus de désir, ou bien qui regardaient par la fenêtre. Le désir s'exprimait dans l'obscurité d'encre, dans les canyons séparant les tours du futur, dans l'espace galactique entre nations étrangères. Mais les hommes ne faisaient jamais rien. Ils regardaient. Ils calculaient. Les femmes passaient devant eux en jupe noire, chaussées de bottes hautes.

Ressentait-il la même chose que moi ? Les mêmes obsessions le consumaient-elles ?

De temps en temps, il allait à la cuisine et sortait un pot de piments forts du frigo. Il s'affalait à la table pour les manger jusqu'à ce que les larmes lui montent aux yeux.

Deux douzaines de personnes étaient assises sur le tapis, dans un sous-sol, devant une médium qui transmettait la sagesse d'un être céleste.

J'étais assis à côté de ma mère et de Dickie, qui avait les genoux relevés contre la poitrine, les yeux méfiants. Depuis des années, ma mère tentait de le convertir à sa vision d'un palais non pollué, mais il fumait encore et maintenant il avait recommencé à boire et à souper devant une télé dont le volume était assez fort pour étouffer les bruits de mastication qu'il émettait sans s'en rendre compte. La séance était une victoire pour elle et, pour moi, un retour à la magie de l'enfance.

La médium était assise le dos droit, les paumes sur les genoux. Les muscles de son visage se sont lentement relâchés pour devenir flasques, comme ceux d'un homme ivre. Les paupières mi-closes, elle a examiné le public. Son assistant a annoncé qu'elle était prête.

Quelqu'un a posé une question sur un cauchemar récurrent et la médium s'est raclé la gorge.

«Ce rêve, a-t-elle expliqué, et on aurait dit que c'était un homme qui parlait, est une expression de crainte, mais il n'y a pas de véritable crainte, juste l'inconnu. Il n'y a pas de danger...»

Ses réflexions sur la vie et la mort, les courants qu'empruntait la souffrance et les différentes incarnations de nous-mêmes qui, fracturées, insatisfaites, hantaient notre sommeil, l'inconnu à la fois en nous et à l'extérieur de nous, tout cela me semblait évident. Mais moi aussi je faisais un rêve récurrent. Dans la vallée, je me rendais au hangar où mon père avait construit l'enclos pour ses bergers allemands. Un homme se trouvait à l'intérieur de la cage, recouvert d'un pelage broussailleux, les mains sur les lattes en deux par quatre. J'avais du mal à le distinguer ou à saisir son discours rude et confus, mais je comprenais qu'il demandait à être libéré. Je fuyais, sachant que tôt ou tard il allait réussir à s'évader et à me retrouver.

Une fois rentré à la maison, j'ai passé toute la nuit à lire un épais roman de fantasy. L'aube atteignait ma fenêtre quand j'ai entamé le dernier chapitre. Le héros acceptait son destin et se rendait à pied jusqu'à une tour nichée au sein de montagnes désolées pour affronter un être si mauvais que ses origines étaient un mystère. C'était sa destinée : défier la source du mal elle-même. Mais la confrontation n'était pas concluante. La créature disparaissait. La prophétie comportait une faille imprévue, quelque obstacle mystique avec lequel le héros devrait négocier dans le tome suivant. Ma mère était déjà en train de le lire.

J'ai jeté le roman par terre et me suis levé. Le sang bourdonnait à mes oreilles. Je me suis traîné jusqu'à la salle de bains pour uriner. Et puis je me suis regardé dans le miroir : un garçon boutonneux avec les cheveux mal coupés et pas suffisamment de muscles. Je suis sorti par la porte avant. L'autoroute se balançait comme un pont de corde, et j'ai avancé en trébuchant. Avant que je quitte la Colombie-Britannique, mon père m'avait dit que, si je restais, il allait me montrer le chemin. Il m'apprendrait à me battre.

L'aube éclairait les débris d'un paysage de campagne acheté et morcelé en lotissements ; les pare-chocs enfoncés, les pneus nus et les appareils rouillés ayant peuplé des vies oubliées pointaient parmi les feuilles d'octobre après un été sec. Sur l'accotement de gravier, je me suis vu depuis le ciel, comme si mon père pouvait être en train de me regarder d'en haut, gêné de mes jeans usés jusqu'à la corde et de mes chaussures de course sales, des détritus et des cannettes aplaties, des mégots de cigarette et des bouchons de bouteille qui jonchaient mon parcours.

Nous allions déménager de nouveau, dans une maison mobile dans les bois, sous un pylône électrique monumental dont les fils taillaient une tranchée dans les broussailles. Ma mère et Dickie allaient y construire une maison, la roulotte ne serait qu'un logis provisoire. Mais je m'en fichais. J'avais presque quinze ans.

Je suis allé jusqu'à l'abri d'auto des voisins et j'ai cogné à la porte. Les derniers banlieusards rentrant chez eux roulaient sur la route 28. La femme a répondu, l'air fatigué. La télé jouait fort à l'intérieur.

«Mes amis et moi avons économisé, lui ai-je dit. On a presque la somme suffisante. Je me suis dit que je pourrais peut-être essayer la moto avant de l'acheter ?

— Bien sûr », a-t-elle dit, et son visage s'est éclairé encore une fois quand j'ai mentionné l'argent.

Je me sentais comme lorsque je me tenais près de l'autoroute, la nuit, m'approchant légèrement à chaque camion qui passait, le vent sur mon visage et dans mes cheveux, le métal s'embrouillant devant mes yeux.

Le radeau jaune a glissé de sur la moto. La femme est restée là à regarder.

« Mon beau-fils doit avoir pris toutes les pièces. »

J'ai pris un air déçu, voire un peu irrité.

« Je voulais l'acheter. J'essayais de rassembler la somme. »

Elle est entrée dans la cuisine, a décroché le téléphone. Une discussion animée s'en est suivie entre le père qui regardait la télé en buvant une bière et son fils, tandis qu'elle répétait les paroles de l'un et de l'autre.

« J'ai pas touché à ta moto pourrie ! a crié le père par-dessus son épaule.

— Il dit qu'il a pas touché à ta moto, a-t-elle répété dans le combiné.

— C'est probablement tes ratés d'amis qui l'ont fait ! a beuglé le père. Ils savent que tu te sers pas de cette machine-là. »

Quand ils ont eu fini et qu'elle a eu raccroché, je me suis mordu la lèvre et j'ai haussé les épaules.

«Écoutez, j'imagine que je pourrais faire quelque chose du cadre si vous avez l'intention de vous en débarrasser.

— Je ne sais pas.»

J'ai sorti un billet de vingt dollars de mon portefeuille.

«Je pourrais vous en donner vingt dollars.»

Elle a regardé l'argent.

«Oh, et puis merde, a-t-elle dit en tendant la main. Je vais juste lui dire qu'on l'a mis aux vidanges.»

Cette fin de semaine là, j'ai fait des boîtes : livres d'enfant sur les poissons, ouvrages sur les mythes ; les nombreuses séries de fantasy, les récits de la Guerre civile et les tomes consacrés aux villes anciennes ; et, bien sûr, les romans de Steinbeck. Tous traçaient une ligne vers le mystère : formes primales sous la surface sombre de l'eau, création du monde, excès de violence, disparitions incessantes d'empires et, enfin, quête solitaire du vagabond.

À l'école, les minutes s'étiraient jusqu'à devenir des années. Qu'aurait dit la médium sur mon avenir, et qu'aurais-je souhaité entendre ? J'avais l'impression que mon corps était le jouet d'un courant, ballotté par les eaux de la crue.

Il y avait un match de football à l'école ce soir-là. Après le début de la partie, je suis sorti m'asseoir dans le stationnement, sur la chaîne de trottoir entre deux voitures. Des vagues d'acclamations me parvenaient. À la lumière des projecteurs, le ciel de banlieue prenait une teinte cadavérique. J'étais si frustré, si impatient que j'avais du mal à respirer, comme si l'air refusait d'emplir mes poumons. Le vide qui m'habitait me reliait au monde, tout ce que je voyais était fait pour me satisfaire, pour s'intégrer à l'histoire que je pouvais m'entendre écrire…

J'ai fermé les yeux, les moteurs en train de refroidir cliquetaient faiblement derrière les syllabes de mon discours, comme si la machine effrénée du temps était redevenue chant de création.

Ce samedi-là, alors que personne n'était à la maison, j'ai apporté le téléphone dans la chambre au fond de la roulotte, écrasant le très long fil afin de pouvoir fermer la porte. Mon père avait encore changé de numéro, et j'ai composé celui qu'il avait inscrit sur une autre carte.

Dès qu'il a décroché, je lui ai dit que je voulais revènir vivre avec lui. Une femme bavardait en bruit de fond, j'entendais des assiettes qu'on entrechoque, et il a tâtonné avec le combiné.

«Revenir?» Les bruits de vaisselle étaient assourdis, comme s'il avait posé la main sur le micro.

«Je veux vivre avec toi. J'ai presque quinze ans. J'ai le droit maintenant.»

Il n'a rien dit, et j'ai ajouté: «Il faut que je parte. J'haïs ça ici.

— O.K., a-t-il dit.

— Vas-tu m'envoyer un billet?» Je ne m'étais jamais senti plus brave qu'en prononçant ces paroles.

«Est-ce que ta mère est au courant?

— Je ne lui ai pas encore dit.

— Dis-lui que tu veux apprendre à me connaître. Je vais t'envoyer le billet, mais dis-lui que tu veux partir avec sa bénédiction.»

Plus tard, quand j'ai répété les mots de mon père, expliquant: «Je veux partir avec ta bénédiction», elle a grincé des dents. «Ne reprends pas ses paroles avec moi. C'est lui qui t'a dit de dire ça.

— Non», ai-je menti.

Elle avait l'air las et lointain. Je savais qu'elle s'était sentie inspirée à l'idée de construire la nouvelle maison, qu'elle avait encore de l'énergie et de l'espoir, mais elle devait s'être rendu compte que tout était en train de s'effondrer, qu'il était temps que je parte. C'était mieux pour tout le monde.

«Si tu ne me laisses pas partir, je vais m'enfuir.

— Non.» Elle a secoué la tête. «Tu n'as pas besoin de faire ça. Tu peux partir. J'imagine que c'est ce qu'il faut que tu fasses. Quand tu auras le billet, je te conduirai à l'aéroport.»

Plus tard, j'ai appris la nouvelle à mon frère et à ma sœur, qui ont hoché la tête en silence. Au fil des années, la distance avait grandi entre nous, et maintenant je restais fermé à tout le monde.

Cette nuit-là, j'ai essayé de me rappeler le visage de mon père, en vain. Incapable de trouver le sommeil, j'ai allumé une chandelle comme ma mère le faisait pour moi quand, enfant, je voulais m'essayer à méditer sur la lévitation. Je l'ai posée sur une chaise en bois au milieu de ma chambre et me suis assis pour la regarder, les faibles vacillements de la flamme semblables aux frissons d'une plume qu'on tient entre les doigts. Quelque chose était attendu de moi, et je saurais me montrer à la hauteur.

Je dois m'être endormi. Quand j'ai ouvert les yeux, la chandelle avait disparu et la chaise était en feu. À cet instant précis, avant d'être gagné par la panique, j'ai su que c'était l'une des plus belles choses que j'avais jamais vues.

3

LE GROS COUP

La deuxième moitié de mon vol s'est passée en un lent coucher de soleil qui a pris fin peu après l'atterrissage. Juste avant Vancouver, l'avion a plongé dans les nuages, fonçant à l'aveugle vers la ville et les montagnes que j'aurais voulu voir.

Pendant que nous roulions sur la piste, j'ai déchiré une lettre que m'avait remise ma mère. *... Il serait capable de charmer n'importe qui. Il savait quoi me dire pour que je fasse et que je pense ce qu'il voulait. Mais tu es plus adulte que je ne l'étais. Tu sais penser par toi-même et, peu importe ce qu'il veut, tu sauras prendre les bonnes décisions...*

C'était l'une de ses tactiques, me féliciter d'être ce qu'elle souhaitait que je sois et, après avoir lu la lettre, je me suis demandé si elle l'avait apprise de lui. J'ai déchiqueté la feuille en lanières que j'ai fourrées dans la pochette du siège devant moi, et puis je me suis levé pour prendre mon sac à dos.

Je portais des jeans déchirés et un T-shirt noir. Dans la cohue de la file d'attente menant aux douanes, j'ai réfléchi à mon apparence — ma posture, la foulée de mon pas, la façon dont je tenais la tête. Devais-je faire des gestes en parlant, ou bien passer mes pouces dans les ganses de ma ceinture? Un contact visuel fréquent paraissait-il enfantin, un regard détaché plus masculin?

La salle du service de douanes, bondée, donnait sur un hall caverneux et silencieux, hormis l'écho de bruits de pas.

Il m'a fallu un moment pour remarquer un homme debout à la fenêtre, qui regardait un avion toucher le sol sur le tarmac, au loin, avec une apparente douceur. Il s'est retourné et m'a dévisagé, les mains dans les poches de sa veste de cuir. Il portait des chaussures de sport blanches et des jeans raides dont on voyait encore où ils avaient été pliés pour être rangés sur une tablette. C'était la première fois que je le voyais sans barbe.

«Hé», a-t-il dit, et il s'est avancé. Gauchement, il m'a serré la main et m'a donné une sorte de timide accolade à laquelle ni l'un ni l'autre n'avons consacré beaucoup d'énergie.

J'étais maintenant pas mal plus grand que lui et il m'a examiné, puis a fait le tour de la pièce des yeux avant de reporter son regard sur moi. Je me souvenais d'un homme de haute taille, d'yeux ombrageux qui semblaient en colère même quand il souriait. Il avait le teint plus foncé que je me rappelais, ses traits étaient taillés au couteau et, quand il parlait, il avait un accent plus prononcé qu'au téléphone. Il avait l'air de quelqu'un que j'aurais pu croiser dans la rue.

Il a reculé et a tendu la main pour me tapoter le bras. Les manchettes de sa chemise bleue dépassaient de deux centimètres des manches de sa veste.

«Je suis content que tu sois là, m'a-t-il dit. Tu as faim?

— D'accord», ai-je répondu, et j'ai dû tousser pour m'humecter la gorge.

Nous avons fait les cent pas pendant un moment comme si nous étions occupés à prendre une décision importante, comme s'il allait me dire quelque chose. Nous nous sommes arrêtés devant une carte de l'aéroport encastrée dans le mur. Il a baissé la tête, regardant ses chaussures, puis a jeté un coup d'œil rapide à mes jeans déchirés. Il a rentré les joues comme pour cracher, mais a dégluti.

Je me sentais étourdi. Ce n'était pas ce que j'avais imaginé. Je me suis forcé à redresser le dos. Il fallait qu'il se rende compte que je n'étais plus un enfant.

Son expression est devenue impassible tandis que ses yeux rassemblaient de l'information de manière égale, sans rien trahir. C'était un air de force que je savais pouvoir rapidement maîtriser.

Dehors, il tombait une légère bruine.

«C'est mon camion.» D'un geste de la mâchoire, il montrait un GMC rouge et gris.

«Ça me plaît, d'en avoir un neuf.» Il a esquissé un sourire. «Avoir une belle auto, c'est comme porter un complet chic. Si tu veux obtenir un prêt ou qu'on te fasse confiance dans une affaire, les gens voient ton auto et savent que tu as de l'argent.»

L'intérieur sentait l'eau de Cologne et vaguement le poisson. En conduisant, il parlait musique, expliquant qu'il aimait la nouveauté, ce qui était populaire, et qu'il avait les mêmes goûts que les jeunes.

Roulant un peu trop vite, il se faufilait parmi la circulation clairsemée, puis il a donné un coup de volant pour nous faire prendre un embranchement et nous nous sommes retrouvés parmi une lente procession de voitures mouillées.

«Faut que j'aille vérifier ce qui se passe au marché et puis on pourra aller manger.»

Le stationnement de la bâtisse en forme de grange était à peu près vide; une rangée de pots de fleurs s'alignait contre le mur, une vieille femme vêtue d'un trench couleur moutarde marchait en rond, cherchant de la monnaie.

Comme nous passions les portes pour entrer dans l'espace aéré où se dressaient les vitrines et les étals de nourriture, j'ai pensé mentionner Granville Island, où il avait déjà eu une boutique. Le mélange d'odeurs — bagels et fleurs, fruits de mer, hot-dogs et pains —

me rappelait l'époque où mon frère, ma sœur et moi courions entre les kiosques.

Mon père a dit : «Deni, je te présente Sara.»

Une jeune femme s'est écartée du comptoir en acier inoxydable. Blonde, menue, les attaches fines, elle portait des boucles d'oreilles en saphir un ton plus foncé que ses yeux. Il a posé la main au creux de ses reins et sa contenance tranquille, la vague impression de fragilité cachée qu'il dégageait se sont évanouies. Il se tenait, torse droit, les yeux non plus voilés mais semblables à un éclair de lumière sur une eau sombre.

Dans un claquement, elle a retiré un gant jaune et m'a serré la main. Elle avait les doigts moites.

«As-tu fait bon voyage?» a-t-elle demandé.

Il l'a interrompue : «Il va falloir qu'on aide Deni à s'installer», et elle a eu un mince sourire, comme si elle lui passait un caprice.

«Bill est à la porte de livraison», a-t-elle repris. Il s'est dirigé d'un pas rapide vers l'arrière-boutique et est sorti. La jeune femme et moi sommes restés debout, gauches, sans nous regarder, tout en tendant l'oreille.

«Où est-ce que vous voulez ça? demandait un homme d'une voix peu amène.

— Laissez-le ici. Je vais demander à mon fils de m'aider à le rentrer.

— Hein?» Une pause. «C'est encore à crédit?

257

— Je vais avoir l'argent pour vous à la fin du mois.

— D'accord, d'accord. Comment va la boutique ?

— Les affaires reprennent à l'approche de Noël.

— Toujours. »

Près de l'étal, une femme à la tête recouverte d'un foulard mauve examinait un plateau de calmar cru, plissant les yeux comme si elle cherchait à lire de petits caractères parmi les tentacules emmêlés. Sara lui a jeté un coup d'œil, puis à moi. Elle a soutenu mon regard un tout petit peu trop longtemps.

« On va t'aider à t'installer », a-t-elle dit, puis elle a cligné de l'œil et tourné ses hanches minces vers le comptoir.

Je n'étais pas habitué à ce qu'on flirte avec moi si ouvertement. Son sourire m'avait dit qu'avec elle, tout serait facile.

« Qu'en penses-tu ? m'a demandé mon père qui revenait de la porte.

— Quoi ? » Le pouls dans ma mâchoire battait au même rythme qu'un seconde pulsation, derrière mes genoux.

« Qu'est-ce qu'il y a de drôle ? » Il a froncé les sourcils en regardant autour de lui. « Il a fallu du temps pour organiser ce magasin. »

Quelques vendeurs des étals voisins jetaient des œillades de notre côté. Tout à coup, j'ai perçu cette énergie réprimée que je me rappelais de mon enfance, le sentiment qu'il s'apprêtait à faire quelque geste fou. Il s'est approché et, d'une voix basse et tendue, m'a expliqué le temps qu'il avait fallu pour relancer les affaires après la séparation, la faillite.

«Ta mère m'a laissé avec rien», a-t-il dit. J'ai songé à lui dire qu'elle était partie avec rien aussi, mais j'avais mal à la tête, un bourdonnement dans les oreilles semblable à la friture qu'on entend en tournant rapidement le bouton d'une radio. Il était fier de son magasin et croyait que je m'en moquais.

J'ai contemplé les étals réfrigérés, la glace blanche où étaient disposés le saumon, les crabes verts, des sacs en filet orange pleins de moules. Peut-être la boutique n'était-elle pas aussi chic que celles qu'il gérait autrefois. Je n'en étais pas certain et ça m'importait peu. Je me suis efforcé de garder une expression neutre.

Il m'observait, scrutant mes traits, puis il a baissé les yeux et est resté debout comme ça, lèvres plissées, à regarder par terre. Il a ramassé une pièce de vingt-cinq cents.

«Peu importe, a-t-il dit, et il a soupiré. Allons. Viens m'aider à rentrer la commande.»

La pluie s'était changée en un brouillard qui se confondait avec le ciel. La lumière déclinait et l'humidité m'a transpercé les poumons. Sous la glace, dans la caisse, brillaient les yeux sombres de petits poissons métalliques.

Le restaurant possédait une enseigne au néon : Night and Day. Une sirène crachait des jets irréguliers dans une fontaine, poitrine moussue, eau brune. La bruine tombait par bourrasques. La brume avait disparu dans la nuit.

En traversant le stationnement, mon père tâtait ses poches à la recherche de ses clefs. L'image a réveillé un souvenir : lui, plus jeune, faisant le même geste. Mais l'homme que je me rappelais était grand et fort. Mon père semblait osciller entre deux incarnations de lui-même, comme un écran de télé entre deux postes.

Nous nous sommes assis près d'une fenêtre donnant sur la rue. Presque vide, la salle à manger avait un aspect minable ; quelques hommes voûtés prenaient un souper tardif seuls à leur table. L'aura de tension autour de mon père s'était reformée et évanouie avant de revenir encore une fois, comme un néon qui crépite. Malgré mon âge, il m'a commandé une bière. C'est là qu'il allait après le travail, m'a-t-il dit. Il connaissait la serveuse par son nom et a passé un commentaire sur ses jambes. Elle avait les cheveux décolorés et en coulant son maquillage lui avait tracé des ombres bleuâtres, meurtries, sous les yeux.

« T'aimes pas parler de femmes ? a-t-il demandé quand j'ai détourné les yeux.

— Je la trouve pas jolie, c'est tout. »

Il a ri. « Bien sûr qu'elle est jolie. Regarde-la. Ou bien une fille est jolie, ou bien elle est pas jolie. Elle, elle est jolie. Peut-être que t'es trop jeune pour savoir. »

Il est resté silencieux un moment, et j'ai dit : «Je veux que tu me parles des banques. »

Ma voix s'est éteinte dans un coassement, comme si je prononçais mes dernières paroles.

« Quoi?

— Les vols. Tu sais, Bonnie a essayé de donner l'impression que c'était mal… »

Il a fait glisser son napperon d'avant en arrière sans le quitter des yeux en respirant par la bouche, lèvres légèrement écartées, mâchoire vers l'avant. Il faisait cela parce que son nez avait été brisé plusieurs fois. Un homme l'avait frappé au visage avec une chaîne à sa sortie d'un bar. Enfant, j'avais parfois imité cette contenance, espérant avoir un jour ce menton ciselé, le repli sous la lèvre inférieure semblable à une marque laissée par un doigt dans de l'argile.

Comme je le faisais quand j'étais petit, je l'ai étudié. Peu importe ce qui s'était produit avant, la confusion et le malaise seraient effacés comme de la buée sur un verre.

«Je suis fier, lui ai-je dit avec une confiance qui m'a étonné moi-même. Je suis fier d'avoir un père qui a fait des trucs incroyables. J'ai toujours rêvé d'être comme ça.

— Je sais pas quelles osties de conneries elle a pu te raconter. » Du bout des doigts, il continuait à faire glisser le napperon d'avant en arrière.

«Comment c'était?

— Quoi?

— Dévaliser des banques.»

Pendant un instant, son regard a exprimé de la tristesse, mais il n'a rien dit, se contentant de soupirer en secouant la tête.

«Le reste ne m'intéresse pas. Je veux juste que tu me parles des banques.

— Quel reste?

— Le marché. C'est ennuyant. Je veux que tu me parles de tes crimes.»

J'ai fait un geste de dédain et il a cessé de triturer le napperon. Tendant le menton vers l'avant, il a rétréci les yeux. Et puis quelque chose a changé, comme l'atmosphère autour d'un acteur peut se modifier une fois qu'on lui a demandé de se mettre dans la peau de son personnage.

«Tu veux entendre ces histoires-là?

— Oui. Plus que tout. C'est ça qui est important.»

Sa mâchoire s'était un peu tordue et il plissait un œil en réfléchissant.

«Je ne parle plus de ça aujourd'hui.

— Mais c'est formidable.

— C'est ce que tu crois.

— Et qui ne croirait pas ça?

— Beaucoup de monde.» Il m'a examiné. «Je sais pourquoi tu veux que je t'en parle. Tu es comme moi. Tu as ça en toi. Il y a des gens qui sont comme ça, c'est tout.

— Qu'est-ce que tu veux dire?

— Tu serais bon à cela. Ce n'est pas le cas de tout le monde. Ça prend quelque chose. Faut être un peu cinglé. Faut désirer ce genre de vie là, et la manière dont on se sent en la vivant. C'est effrayant, mais c'est grisant aussi. Faut aimer ça. Je pense que tu aimerais probablement ça.

— Je veux que tu m'en parles», lui ai-je dit plus doucement que je n'en avais eu l'intention, comme pour l'amadouer.

Très faiblement, il a hoché la tête. «Qu'est-ce que tu veux entendre?

— Juste une histoire. Une bonne.

— Une bonne?» Il a réfléchi. «Il y avait un coup en particulier, dans une banque. En prison, les gars ne parlaient que de ça. Le gros coup. Le dernier crime. Une fois que tu l'avais fait, tu n'avais plus jamais besoin de travailler. Tout le monde avait ses idées. Tout le monde était un ostie de génie du crime. Je ne connaissais rien avant d'aller en prison. J'étais juste un jeunot. C'était comme aller à l'école, et tous ces hommes parlaient du gros coup. Je ne suis pas entré là avec des plans, mais une fois en dedans, j'ai vite appris. Le gros coup, c'était tout ce qui m'importait. J'imaginais un crime parfait. Comme si j'allais devenir célèbre en le commettant. C'est idiot.

— Ce n'est pas idiot, ai-je dit, ravi qu'il me parle ainsi, comme à un homme. L'as-tu fait?

— Ouais, j'en ai fait un parfait, mais quelqu'un d'autre a merdé. C'était le plus gros coup. C'était le plus audacieux. Les meilleurs ne sont pas toujours les plus audacieux, mais celui-là l'était. J'avais mis un temps fou à le préparer.

— Est-ce que ça pourrait toujours être fait?»

Il a haussé les épaules et son regard s'est perdu au loin, comme s'il se cherchait une contenance, fouillait ses souvenirs ou acceptait simplement qu'il s'apprêtait à révéler une chose dont il n'avait pas parlé depuis des années.

«Nous étions trois: moi, mon complice et sa copine. C'est moi qui ai tout orchestré. J'en savais plus qu'eux. C'était en 1967, à Hollywood. J'ai loué un appartement de surveillance en face de la banque. J'ai prévu le coup pour le soir où Lyndon B. Johnson serait en ville. Il allait faire un discours, et je savais que tous les policiers seraient occupés à assurer sa protection.»

Ses paroles me plongeaient dans la perplexité. Je l'avais vu prendre des risques de façon folle et imprudente. Ce calcul était nouveau, et me semblait dangereux.

« Pendant une semaine avant le cambriolage, j'ai garé un camion cube dans une ruelle près de la banque. Je le stationnais juste à côté d'une fenêtre munie de barreaux. Le soir où LBJ faisait son discours, j'ai reculé le camion jusqu'à la fenêtre, je suis allé dans le cube et j'ai scié les barreaux. Personne ne pouvait me voir parce que j'étais à l'intérieur et que la fenêtre était cachée par l'arrière du camion. Et si quelqu'un s'était pointé, il n'aurait rien soupçonné puisque le camion avait été garé là toute la semaine. »

Pendant son récit, il me faisait penser à un homme aux prises avec un calcul mathématique qui commence par considérer une équation, les yeux dans le vide, en essayant de la résoudre dans sa tête ; puis, tandis qu'il découvre le moyen de la solutionner, l'assurance et la confiance reviennent dans son regard. En racontant cette histoire, il semblait plus fort qu'il ne l'avait jamais été, comme s'il était véritablement cet homme que ses paroles étaient en train de ressusciter.

« Je me suis servi d'un marteau-piqueur pour percer la voûte. Mon ami était avec moi, et sa copine surveillait dans l'appartement de l'autre côté de la rue. Ils avaient des walkies-talkies et, chaque fois qu'elle voyait quelqu'un, j'arrêtais le marteau-piqueur.

« Le trou que j'ai fait n'était pas très gros, parce que le béton était renforcé par des barres de métal. Je ne pouvais démolir que ce qui était entre les barreaux. Et puis je me suis glissé à l'intérieur. J'ai jeté tout l'argent dehors. Mais quand j'ai voulu ressortir, j'en ai été incapable. C'est difficile à expliquer, mais le marteau-piqueur avait tracé dans le béton un grain qui pointait vers l'intérieur. Quand j'ai voulu me faufiler dehors, le béton a mordu à mes vêtements. Je ne voulais pas le dire à mon ami parce que, avec un demi-million dans le camion, j'étais inquiet. J'ai ôté mes vêtements et je les ai passés dans le trou. Et puis je me suis glissé à l'extérieur. J'avais des coupures partout. J'étais couvert de sang...»

Il s'est interrompu, a dégluti et baissé les yeux, l'air perplexe, comme s'il luttait pour connecter sa vie actuelle à son passé.

«Juste avant de partir, nous avons fait sauter tous les coffrets de sûreté. C'est probablement le seul geste stupide qu'on a fait. On avait déjà beaucoup de fric.

«Mais la police a découvert que j'étais responsable. Ce n'était pas ma faute, c'était à mon partenaire de s'assurer que l'appartement de surveillance était net. Sa copine et moi avons apporté l'argent à la campagne. Elle avait un revolver pour se sentir en sécurité, et il aurait dû nous suivre en partant dix minutes plus tard. Sauf qu'il a eu la chienne à cause de l'appartement, il craignait d'y avoir laissé des empreintes, et il a décidé d'y mettre le feu. Je ne sais pas à quoi il pensait, parce que la police allait voir tout de suite que c'était relié au vol. On avait déjà nettoyé, il avait juste à essuyer les poignées une dernière fois s'il avait peur qu'on ait laissé des empreintes digitales. Il aurait pu les asperger d'eau savonneuse. Mais il a plutôt choisi de répandre de la gazoline partout.

«Dans la cuisine, l'essence a dégoutté jusqu'à la flamme pilote. Le logement tout entier a pris feu. Je ne sais pas comment il a réussi à ne pas être tué. Il a eu les yeux brûlés. C'est la seule chose sérieuse qui lui est arrivée, à part le fait qu'il a été arrêté.

«Je suppose que la police lui a proposé un marché, parce qu'il a tout balancé. J'avais déjà un dossier criminel. Tout ce que la police avait à faire, c'était de sortir mon dossier et mes empreintes. On a envoyé des photos à la grandeur du pays. Il a fallu environ un an avant qu'on me retrouve à Miami…»

Levant le regard, il m'a étudié, ses yeux se déplaçant par degrés lents, presque imperceptibles. Tout cela était plus vaste, plus complexe que ce à quoi je m'étais attendu, plus professionnel. Il parlait de son complice comme un employeur déçu pourrait parler d'un employé. Pourtant, j'étais soulagé que mes premières impressions aient été erronées. Il était plus que ce qu'il semblait être.

«Ne répète jamais un mot de ça à personne, m'a-t-il dit d'une voix sévère, ses yeux ne quittant pas mon visage. Personne n'a jamais besoin de savoir ce que j'ai fait.»

Sa maison s'élevait en bordure d'une rue boisée à la lisière de Surrey, une banlieue tentaculaire. Des arbres, des haies broussailleuses et une haute clôture ceinturaient la propriété où ses six chiens couraient en liberté. Il avait commencé avant ma naissance à élever des bergers allemands, qu'il appelait simplement «bergers», et maintenant, étrangement, il vendait les nouvelles portées à la police. Il possédait aussi trois chats, ce qui fait que moquette et linoléum étaient recouverts de poils de différentes couleurs. Les tapis étaient bordés d'une croûte humide de poudre contre les puces.

Sur la galerie arrière avait été aménagé un haut enclos où il gardait un énorme mâle reproducteur. Quand il avait découvert l'annonce où l'on offrait un berger de près de soixante-dix kilos et était allé voir l'animal, les employés du chenil l'avaient dirigé vers la cage tout en gardant leurs distances. Conformément à ce qu'il avait lu (et à ce que je constatais à travers la clôture de mailles losangées), le chien avait des épaules de taureau et un beau museau planté de dents luisantes. Mon père s'était approché, avait ouvert la cage et était entré. Tous avaient arrêté ce qu'ils étaient en train de faire pour l'observer. Il avait flatté le chien, inspecté ses pattes et sa gueule, et décidé que l'animal lui plaisait. Ce n'est que plus tard que le propriétaire lui avait dit qu'il était la première personne que le chien avait laissée s'approcher depuis près d'un an.

Malheureusement, la même chose serait aussi vraie dans les années qui suivraient. La porte de la galerie était munie de deux barres transversales comme en possèdent les granges. Quand je suis entré dans le vestibule, le chien s'est approché d'un lourd pas feu- tré, il a reniflé les fentes au sol et sur les côtés puis s'est mis à grogner. Il s'est levé, a posé les pattes con- tre la porte et le bois a grincé et craqué doucement dans son cadre.

J'ai dormi au sous-sol sur un canapé poussiéreux. Des toiles d'araignée étaient tendues en travers du plafond; sur le sol, le linoléum qui pelait ressemblait à du cuir. La fournaise s'est mise en marche avec un vrombissement sonore, l'air sentait le pot d'échappement.

«Qu'est-ce qu'il y a pour déjeuner?» ai-je demandé au matin en ouvrant le réfrigérateur.

À part du Pepsi et des gâteaux roulés au chocolat et à la crème fouettée, le frigo ne contenait qu'une assiette et une tasse.

«Pourquoi y a-t-il de la vaisselle sale là-dedans?

— Pour que ça ne moisisse pas et que je puisse m'en resservir sans avoir à la laver.»

Même s'il avait fait faillite cinq ans plus tôt, il possédait maintenant trois magasins. Il y avait celui du marché public, ainsi que le casse-croûte, près du traversier où il s'était battu des années auparavant. On aurait dit qu'il revenait sur ses pas. Même son magasin principal, il le possédait avant la faillite, un édifice décati dont les planchers pourrissants étaient renforcés par du contreplaqué peu solide, de sorte qu'en traversant la pièce on avait l'impression de marcher sur de la glace.

Ses connaissances me rappelaient l'époque où j'étais enfant, lorsqu'il m'emmenait à des rendez-vous avec des Amérindiens dans des stationnements en gravier au bord des autoroutes ; je mâchais des lanières de saumon fumé pendant qu'il parlait à voix basse. Je m'étais habitué à la présence d'hommes dont je sentais la force dans leur immobilité, dans la manière qu'ils avaient de regarder.

Ses employés avaient vécu des coups durs, ils avaient été chassés de leur appartement ou bien venaient d'obtenir leur liberté conditionnelle. Ils nettoyaient le poisson derrière la boutique, en contemplant avec colère le couteau et la planche à découper sanglante. Tous ceux qu'il connaissait travaillaient pour lui à un titre ou à un autre. Ils empruntaient de l'argent ou voulaient lui vendre des trucs, et il avait une liste d'hommes qui avaient tenté de le rouler et à qui il ne pouvait plus se fier. Bizarrement, même ceux-là s'arrêtaient pour discuter avec lui et lui serraient la main avant de s'en aller.

Cette première semaine, nous avons fait de fréquentes livraisons. Il était réticent quand je lui demandais de raconter des histoires. Il disait que sa vie avait changé, qu'il n'était plus le même homme. Parfois il me disait combien il était heureux de me ravoir avec lui. Il souriait, mais ensuite il plissait les lèvres, m'étudiant avec attention. Souvent, quand nous passions devant un magasin, il me demandait si je voulais quelque chose et insistait pour m'acheter ce pour quoi j'avais manifesté de l'intérêt. Il m'a offert la veste de cuir que je désirais, solide et épaisse. Et puis, aussitôt que je l'ai enfilée, son regard s'est vidé.

J'étais incapable de supporter son travail : l'odeur de poisson, les écailles qui collaient partout comme des paillettes sans éclat. J'attendais des histoires de crimes, mes pensées suivaient le cours des romans. Mais ces romans ont eu tôt fait de devenir problématiques. Dès que je m'ennuyais, quand j'attendais dans l'auto ou qu'il parlait à des employés, je sortais un livre.

« C'est pas poli, m'a-t-il dit.

— Je fais juste attendre.

— Tu n'es pas obligé de lire.

— Mais je suis juste assis dans le camion.

— Elle ne t'a rien appris d'autre qu'à lire ces osties de livres-là ?

— Quoi ?

— Tu as trop lu ces livres », m'a-t-il dit en s'engageant sur la chaussée, faisant mine d'être absorbé par la circulation. Il avait prononcé le mot *livres* comme si la lecture était une activité infantile, comme s'il voulait que je me comporte en adulte.

Il ne m'était jamais venu à l'esprit que je ne pouvais me rebeller que contre ceux qui refusaient d'accepter ce que j'étais. Mon intérêt pour le crime ne le choquant pas, il lui paraissait innocent, tandis que la littérature que ma mère avait encouragée était discutable. Je me suis rendu compte que mon père n'avait probablement jamais lu un livre. Comment se sentait-on quand on n'avait jamais tourné la dernière page d'un roman, jamais connu ce mélange de plénitude et de perte, de satisfaction et de désir?

Nous roulions sur l'autoroute dans un soleil tiède qui s'évanouissait rapidement. Il avait un autre rendez-vous, m'a-t-il dit, cette fois aux bureaux d'une usine de conditionnement. Il s'est garé et est parti, le dos rond, dans le crachin. Bientôt les fenêtres de la camionnette étaient opaques à cause de la pluie et de la condensation. J'ai déposé mon livre. Pourquoi étais-je revenu? Que m'étais-je imaginé? Un rêve dans lequel mon père et moi traversions le sol poli d'une banque, sombres silhouettes à contre-jour?

J'ai fouillé dans les détritus sur le plancher à la recherche d'un crayon et d'un bout de papier. J'ai dessiné son visage, l'accroche-cœur sombre sur son front lui donnant l'air d'un Elvis de bande dessinée. Il paraissait vaguement mexicain, distinctement étranger, et je ne comprenais pas comment il pouvait être mon père.

Des pas ont martelé le béton et son ombre est apparue dans la fenêtre du conducteur tandis que la poignée cliquetait. J'ai chiffonné le papier.

Notre arrêt suivant a été un dîner tardif chez A&W. Il ne semblait pas d'humeur bavarde, aussi lui ai-je raconté le vol de la moto puis, comme il ne manifestait aucun intérêt, un jour d'été où Brad, Travis et moi avions arpenté la voie ferrée avec l'intention de faire dérailler un train. Nous avions trouvé une lourde plaque rouillée d'origine indéfinissable, que nous avions hissée sur les rails. Puis nous avions attendu sur le remblai mais, après une heure, le train n'était toujours pas passé et nous étions rentrés chez nous.

Il me regardait à peine, occupé à tremper ses frites dans le ketchup, trois ou quatre à la fois, puis à les enfourner. J'avais l'impression qu'il en avait fini pour de bon avec les histoires de crimes.

«Pourquoi tu fais ça? ai-je demandé.

— Quoi?

— Ce boulot. Le poisson. C'est poche.»

Il a tressailli puis s'est redressé, raidissant le dos comme pour imposer le respect.

«Quand tu étais petit, tu adorais me donner un coup de main dans mes magasins.»

J'ai haussé les épaules, sans trop comprendre pourquoi cela avait de l'importance à ses yeux.

«Et l'école? ai-je demandé.

— Quoi, l'école?

— Quand est-ce que j'y retourne?

— Ce serait préférable pour toi de travailler un peu, a-t-il dit. Tu n'as jamais été bon à l'école. Pourquoi tu ne prendrais pas une pause le temps qu'on apprenne à se connaître?

— Mais je vais y retourner, pas vrai?» Je détestais ses magasins, et l'école était la seule échappatoire que je pouvais imaginer.

Il a retroussé la lèvre supérieure dans un rictus de dérision qui, en fin de compte, lui a vraiment donné des airs d'Elvis.

«Tu ne peux pas savoir comme ça a été dur de remettre l'affaire sur pied après la récession, a-t-il dit. Ta mère est partie, point barre. Elle se foutait que j'aie été mal en point. J'ai tout perdu et j'ai fini par vivre dans une vieille camionnette. Tu ne comprends vraiment pas.»

C'était à mon tour de me concentrer sur la nourriture. Il blâmait ma mère pour sa faillite, mais je me souvenais de la façon dont il dépensait sans compter avant notre départ. Même maintenant, il faisait pleuvoir ses largesses sur des employés, jetait avec désinvolture des coupures de cent dollars craquantes sur des comptoirs de restauration rapide, ou donnait un billet de cinquante à Sara en lui disant d'aller se chercher un café, puis refusait de reprendre la monnaie. Peut-être ma mère avait-elle eu raison de partir.

Nous sommes rentrés par la ville, le sommet des gratte-ciels était noyé dans le brouillard. Il m'a demandé de lui donner un coup de main avec les quelques courses qu'il lui restait à faire, et ça a été un soulagement, même si nous n'avons presque pas ouvert la bouche.

Au souper, il semblait pensif. Nous étions dans un autre de ces restaurants sans attrait, et je craignais que mon attitude distante ne l'irrite. Je me souvenais des colères qu'il pouvait piquer, et comme il était alors effrayant. Mais à ce moment-là, il avait l'air indécis.

« Quand j'ai appris à percer des coffres-forts, je n'étais pas beaucoup plus vieux que toi. » Il m'a jeté un coup d'œil pour voir si j'étais intéressé. « Ce n'était pas facile. Il fallait vraiment beaucoup de concentration pour y arriver, mais le défi me plaisait. C'est là que j'ai fait mes premiers pas dans le crime. Tout le reste a découlé de ça... »

Il m'a raconté son départ de son village au Québec, le job de bûcheron qui, à seize ans, lui a fait quitter la maison pour tout l'hiver — et puis les mines et la construction. « Mais un jour, un ami est mort sur le chantier d'un gratte-ciel. Il est tombé tête première et j'ai compris qu'il fallait que je fasse autre chose. »

Il parlait doucement, d'un air fatigué, comme s'il était peu intéressé à raconter son passé mais qu'il voyait que c'était la seule manière de m'atteindre. Quelqu'un à Montréal lui avait appris à percer les coffres-forts, a-t-il dit d'une voix où filtrait maintenant la colère, et cette même personne, son premier complice, allait plus tard le trahir. En prison, mon père avait appris à dévaliser des banques et à blanchir de l'argent.

« J'ai fait beaucoup de choses après ça. J'ai essayé de me sortir du crime quelques fois, mais c'était dur de retourner à des boulots de merde. J'ai fini en Californie et au Nevada, à faire des vols à main armée. On se tirait à Vegas et on dépensait le magot en une fin de semaine, et puis on dévalisait un autre magasin ou une autre banque, et on roulait jusqu'à un hôtel à Tahoe. J'avais grandi avec la neige, mais je ne savais pas skier. On achetait les vêtements de ski les plus chers, on traînait dans le bar et on draguait les mannequins. Je leur disais que j'étais un homme d'affaires mais que je ne pouvais pas leur révéler ce que je faisais. Elles adoraient ça. Et puis je suis allé en prison de nouveau et j'ai été déporté. C'est à peu près à cette époque-là que j'ai connu ta mère. »

Il a hésité. « Mais le crime, a-t-il dit, le crime, c'était une bonne vie. J'ai vu des trucs déments. » Il s'est penché en avant, souriant, et m'a décrit ce que c'était que de claquer cinquante mille dollars en une seule soirée dans un casino de Las Vegas. « Diana Ross était à côté de moi pendant environ quarante des cinquante mille. Si je n'avais pas été en train d'essayer de regagner ce que j'avais perdu, je l'aurais ramenée à la maison… »

On n'aurait plus dit que ses mots m'étaient destinés. Son regard s'était dilaté comme si juste à ma gauche s'étendait le paysage de son passé. Y plongeant les yeux, il s'est tu.

« Quelle est la chose la plus effrayante que tu as jamais faite ? » ai-je demandé, craignant qu'il ne cesse de parler. Il m'a regardé comme s'il venait de se rappeler que j'étais là.

Il a soupiré et souri lentement. « La fois où je me suis retrouvé en deuxième page. J'ai oublié de quel journal il s'agissait. J'aurais dû faire la une pour le cambriolage, mais c'est LBJ qui avait fait la manchette ce jour-là. J'avais eu la deuxième. Comme il était président, ça m'avait semblé assez juste.

«Seulement, ce n'est pas vraiment moi qui ai fait la une. C'est le gars que j'ai dévalisé. Il était propriétaire d'une bijouterie où avaient eu lieu cinq vols à main armée, et venait juste d'être interviewé pour un article sur le crime à Los Angeles. J'imagine qu'il avait dit qu'il ne laisserait plus jamais une chose pareille lui arriver. Il expliquait qu'il avait un fusil et qu'il préférerait tirer ou se faire tirer dessus. Si je l'avais su, j'aurais choisi une autre boutique. Tu ne veux pas voler ce genre de monde là. Ils sont imperméables au bon sens...»

Notre commande était arrivée mais il ne s'est pas interrompu pour manger; il a simplement continué à regarder au loin, maintenant sérieux. J'avais du mal à saisir le changement qui s'opérait en lui quand il parlait. À chaque mot il semblait plus dangereux, plus réel, plus certain, comme si rien n'était à son épreuve.

«On s'habillait chic pour faire un vol, pour que personne ne puisse nous soupçonner. Les gens pensent que les pauvres sont des criminels. On entrait et on demandait à voir les bijoux, et puis on sortait notre arme. Je vendais tout à des gars que je connaissais dans la mafia. Ils ne nous donnaient pas beaucoup, mais les bijouteries étaient plus faciles que les banques. Il n'y avait presque jamais de système de sécurité.

«Enfin, quand j'ai sorti mon revolver pour mettre ce gars-là en joue, il a attrapé le sien. J'ai failli lui tirer dessus. Il y a eu presque une seconde — et c'est long — où nous sommes restés là, chacun notre revolver pointé sur l'autre. J'ai vu qu'il n'appuierait pas sur la gâchette. Je ne sais pas comment j'ai su. Je lui ai dit que j'allais le tuer. Son revolver visait ma poitrine, mais le mien était pointé sur son front, et c'est plus effrayant. Je lui ai demandé s'il était prêt à mourir, et il a déposé son arme.»

Il m'étudiait maintenant, se demandant peut-être pourquoi il me racontait cela, et ce que cela signifiait. J'aurais voulu qu'il soit encore celui qu'il avait été, celui qu'il semblait être quand il parlait. Les battements de mon cœur s'étaient accélérés simplement en entendant son histoire.

«Je ne parle plus de ça, a-t-il dit. J'y pense à peine. Mais c'était une seconde de pure folie. Je pensais que j'allais l'abattre. Si tu tues quelqu'un, la police ne va pas te ficher la paix comme elle le fait quand tu commets un vol à main armée. L'assurance n'est d'aucune utilité pour les morts.»

Tout à coup, je n'étais plus certain de savoir qui je cherchais. J'ai vu le visage de ma mère si nettement qu'elle aurait pu être là. Elle avait dit qu'elle me faisait confiance. Elle avait écrit que mon père charmait les gens, mais il ne voulait rien de moi, et elle s'était trompée sur tant de choses.

«Tu veux que je te raconte ces histoires?

— Oui. Je les adore. Je veux toutes les entendre.»

Il a hoché la tête. «Je me rappelle être allé chercher le journal le lendemain. Le gars me décrivait en disant que je mesurais plus d'un mètre quatre-vingts et que j'étais basané. J'ai trouvé ça drôle. C'est étonnant ce que la peur fait voir.

— Est-ce que ça te manque? ai-je demandé.

— Des fois.» Son expression s'est adoucie. «Tu ferais un bon criminel. Ça prend des gens avec des nerfs d'acier. Mais il faut vouloir ce sentiment-là. Je ne sais pas pourquoi j'en avais envie. C'était comme ça, c'est tout. J'étais tellement en colère. Quand j'étais jeune, on était crissement pauvres. Je ne voulais pas avoir une vie de misère.»

Tout cela me semblait naturel. C'était comme ça que je me sentais en Virginie, et la raison pour laquelle j'étais venu ici.

Puis il a fait référence à l'histoire que je lui avais racontée plus tôt, celle que je croyais qu'il avait ignorée, sur notre tentative de faire dérailler un train.

«Je faisais des trucs du genre, a-t-il dit. Quand j'étais petit, avec des amis, on est entrés sur un site de construction et on a poussé un gros rouleau de clôture de métal au bas d'une colline. Il aurait pu tuer quelqu'un. On s'en foutait. On voulait simplement qu'il se passe quelque chose. Je me souviens, quand j'ai quitté le Québec, après être sorti de prison, j'étais tellement en colère. Je roulais vers Calgary et je ne pouvais pas m'empêcher de songer que je n'avais jamais eu la moindre chance, juste une vie de merde. Plus ma colère grandissait, plus j'accélérais. Une voiture de police m'a pris en chasse et j'étais incapable d'arrêter. Je savais que plus j'attendais et pire ce serait, que j'étais en train de gâcher ma vie, mais je m'en foutais. Je détestais tout le monde. Quand je suis arrivé en ville, il y avait trois voitures de flics derrière moi. Je roulais sur le terre-plein, j'ai traversé des stationnements et des jardins, roulé sur des trottoirs et dans des ruelles. Les gens sautaient pour s'enlever de mon chemin. Je savais que je ne pouvais pas m'en tirer. D'autres policiers sont arrivés en renfort et on a continué jusqu'à ce que je manque d'essence. Mais à ce moment-là, je n'étais plus en colère. Je riais. J'étais incapable d'arrêter de rire.

«Je pense que je n'ai jamais vu la police aussi furax, m'a-t-il dit, bien qu'il n'ait rien révélé d'autre au sujet de l'arrestation. J'ai commencé à dévaliser des banques peu après. C'était un sentiment plaisant, tu sais. Chaque fois que je réussissais à ne pas me faire pincer, c'était comme de gagner à la loterie. J'adorais cette vie.»

Pendant un moment, il a cessé de parler, les paupières baissées. Et puis il a levé les yeux. Son expression m'a rappelé l'époque où j'étais enfant, quand il lisait le journal dans son fauteuil. Parfois, j'allais dans le salon et je le regardais. Sérieux, concentré, il restait assis un long moment sans bouger. Puis il levait les yeux et il y avait un moment, lorsqu'il m'apercevait, où il me voyait simplement, avant que son regard n'exprime de la chaleur. Il avait l'intensité d'un chien de garde qui, le regard fixe, essaie de reconnaître celui qui approche.

Ce soir-là, en rentrant à la maison, il s'est assis et a allumé la télé comme il le faisait toujours, le son à zéro, l'image montrant la partie de hockey.

«As-tu déjà songé à te faire criminel?» a-t-il demandé.

J'ai tenté de déglutir, en vain. Les années passées avec Dickie m'avaient appris la prudence. J'ai fait un geste qui était un mélange de haussement d'épaules et de hochement de menton, tête inclinée de côté d'un air pensif, lentement et de façon réfléchie, de manière à pouvoir soutenir qu'il s'était trompé sur le sens de ma réponse s'il se mettait en colère.

«Tu es comme moi, a-t-il dit. Tu réussirais bien.»

Jusque-là, j'avais rêvé de hold-up faciles et d'horizons ouverts, le lointain joyau bleu d'un barrage routier sur une autoroute déserte. De nouveau, j'ai pensé à ma mère.

«C'est une bonne vie. On a le meilleur de tout», a-t-il ajouté. Posant ses coudes sur ses genoux, il a étudié sa montre, traçant le contour du cadran du bout du doigt. Il était en train de la nettoyer, ai-je compris, pour en chasser les écailles de poisson. «C'est mieux que ce que je fais maintenant. Beaucoup mieux.

— Est-ce que ce n'est pas différent de ce que c'était avant? ai-je demandé en espérant qu'il me dirait que c'était encore possible.

— Il faut trouver la bonne banque. Je connais encore du monde dans le milieu.»

Il s'est tassé dans son fauteuil, mais n'a plus pipé mot.

Quand le téléphone a sonné, il a regardé l'appareil comme s'il n'était pas sûr de l'endroit où il se trouvait. Il a répondu. Il a écouté un long moment, le combiné calé contre l'épaule, tout en passant les doigts dans les poils sur son bras. Il a noté quelques prix et répondu «Oui» plusieurs fois.

Je regardais la télé muette. Je n'avais jamais songé à abandonner l'école ni l'écriture. Tous mes futurs avaient coexisté dans mon imagination.

Il murmurait des prix tandis que les joueurs de hockey traversaient silencieusement l'écran brumeux.

Quand il a eu raccroché, j'ai attendu qu'il dise autre chose au sujet du crime, mais il ne l'a pas fait, et j'avais peur de demander.

Il faisait noir, la pluie tombait encore quand nous sommes arrivés au marché avec deux caisses en plastique pleines de poisson, chacune d'une capacité de près de deux mille litres. Elles avaient été remplies à l'aide d'un chariot élévateur, et normalement nous les vidions à la main. J'avais ce boulot en horreur.

«On ne pourrait pas simplement mettre le camion en marche arrière et enfoncer la pédale de frein?» ai-je demandé. C'était le genre de commentaire que j'avais souvent passé au cours des années, et auquel les adultes répondaient en levant les yeux au ciel, mais mon père s'est retourné sur son siège pour estimer la distance qui nous séparait de la porte de livraison.

Sara était debout, illuminée de rouge par nos feux arrière. Par la fenêtre, il lui a crié de dégager le chemin. Il a enfoncé l'accélérateur, le camion a bondi en avant et s'est arrêté brutalement à la lisière du terrain. Les caisses ont glissé jusqu'à la fenêtre arrière.

«Ça devrait fonctionner», a-t-il dit.

Et puis il a mis la marche arrière et a de nouveau appuyé sur l'accélérateur. Je me suis retourné sur mon siège. Le mur du marché approchait rapidement. Il a enfoncé la pédale de frein.

Les pneus ont crissé et les caisses ont sauté dans le plateau du camion. On aurait dit qu'elles restaient suspendues un instant. Après quoi elles ont atterri debout et ont glissé jusqu'à la large porte de livraison.

Nous sommes sortis, muets de stupéfaction, et avons inspecté les caisses.

Tête levée, tout le monde au marché nous regardait, comme des chevreuils dans un champ.

Il m'a fait un large sourire détendu qui n'exprimait ni critique ni irritation. J'ai ri comme si nous faisions ce genre de choses tous les jours, comme si nous venions juste de nous écarter de la voie ferrée avant le passage d'un train.

Nous avons répété la manœuvre trois jours plus tard, mais cette fois l'une des caisses s'est renversée, envoyant des centaines de petits saumons valser sur le sol du marché, sous les étals. Nous avons passé l'heure qui a suivi à les ramasser, des clients et des vendeurs des kiosques voisins nous apportant de temps à autre un poisson qu'ils nous présentaient comme s'il s'agissait d'un portefeuille oublié au restaurant.

«Est-ce que vous vous entendez bien?» m'a demandé ma mère le lendemain matin quand je lui ai téléphoné. J'avais dit à mon père que je voulais rester à la maison pour écrire. Il avait acquiescé, même s'il était parti en faisant la grimace.

«Bien sûr», ai-je répondu d'une voix ennuyée. J'ai un peu parlé de sa vie, du fait qu'il était seul et ne semblait proche de personne, même si une de ses employées lui plaisait bien.

«Sois prudent, a-t-elle dit, il enregistre peut-être les appels.

— J'en doute.» J'ai regardé le fil du téléphone gris s'entortillant lâchement sur la moquette sale.

«À quelle école vas-tu?

— On en a regardé quelques-unes…

— Quelques-unes…, a-t-elle répété. Tu devrais t'inscrire sans tarder.

— Je sais. Je vais le faire. Ne t'inquiète pas. Tout va bien aller. »

Après notre conversation, j'ai erré dans la maison. Certains détails me semblaient bizarres : sur un panneau suspendu au mur de la cuisine, on pouvait lire : *God Bless This Mess,* il y avait des napperons de dentelle sur les guéridons de part et d'autre du canapé, un vase de fleurs séchées dans la salle à manger. On aurait dit qu'une femme avait vécu dans cette maison.

La chambre de mon père avait l'odeur de renfermé d'une tanière. Des monticules de vêtements raidis couvraient le sol de ses garde-robes, des jeans pliés approximativement et des chemises boutonnées portant toujours leur étiquette s'empilaient sur les commodes. J'ai compté une douzaine de paires de chaussures de sport aux lacets et au suède blancs, les semelles immaculées. Sur chacune, un collant orange indiquait qu'elles étaient en solde. Dans la garde-robe, entre deux vestes de cuir ordinaires, un sac Kmart sur un cintre contenait sept cartouches de carabine rouges.

Elles étaient lourdes et froides dans ma main. Sur la douille était imprimé le mot *Slugs.*

Je suis allé à la commode et ai ouvert un tiroir. Il contenait des photographies. Un bambin blond debout au milieu des pissenlits. Deux petits garçons jouant près d'une flaque de boue. Il n'y avait pas de clichés des enfants âgés de plus de dix ans, comme si leur vie avait pris fin.

Dans un champ, ma mère me tenait dans ses bras, mon frère debout à côté d'elle. Mon père devait avoir pris la photo. Qu'est-ce qui l'avait attirée chez lui? Le fait qu'il ait été libre et rebelle? Je savais, pour avoir vécu aux États-Unis — le parc de maisons mobiles m'avait appris cela presque instantanément — que les Américains admiraient ceux qui ne craignaient pas la loi. Peut-être avait-elle aussi cette folie en elle — après tout, elle s'était enfuie, rejetant la guerre du Viêt Nam et sa famille. Elle avait soif d'une vie anticonformiste et avait sans doute cru qu'elle la trouverait aux côtés de mon père. Mais elle devait avoir vu autre chose qu'un criminel. Je la connaissais. Sinon, elle ne serait pas restée.

J'ai continué à fouiller. Un élastique entourait une pile d'une douzaine de cartes d'assurance sociale, toutes à un nom différent, dont l'une au nom de mon frère. Mon père devait l'avoir baptisé d'après l'un de ses noms d'emprunt. C'était logique. Il ne voulait pas vivre sous un nom qu'il n'aimait pas — et se baptiser soi-même, entamer une nouvelle vie, c'était peut-être comme baptiser un enfant.

J'ai sorti une boîte de sous le lit : toutes sortes de cartes, Noël, anniversaire, prompt rétablissement, toutes inutilisées, toutes destinées aux enfants. Une deuxième boîte était remplie d'équipement de pêche, lignes et leurres enchevêtrés, flotteurs en liège fatigués, hameçons à trois dents, balance à main, ensemble de pêche à la mouche, sac de vieux moulinets aux fils emmêlés.

J'ai trouvé une carte de Saint-Valentin que j'avais confectionnée pour lui à l'école, des cœurs concentriques multicolores sur du papier construction, comme l'écho d'une affection. Je me suis assis dans son fauteuil. Sur le mur, il y avait trois portraits de nous que ma mère lui avait offerts pour son anniversaire, de simples croquis au fusain dessinés par un artiste dans un centre commercial, et sur lesquels nous avions l'air trop joufflus. Je n'avais trouvé de carabine dans aucun des endroits évidents.

Rien, pas même les arbres dehors, ne semblait bouger, et puis un berger allemand a aboyé derrière la maison.

Assise sur le congélateur près de moi, cuisse contre cuisse, Sara m'a pris la main et l'a tenue sur ses genoux dans un geste enfantin. «Est-ce qu'André parle de moi?» a-t-elle demandé.

J'ai hésité. Il était allé chercher quelque chose dans son camion. La nature de leur relation m'échappait car elle ne venait jamais à la maison et parlait surtout de ses amis de l'école secondaire, bien qu'elle eût récemment décroché.

«Euh, oui, j'imagine. Je veux dire, il t'aime bien.

— Vraiment!» a-t-elle répondu, comme si elle n'en avait eu aucune idée.

Il est revenu dans le marché d'un pas rapide puis a ralenti l'allure en nous apercevant assis l'un à côté de l'autre.

«T'es prêt?» m'a-t-il hélé, et il a détourné les yeux, comme s'il était distrait. Je suis descendu du congélateur.

Avant longtemps, nous étions de retour au Night and Day, sous les mêmes lampes de métal vertes lugubres. Il n'avait pas ouvert la bouche sauf pour passer sa commande et restait assis à rouler le rebord de son napperon en papier.

«Tu sais, m'a-t-il dit, je pense à fonder une nouvelle famille.

— Tu voudrais faire ça?» Rien ne me paraissait plus pitoyable.

«Pourquoi pas? Il y a Sara. Elle a besoin de se calmer un peu.

— Mais est-ce que vous sortez ensemble?

— Elle conduit mon auto. La Cavalier, la rouge vin, c'est à moi. Je n'aurais pas dû pouvoir l'obtenir, pas après la faillite.» Il parlait comme si le fait de posséder l'auto était bizarre, mais c'était son intérêt pour Sara qui m'étonnait. Elle n'avait que dix-huit ans.

Son regard s'est arrêté pour se plonger dans le mien. Que voyait-il? J'ignorais si je trahissais quoi que ce soit, et je m'efforçais de garder un visage impénétrable.

«Écoute. J'ai un boulot pour toi. Des Indiens font une livraison ce soir et je veux que tu t'en occupes.

— Qu'est-ce que tu veux dire?

— Les affaires ont été dures. Ça n'a pas été facile de repartir à zéro. Alors je me fournis chez les Indiens. Ils ont le droit de pêcher tant qu'ils veulent. Et ils ont toujours de la marchandise de qualité.»

J'ai hoché la tête en tentant de ne rien révéler de mes pensées. Je n'ai pas dit que ce qu'il faisait était illégal. Ç'aurait été ridicule. Mais ce n'était pas le genre de crime dont j'avais envie.

«Ils vont apporter une cargaison de saumon près de la traverse. Tu peux rester là quelques jours. Une fille qui travaille pour moi y habite. Elle t'expliquera quoi faire si tu as besoin d'aide. Il y a une route derrière la maison et de vieux congélateurs dans le bois. Les Indiens sont déjà allés. Il y a aussi une balance. Assure-toi de l'utiliser. Ne les laisse pas utiliser la leur. Et assure-toi que tu enlèves la glace du plateau s'il y en a. Il faut que tu les surveilles pour être certain qu'ils ne pèsent pas les saumons pleins de glace. Vérifie la coupure par où les poissons ont été vidés.»

Après une pause, il a ajouté: «Il devrait y en avoir environ neuf cents kilos. Es-tu capable de faire ça?

— Bien sûr», ai-je répondu, pas très sûr que j'en avais envie. Mais au moins il me faisait confiance et estimait que je saurais m'en tirer.

«Fais attention que personne ne te voie de la route. Et je veux que ce soit toi qui pèses le poisson. Ce devrait être toi qui lis la balance et qui notes le poids. Tu m'as déjà vu faire. C'est facile.»

La route descendait dans une forêt de pins rocailleuse. Les chiffres verts sur le tableau de bord indiquaient 10:17 et les pneus du camion vibraient sur la surface striée d'un pont. J'ai regardé passer un lampadaire, attrapant mon reflet dans la vitre.

«Elle a dix-huit ans, a-t-il dit au sujet de la fille qui travaillait au traversier. Vous devriez bien vous entendre.»

La remorque verte munie de l'enseigne où se lisaient les mots Fish'n'Chips tracés à la main était comme dans mon souvenir, garée près de la rivière noyée de brume, tout près de la route où les voitures faisaient la file. Quelques conducteurs se déliaient les jambes tandis que les lumières du traversier franchissaient l'étendue sombre.

Le gravier crépitait sous les pneus tandis que mon père se garait, même si l'entrée continuait, cabossée et boueuse, jusque dans la forêt. Sur la maison, la peinture jaune pelait comme de l'écorce de bouleau et une guirlande d'ampoules vertes et rouges était suspendue entre un poteau et l'auvent du casse-croûte, leurs couleurs s'écaillant, laissant voir de brillants éclats de lumière. Une fille est venue à la porte. Son visage était encadré par des boucles brunes, elle avait le teint légèrement olivâtre. Elle portait des jeans et une mince chemise blanche pendait sur sa poitrine.

Peu de paroles ont été échangées hormis les présentations. Mon père était le seul à parler, la fille reposait les yeux sur lui chaque fois qu'elle m'avait lancé un regard. Elle s'appelait Jasmine, et il lui a dit que je dormirais sur le canapé. Elle a eu un sourire forcé qui a révélé ses dents de devant séparées par une fente semblable à celles où l'on glisse de la monnaie.

Mon père et moi avons ensuite remonté l'entrée sinueuse. Tout était sombre sous les pins à l'exception des rectangles pâles que dessinaient deux anciens congélateurs. Il m'a dit d'y ranger le saumon et m'a tendu une liasse de billets de vingt dollars.

«Mille dollars, a-t-il dit. Ne leur donne pas avant que ce soit fini.»

Après son départ, Jasmine et moi avons à peine échangé deux mots. Elle traînait dans la cuisine.

«J'ai mis des couvertures sur le canapé, m'a-t-elle dit.

— Merci.

— Ça ira? As-tu besoin de quelque chose?

— Non, ça va.

— O.K., alors, bonne nuit», a-t-elle dit, puis elle est montée à l'étage.

Dans la pièce où était le canapé se trouvait un arbre de Noël chichement décoré, penché dans son support, relié à une prise électrique par une guirlande de petites ampoules. Je me suis étendu et j'ai regardé le plafond en essayant de me convaincre que tout cela était important, que j'accomplissais quelque chose de sérieux et digne d'admiration.

Après des semaines passées à rêver à l'effroi grisant du risque et au magot remporté de haute lutte tel un gros lot à la loterie, j'en étais là. Peut-être que même lorsque le crime était grave, on se retrouvait seul dans une pièce minable, à attendre quelque chose dont on se fichait, juste pour l'argent. J'avais souhaité éprouver un frisson d'émotion, ça et être avec mon père. Je ne m'étais pas imaginé des ex-détenus du genre de ses employés revêches, dont le regard fatigué croisait le mien comme s'ils attendaient une accusation. Les gens de mon âge semblaient pleins d'espoir, et je n'avais jamais vraiment imaginé la vie sans l'école. Ma mère était obsédée par l'instruction quand j'étais jeune. Elle m'avait encouragé à écrire, et mes professeurs avaient loué mes efforts. Pourtant, j'étais troublé. Est-ce que j'aimais les romans parce que j'avais aimé les histoires de mon père? Il n'avait jamais lu un roman.

J'ai regardé au travers des rideaux usés jusqu'à la trame. Des chauffeurs étaient assis derrière des fenêtres humides, la fumée des pots d'échappement s'élevait dans la lueur des feux arrière. Voitures et camions quittaient le débarcadère, leurs pneus heurtant le métal ondulé. Les moteurs se mettaient en marche. Épais et bas, le brouillard de différentes teintes scintillait comme de la pluie sous le lampadaire. Le feu de circulation à l'entrée a changé, et le brouillard a viré au vert. Les autos ont avancé lentement en file indienne jusqu'à ce que la file ait disparu. Le brouillard est repassé au rouge, a tournoyé avant de se fixer près de l'asphalte noir.

Je n'avais aucune idée du moment où je devais attendre la livraison. Du canapé, j'ai regardé la file se reformer et les voitures embarquer. Un flic s'était garé près des toilettes pour dormir ou guetter ceux qui faisaient de la vitesse sur la ligne droite qui prenait fin à la rivière.

La voiture de police avait disparu à minuit, quand un camion vert a approché du lampadaire, une peinture couleur rouille et du mastic sur les logements de roue et le bord des portières. Tandis qu'il tournait, ses phares ont plongé par la fenêtre, droit dans mes yeux. Le camion a dépassé la maison pour s'engager dans les bois en surplomb de la rivière. Quelques instants plus tard, une petite camionnette bleue l'a suivi.

Les battements de mon cœur se sont accélérés. Calepin et crayon en main, j'ai suivi les traces sur la glace fragile.

La pluie avait cessé et, avec le froid, le brouillard s'était presque levé. La lune qui avait émergé des nuages épars était suspendue au-dessus de la rivière. Tout semblait amplifié, particulièrement net, baigné d'adrénaline — le traversier nocturne, le son poussif du moteur sur l'eau, la coque massive du bac qui bravait le courant, la rivière étirant son ventre tendu contre la nuit.

Quatre hommes au torse large étaient debout derrière le camion, le couvercle d'une caisse de bois appuyé contre le côté, une balance sur le hayon. Ils portaient des casquettes de baseball, avaient les cheveux noirs tombant aux épaules. Sans me présenter, je leur ai dit qu'il y avait une balance près de la maison, étonné de me découvrir haletant.

«On a la nôtre. Elle est mieux», a dit l'un des hommes. Il était plus court et plus trapu que les autres; son visage était caché par sa visière.

«Je suis censé utiliser la balance de mon père», ai-je répété.

Ils avaient commencé à s'installer et, d'un bloc, se sont interrompus pour se retourner et me regarder, quatre hommes sans visage dont la silhouette carrée se détachait sur l'obscurité.

«On utilise notre balance, a répété le plus petit.

— O.K.», ai-je concédé. Puis je me suis ravisé. «Mais il veut que ce soit moi qui fasse la pesée.

— On pèse. Tu notes.»

Il m'a demandé l'argent, et j'ai hésité. Mes doigts froids ont eu du mal à extirper la liasse de billets de la poche avant de mon jean. Il a compté la somme, qu'il a glissée dans sa veste.

Les hommes ont entrepris de remplir une petite caisse en plastique. Les poids sur la balance étaient fixés à quarante-cinq kilos et, chaque fois que la barre oscillait, ils vidaient la caisse dans un sac à ordures qu'ils apportaient dans les bois jusqu'aux congélateurs bosselés et couverts d'une couche de frimas. Je restais debout à côté de la balance, traçant à chaque sac une coche sur le papier. L'homme de petite taille me disait à quel chiffre nous en étions, et je confirmais.

Les amortisseurs du camion grinçaient et mes doigts me faisaient mal tandis que je m'efforçais de tenir un compte lisible. La lune s'est fondue en une tache pâle bas dans les nuages, le vent soufflait quelques flocons. En insistant pour utiliser notre balance, j'avais dû avoir l'air d'un gamin qui répète les ordres de son père. Mais il n'y avait aucune menace dans leur réponse, que de la fermeté, comme s'ils donnaient des commandes à un enfant. Bien que cela m'insupportât, ils me parlaient avec gentillesse, me disant quoi faire, me demandant de leur tendre un nouveau sac à ordures.

Les derniers poissons avaient été pesés. L'homme de petite taille m'a tapoté le bras et remercié. Le geste semblait délibéré, comme destiné à me rassurer. Ils sont remontés dans leurs camions et ont repris la route, ralentissant à la lisière de l'asphalte avant de prendre de la vitesse.

Les flocons tourbillonnaient. Les feux jaunes et rouges du traversier glissaient près de la surface de l'eau, de plus en plus lents à mesure qu'ils approchaient de l'autre rive. Le choc du métal me parvenait comme de très loin.

LA TRAVERSE

Je me suis réveillé de bonne heure, la peau du visage brûlante à cause de la nuit passée à l'air froid. J'ai chaussé mes souliers et suis sorti sur la route. Cinq voitures attendaient, leurs fenêtres pâlies par la condensation. L'embarcadère du traversier s'avançait dans le courant comme un pont brisé, la rive opposée apparaissait brièvement au travers du brouillard.

Des brins de gazon morts et des mauvaises herbes pointaient dans les gouttières et entre les bardeaux de la maison. J'ai essayé de me rappeler cette nuit, des années plus tôt. Il était tard quand il était entré, la chemise déchirée, les mains en sang, la peau tailladée autour des yeux. Il avait plus tard été statué que la bagarre relevait de la légitime défense et toutes les accusations avaient été abandonnées. Témoin de sa violence, de sa capacité à assommer deux personnes en quelques secondes, ma mère s'était-elle sentie prise au piège ou bien protégée ?

J'ai entendu l'accélération régulière du camion avant de le voir. Il a freiné et viré, ses pneus mordant le gravier gelé, et a mis le cap vers la forêt. Il était déjà debout près d'un des congélateurs rongés par la rouille, couvercle relevé, quand je suis arrivé.

«Aide-moi à charger ça, a-t-il dit sans me regarder. Ensuite, on ira prendre une bouchée.»

Après, dans un restaurant d'une rue achalandée de Fort Langley, il m'a dit que j'avais fait du bon boulot.

«Tu as fait ce que je t'avais demandé, oui?

— Ouais, bien sûr.»

Il a hoché la tête en silence, étudiant mon visage.

«Écoute, je veux que tu restes à la traverse pour quelque temps.

— Pourquoi? Pour combien de temps?

— Pour le temps des fêtes. Je suis trop occupé par les temps qui courent, et Jasmine a besoin d'aide. Elle s'ennuie. Tu peux rester jusqu'après Noël.

— Et l'école?»

Il a haussé les épaules, souriant d'un air peu convaincu. «Pourquoi est-ce que tu en aurais besoin? Je m'en suis bien passé, moi.»

J'avais eu des amis décrocheurs au fil des ans, mais je ne m'étais jamais imaginé ainsi, même quand l'école m'horripilait. Et puis, si j'abandonnais, ma mère risquait de faire quelque geste déraisonnable.

«Il faut que je retourne à l'école.»

Il a baissé les paupières et soupiré. «Écoute, un an de pause ne te ferait pas de mal. On aurait le temps d'apprendre à se connaître. Tu n'aurais peut-être même pas besoin d'y retourner. Je n'ai jamais eu d'instruction.»

J'ai détourné les yeux pour dissimuler ma colère. Des voitures filaient dans la rue. Un vieil homme vêtu d'un imperméable avançait en se traînant les pieds et deux jeunes filles en talons hauts couraient gauchement vers l'arrêt d'autobus.

«Et puis, a-t-il repris, ça te fera du bien de te sentir un homme. De faire de l'argent et de découvrir le monde.»

Je n'ai rien répondu. Il semblait sage et honnête, soucieux de mes intérêts sans faire mention de ses propres visées. J'ai compris combien il serait facile de prendre goût à ce qu'il me disait, mais je ne voulais pas vivre sa vie. Devoir aller à l'école m'avait déjà paru une insupportable corvée, mais cela me semblait maintenant la seule échappatoire. Il se livrait à son tic habituel, faisant glisser le napperon en papier d'avant en arrière du bout des doigts.

«Tu sais, après ce gros vol, je pensais que je n'aurais plus jamais à travailler. Je n'aurais jamais cru me retrouver ici...»

Je l'ai regardé mais n'ai pas pipé mot, sachant qu'il allait maintenant raconter des histoires, essayer de me charmer.

«C'était un an après le vol, à Hollywood...» Il a plissé le front comme pour appeler ses souvenirs. «J'étais dans un bar à Miami, en train de bavarder avec une fille, et un homme est débarqué et l'a giflée. Je n'ai même pas réfléchi: je lui ai cassé le nez d'un coup de poing. Il y avait du sang partout sur sa chemise. La fille a commencé à sacrer après moi et quelqu'un m'a dit que c'était une pute qui s'était fait tabasser par son souteneur.»

Il a branlé la tête, l'air déçu, comme si la fille aurait pu lui plaire.

«Je suis parti et, alors que je faisais démarrer la voiture, le mac est sorti en courant. Il avait une véritable armoire à glace avec lui, qui tenait une barre de métal. J'ai mis la pédale au plancher juste comme le gars déchirait le toit en toile avec la barre de fer.»

Du geste, il a montré l'arrière de sa tête, derrière l'oreille. «Elle est passée juste là et a failli me toucher. J'ai ouvert la portière d'un coup de pied pendant qu'il ressortait la barre, et le bord de la portière l'a frappé. Et puis je lui ai donné un coup de genou au visage, l'ai jeté par terre et lui ai botté le cou. Le souteneur avait un couteau, et j'ai pris la barre de fer qui était encore dans le toit pour lui en donner un coup en travers des genoux. C'est à ce moment-là que la police est arrivée.

«On nous a emmenés au poste tous les trois, moi, le souteneur et l'armoire à glace. Les flics étaient venus pour le mac, pas pour moi. Ils m'ont demandé de faire une déclaration où je disais m'être battu pour me défendre. Ils étaient assez contents de lui mettre la main au collet. Il y a un flic qui faisait des blagues de boxe avec moi et me demandait comment je m'y étais pris pour allonger le gars.

«Je n'avais qu'à faire cette déclaration. J'étais presque sorti de là. Avec le flic, je me dirigeais vers la porte en parlant de la bagarre quand un autre policier l'a appelé de l'intérieur. Il a demandé si on avait vérifié ma carte verte. Le gars qui m'escortait n'avait pas l'air trop inquiet, mais le flic qui avait posé la question a fait remarquer que j'avais un accent. L'autre type m'a dit qu'il n'y avait pas de problème. Ils avaient juste besoin de voir mes papiers. Il souriait, avec toutes ces histoires de K.O. Je lui ai dit que je m'étais fait voler mon portefeuille.»

Il a soupiré, peut-être en revoyant la scène à la lumière de ce qui avait suivi. Il n'avait pas l'air triste, simplement pensif, comme si cela ne le concernait plus. L'autre flic voulait vérifier ses empreintes digitales. Ses empreintes avaient déjà été fichées, et mon père correspondait à la description qu'avait livrée l'homme aux yeux brûlés.

«Le flic avec qui j'avais bavardé de boxe était incapable de me regarder, a-t-il dit. Il était gêné d'avoir parlé à un criminel comme on parle à un homme ordinaire.»

Il s'est raclé la gorge comme s'il était lui-même gêné, comme s'il avait voulu me raconter une histoire fabuleuse qui m'aurait fait oublier l'école. J'avais l'impression qu'il découvrait son passé à l'instant, et s'efforçait de voir comment celui-ci s'inscrivait dans sa vie, comme si les histoires le surprenaient, lui aussi, le transformaient; ses yeux avaient changé, ils trahissaient un éclair de rage.

«Mais après l'arrestation, après ça... c'était drôle, a-t-il dit avec un sourire forcé. La police voulait m'expédier en Californie en avion. C'est là que devait avoir lieu mon procès, mais on n'a pas le droit de forcer un détenu à prendre l'avion. C'est illégal.

«Ils m'ont offert une grosse bouffe, du vin, même, si j'acceptais de prendre l'avion. J'ai dit oui, et je me suis empiffré. C'était un repas délicieux. Du steak, du homard, du vin. Mais en arrivant à l'aéroport le lendemain, j'ai dit que je ne prendrais pas l'avion. J'ai secoué la tête et leur ai dit : "Je ne monte pas. Je viens juste de me rappeler que j'ai peur de l'avion." » Il a ri en répétant la phrase, et s'est permis de me regarder, souriant. «Après ce gros repas avec lequel ils m'avaient soudoyé, ils étaient furieux. Ils ont dû me conduire d'un bout à l'autre du pays, de la Floride à la Californie. La route ne me plaisait pas non plus, mais je me disais que j'avais une meilleure chance de sauter en bas d'une voiture en marche que d'un avion. »

En voyant son visage, j'ai su que j'avais raison, que ce qu'il racontait était nouveau pour lui. Il souriait comme quelqu'un qui entend une histoire pour la première fois, se laisse absorber et s'en trouve transformé comme je l'étais.

« Au cours de ce trajet, j'ai passé chaque nuit dans une prison différente. Quand j'arrivais dans une nouvelle ville, un flic de l'endroit devait remplir un formulaire avec mes renseignements personnels. Chaque fois, lorsqu'on me demandait ma profession, je répondais : "Braqueur de banques au chômage." La plupart des gars rigolaient, mais il y en avait quelques coriaces qui répétaient et répétaient la question. Je suppose qu'ils finissaient par écrire *chômeur,* parce que ma réponse ne changeait pas. »

De l'autre côté de la fenêtre du casse-croûte, le brouillard se dissipait pour laisser par endroits place à la pluie, mais le soleil restait prisonnier de la brume, comme une mouche sans éclat, aplatie dans une toile d'araignée.

« Combien de temps vas-tu rester ? m'a demandé Jasmine.

— Je ne sais pas », ai-je répondu, et je me suis renfoncé dans ma veste, respirant contre le col pour me réchauffer le cou. J'ai refermé mon roman aux pages cornées. « Depuis quand habites-tu ici ?

— Quelques mois, j'imagine.

— Comment as-tu connu André ?

— C'était un ami de mes parents. Il m'a offert un boulot. » Elle m'a expliqué que son beau-père était un ivrogne et que mon père l'avait aidée à quitter la maison. Je ne voyais pas l'intérêt de vivre près d'un débarcadère de traversier sur un bout de rivière isolé. Elle n'avait même pas d'auto.

Je lui ai raconté mes propres histoires, sur la vie en Virginie, le vol de la moto, mais elle n'a pas esquissé de sourire. Elle a fait la grimace. « C'est débile. »

Les conducteurs avaient éteint leur moteur ; les clients, bravant la pluie, se dirigeaient vers nous.

« Quoi ? J'ai...

— C'est idiot. Est-ce que ton père est au courant ? »

Elle s'est levée, est allée au comptoir orange, où on lui a commandé du café.

Mon regard a suivi la file de clients. La pluie avait gagné en intensité et déferlait du rebord du toit sur les épaules de l'homme tendant la main pour prendre le sucre. Un couple âgé est retourné à son motorisé.

J'étais incapable d'imaginer ma vie après Noël. C'était cela, être un homme ? Mon père se servait de moi, mais j'ignorais pourquoi. Si je ne retournais pas à l'école, il me faudrait redoubler mon année. Avec une rage qui m'a étonné, je me suis pris à le détester.

« Je retourne dans la maison », ai-je dit à Jasmine, et j'ai couru sous la pluie pour aller m'asseoir sur le canapé.

De la fenêtre, je voyais le comptoir orange et, juste à l'intérieur, dans l'angle de lumière immobile, la courbe de ses seins sous son pull. Des ombres dissimulaient son visage. Elle semblait trop figée. Sur les quais, le feu vert s'est allumé et les voitures ont avancé à pas de tortue.

Le soir venu, tandis que la pluie tombait devant la guirlande d'ampoules colorées, le GMC rouge et gris s'est garé dans l'entrée. J'ai caché mon livre. Jasmine venait juste de fermer le casse-croûte et mon père est entré avec un sac de mets chinois taché de graisse. Une fois que nous avons été attablés ensemble, nous n'avons pratiquement pas échangé une parole. Il a posé quelques questions sur les ventes et puis a jeté un coup d'œil aux cassettes près de la radio.

«Une fois, a-t-il dit, quand je voyageais aux États-Unis, je suis arrivé dans une station-service juste après qu'Elvis y est passé. J'ai même vu partir sa Cadillac, et le commis m'a dit que c'était Elvis. Dommage que je ne sois pas arrivé plus tôt. J'aurais bien aimé voir le King.»

J'ai médité sur cette autre espèce d'histoire, anodine, innocente, un groupie apercevant une vedette. Il ne pouvait pas raconter ses vraies histoires devant Jasmine. Qui était-il avant que je revienne? À quel point avait-il changé pour moi? Le regard de Jasmine allait de lui à moi et, ne voulant pas avoir l'air d'un enfant, je le dévisageais d'un air égal, sans intérêt ni émotion.

La main posée sur la table, à moitié refermée en poing, il frottait distraitement le muscle au dos de son avant-bras. Lentement, il a aplati la main sur le bois pour l'étudier. Il l'a posée sur ses genoux, a roulé des épaules et dégluti. Puis il a rencontré mon regard, qu'il a soutenu.

«Je ne peux pas croire qu'il faut que je reste ici, ai-je dit à Jasmine après son départ.

— Pourquoi? Qu'est-ce que ça a de si pénible?

— Il veut fonder une nouvelle famille. C'est pour ça qu'il me force à habiter ici.» J'ai répété une partie de ce qu'il m'avait raconté et j'ai parlé de son intérêt pour Sara. Elle écoutait attentivement.

«Est-ce que c'est sa petite amie? a-t-elle demandé.

— Je ne crois pas. Il l'aime bien, mais elle est trop jeune.»

Elle a relevé les genoux contre sa poitrine et les a entourés de ses bras. Elle avait le front plissé, la lèvre inférieure légèrement pendante, comme si elle boudait. Du bout du doigt, elle a suivi la couture de son jean.

Après quelques instants, elle s'est levée et est allée à la salle de bains. Je pouvais l'entendre se brosser les dents. Puis elle a fermé la porte et je n'ai plus entendu que le bruit de l'eau gémissant dans les tuyaux froids. Je me suis assis à table et j'ai ouvert le calepin dans lequel j'avais commencé un roman de fantasy. Quand elle est revenue, elle était vêtue de sa chemise de nuit.

Les bretelles étaient lâches et, tandis qu'elle se faisait couler un verre d'eau, les os en V de sa clavicule brillaient sous l'ampoule nue de la cuisine. La peau olivâtre de ses jambes bougeait contre la pâle frange de dentelle. Debout près de moi, elle a jeté un coup d'œil à mes griffonnages en pattes de mouche. Sa hanche a touché mon épaule alors qu'elle se penchait vers l'avant, sa chemise de nuit s'échancrant, mes globes oculaires se tordant douloureusement dans leur orbite tandis que je gardais le visage tourné vers la page.

«Pourquoi est-ce que tu écris ces niaiseries?» a-t-elle demandé. Le verre d'eau entre les doigts, elle est montée à l'étage, penchant la tête pour éviter le plafond bas, la courbure de son cul rehaussée.

La pluie a faibli pour se changer en bruine et j'ai quitté la maison, me débattant avec ma veste, passant d'un pas rapide devant le casse-croûte, le souffle court. L'anxiété, le sentiment d'être pris au piège n'avaient pas tardé à se manifester. L'eau sur le sol avait gelé et j'ai failli glisser. Je me suis arrêté près du débarcadère. La sirène du traversier a retenti sur la rivière, lumières rouges et jaunes dans la brume. Une camionnette est apparue sur la route sombre, a ralenti pour entrer sur les quais.

Une semaine s'était écoulée. Mon père avait téléphoné quelques fois pour prendre de nos nouvelles, mais il était trop occupé pour nous rendre visite. Je dormais, je lisais ou je traînais au casse-croûte. Jasmine gardait ses distances, bras croisés, épaules ramenées vers l'avant. Le soir, je m'asseyais à table et créais un univers imaginaire, dessinant des cartes, tandis qu'à l'étage elle était allongée dans sa chambre sous les combles, à lire un roman d'amour.

Ç'aurait été le moment de partir en stop, mais pour aller où ? J'ai compris combien mes aventures avaient été sans danger jusqu'à maintenant. Pourrais-je de nouveau traverser le pays ? Franchir la frontière ? Le problème était le même que dans les histoires réalistes que j'essayais d'écrire, celles où je m'enfuyais mais n'allais pas très loin avant que mes options s'épuisent. Si je retournais chez ma mère, elle et Dickie auraient gagné. Mon père était un menteur. Il n'avait rien que des histoires.

La ribambelle d'ampoules colorées écaillées se balançait doucement dans le vent. Je suis entré et j'ai pris le téléphone. Qui pouvais-je appeler ?

Sous l'évier, un annuaire téléphonique moisi vieux de six ans a laissé sa page couverture collée à la tablette de l'armoire quand je l'ai soulevé. Il était resté là depuis le départ de ma mère. J'y ai trouvé le nom du père d'une camarade de classe de l'école primaire, une fillette que j'aimais bien, qui s'appelait Deborah. L'adresse semblait bonne, aussi j'ai déchiré la feuille avant de rejeter l'annuaire sur sa couverture. Il a laissé des taches de suie sur mes mains, que j'ai essuyées sur mon jean. La sirène du traversier s'est fait entendre et une porte d'auto s'est fermée dans la file.

Je suis allé m'asseoir sur le canapé, et puis j'ai attrapé le combiné et j'ai composé.

Après quatre ou cinq sonneries, un adulte endormi a répondu et j'ai demandé à parler à Deborah. La voix qui a finalement dit *allo* semblait réveillée et avait l'air d'appartenir à quelqu'un de mon âge, mais elle ne m'était pas familière. Je lui ai dit qui j'étais.

«Bien sûr que je me souviens de toi. Comment vas-tu?» Elle semblait assez contente.

«Je vais bien.»

Il y a eu quelques secondes de silence pendant que je pensais à ce que j'allais dire.

«Où es-tu? a-t-elle demandé. Tu as disparu. Personne ne savait ce qui s'était passé.

— Je suis revenu.

— Près d'ici?

— Non. Mais peut-être bientôt. J'ai déménagé aux États-Unis. Mes parents se sont séparés et on est partis vivre là-bas. Et toi?

— Quoi?

— Je ne sais pas. À quelle école vas-tu?»

Elle a nommé une école dont je n'avais jamais entendu parler, puis a dit que c'était un établissement privé, et m'a demandé où j'étais inscrit.

«Je viens juste de revenir, lui ai-je dit. J'ai pris un mois de congé. Je vais sans doute recommencer bientôt.»

Le silence a duré un peu plus longtemps. Dehors, de l'autre côté de la fenêtre, la file s'était allongée. Quelques passagers étaient sortis prendre l'air, les jambes de leurs pantalons brièvement illuminées par les phares. J'ai demandé des nouvelles d'autres amis. Quelques-uns avaient déménagé et deux allaient à la même école qu'elle. Ça m'a semblé bizarre, mais je me suis souvenu que, à l'époque, leurs maisons étaient plus belles que la mienne. Elle m'a demandé ce que je faisais, et je lui ai répondu que je travaillais pour mon père. «J'haïs son ostie de marché de poissons, ai-je dit.

— Les choses étaient dures pour toi, pas vrai?»

La question m'a laissé coi par son honnêteté candide.

«En fait, je vais être écrivain. Je travaille à un roman en ce moment même. Toutes les nuits. Je ne dors quasiment pas.

— Oh. C'est intéressant.»

Je lui ai parlé du livre, où le héros s'enfuyait dans un pays imaginaire. Ça paraissait incroyablement idiot.

«Eh bien, a-t-elle dit après un moment, si jamais tu passes dans les environs, tu devrais rappeler.»

J'ai reposé le combiné, les muscles de la mâchoire tremblants. J'ai appuyé mes paumes sur mon visage et me suis promis de ne jamais pleurer pour quelque chose d'aussi stupide. J'ai stoppé les émotions, comme si je les écrasais par un geste si tangible que je pouvais en percevoir la pression dans ma poitrine. La peur et la tristesse semblaient faibles et infantiles et je refusais de sombrer dans le pathétique. J'aurais pu m'enfuir. Cela pouvait-il être si difficile ? Mon père pouvait-il vraiment être si intelligent si telle était sa vie ? Il me fallait simplement être patient. Pourtant, j'aurais voulu qu'il me prouve qu'il était davantage que ce qu'il paraissait.

Pendant le reste de la nuit, j'ai rempli mon calepin. Un jeune homme d'ascendance incertaine apparaissait comme s'il émergeait d'un ciel déchiré, comme si lui aussi était arrivé en avion. Mais alors même que j'écrivais, je détestais ce que je faisais. Mon héros devenait acrimonieux, défiait les rois et les prophéties, abandonnait les lieux de son enfance, découvrait qui il était réellement. Je voulais écrire quelque chose de vrai, mais je n'avais qu'une impression — ni histoire ni personnages. Je savais seulement que lorsque j'écrivais, j'étais celui que je voulais véritablement être.

J'ai éteint la lumière.

Les chiffres rouges et anguleux du réveille-matin affichaient 4:50. La lune s'était couchée et sur la rivière flottait la profonde obscurité qui précède l'aube. Je me suis frotté les yeux, ne voulant pas me rendormir pour découvrir au réveil la file de voitures dans le brouillard devant les quais.

Les personnages de Steinbeck m'avaient fait l'effet de perdants, des hommes errants, en fuite. Pourquoi les gens aimaient-ils lire les histoires de perdants et de criminels? Parce qu'ils étaient libres? C'étaient des survivants, toujours à la poursuite d'un rêve.

Mon père avait traversé le pays. Vêtu d'un complet, il avait roulé de Los Angeles à Las Vegas avec ses amis armés de revolvers, buvant, riant de l'argent qu'ils avaient volé. Il avait aussi raconté des aventures plus innocentes, vécues dans sa jeunesse, alors qu'il travaillait dans le vent, courant sur les poutres de gratte-ciel, jusqu'au jour où l'un de ses amis avait trébuché et trouvé la mort.

Comme dans un roman de fantasy, j'avais l'impression que ce n'est qu'une fois qu'un événement terrible se serait produit que le voyage pourrait commencer.

Il est arrivé peu avant midi. Il tombait de la pluie verglaçante et nous avons roulé jusqu'à un *diner*, où nous avons pris place sur des banquettes et commandé du café, des pommes de terre rôties, du bacon et des œufs. Dehors, on avait laissé rouler le moteur de quelques semi-remorques dont les faibles vibrations faisaient trembler les fenêtres.

«Je veux retourner à l'école, ai-je dit.

— Allons donc. Tu n'as jamais été bon à l'école. Une année de pause, ça ne te fera pas de mal.

— Je veux y retourner en janvier. »

Il m'a regardé dans les yeux. « Écoute bien, tu ne peux pas simplement entrer dans ma vie et t'attendre à ce que je fasse tes quatre volontés. Je suis trop occupé pour te prendre en charge le temps que tu finisses l'école. Et puis, ce n'est pas pour toi. C'est évident à mes yeux. Toi et moi, on est pareils là-dessus. Il faut juste que tu vieillisses et que tu voies ce que le monde est réellement. Tu n'as aucune idée. »

Je tortillais ma serviette de table. Je me suis obligé à arrêter et à me redresser. J'ai essayé de surmonter ma rage à la recherche d'une solution ; comme de l'eau qui rencontre une barrière et s'y infiltre, je cherchais la moindre faille. À mon départ de Virginie, j'étais un élève correct à défaut d'être enthousiaste. Désormais, l'école me semblait la seule liberté possible.

Il a poursuivi : « Tu sais, je n'ai pas payé pour que tu viennes ici vivre comme un roi. Je ne peux pas te laisser foutre ma vie à l'envers.

— Quoi ? Qu'est-ce que je fais de mal ? »

Il a balayé l'air d'un geste de la main. « Tu n'as quasiment jamais téléphoné. Cinq ans, c'est long. Tu n'écrivais même pas. Tu veux être écrivain, et tu n'écrivais pas.

— Je voulais revenir, mais on m'en empêchait.

— Tu aurais pu t'enfuir, a-t-il dit, sa lèvre découvrant ses dents, l'une de ses incisives légèrement plus sombre. C'est facile. Tu prends un autobus, c'est tout. Tu as volé une moto mais tu n'as pas été foutu de trouver un moyen de revenir.» Il a hésité, puis répété : «Cinq ans», comme si ces mots contenaient tout le tort du monde.

Je comprenais enfin. Tout ce temps, il avait été déchiré entre l'orgueil et la colère. J'étais revenu ; ainsi, d'une certaine manière, il avait gagné. Mais je l'avais aussi laissé tomber, et maintenant il me fallait faire mes preuves.

«Elle a dit que tu étais dangereux, ai-je tenté pour l'amener à comprendre.

— Quoi? Elle n'avait pas le droit. Le jour où elle est partie en vous emmenant tous les trois, je suis revenu à la maison pendant qu'elle faisait les bagages. Elle avait des amis pour l'aider. Ils appartenaient à l'un de ces groupes ésotériques, et ils ont tous pris peur et sont partis, même les hommes. Un paquet de pissous. Elle m'a dit que vous étiez déjà aux États-Unis. Elle a dit que la police était au courant.»

Il a pris une inspiration et secoué la tête.

«Je n'ai pas le droit de passer la frontière. Elle savait ce que la police pouvait me faire.»

Il a hésité, cherchant ce qu'il essayait de démontrer. On aurait dit qu'il continuait une discussion qui se poursuivait depuis des années dans sa tête.

«Je l'ai laissée partir. Je n'étais pas obligé.»

Je n'avais rien à dire. Mon repas fini, je l'écoutais, les yeux baissés, forcé d'attendre que cela prenne fin comme j'étais forcé d'attendre que prenne fin ma captivité près de la rivière.

«Tu ne peux pas comprendre, a-t-il repris. Après qu'elle vous a emmenés, j'ai passé des semaines au lit. J'étais incapable de faire quoi que ce soit. Je pouvais à peine bouger.»

Il regardait à travers moi, les yeux brillants, humides de rage.

«Je mérite une autre chance. Je suis encore jeune.»

Il a baissé les yeux et a pioché dans ses frites froides. Il en a poussé une ici et là dans l'assiette, étendant le ketchup, puis l'a mangée.

Un homme de haute taille, le dos voûté, est sorti de la cuisine, des stylos dans la poche de sa chemise, et mon père a souri, immédiatement transformé. Il lui a serré la main. C'était le gérant, qui voulait savoir quels poissons il avait à offrir. Mon père m'a présenté comme son fils, mais je n'ai pas tendu la main à l'homme et me suis contenté d'un léger hochement de tête.

Après son départ, dès que la porte de la cuisine s'est refermée, mon père s'est penché en avant d'un mouvement brusque.

«Laisse-moi te dire quelque chose. Ce gars-là, tu ne sais rien de lui. Ça pourrait être n'importe qui. Il pourrait te tuer sans faire ni une ni deux. Tu comprends? Alors sois poli.»

J'ai haussé les épaules.

«Tu sais, a-t-il repris, j'ai déjà vu un type se faire éclater la tête. On était dans un bar en Alaska et, avec un ami, on s'est disputés avec un mac. Le gars est parti, mais il a envoyé sa pute gifler mon ami. Mon ami n'a rien dit. Il est parti, c'est tout. Et puis, dix minutes plus tard, il est revenu avec un fusil et a vidé les deux canons dans la face du mac.

«J'ai revu le gars des années plus tard au pénitencier, et il m'a dit qu'il ne regrettait rien. Il n'était pas fou. Même en prison, il était plutôt solitaire. Voilà comme c'est facile. Alors ne traite pas les gens comme s'ils étaient idiots. Un homme doit vivre avec lui-même. Sois poli.»

La pluie verglaçante tombait dru, noyant le morne paysage qui se déployait au-delà de l'autoroute, l'herbe au bord de la chaussée se détachant, pâle et nette. De la glace s'accumulait sur le pare-brise, que les essuie-glaces comprimaient en couches. Il tenait le volant à deux mains. Dans la pénombre, elles semblaient trop grandes et trop sombres, me rappelant la façon dont je les voyais quand j'étais enfant. Elles se cramponnaient au plastique comme s'il lui fallait les tenir occupées.

«Tu penses que tu es un dur de dur», a-t-il dit et, à son ton, j'ai su qu'il s'apprêtait à faire quelque chose, comme lorsque j'étais petit je devinais sa témérité quelques secondes avant qu'il se mette à zigzaguer dans la circulation.

Je n'ai rien dit, et il a continué. «Tant mieux, parce que tu vas faire un boulot pour moi.»

Je me tenais les mains entre les genoux tandis qu'il entrait dans un lotissement de maisons identiques, mal entretenues, leurs cours minuscules envahies par un fouillis de mauvaises herbes gelées. Il a suivi une rue et s'est arrêté. Il a regardé derrière moi à travers la fenêtre du passager. Une vieille remorqueuse Ford était garée dans une entrée, toute de métal rouillé et dénudé et de chaînes emmêlées. Elle appartenait à Brandon, un homme qui travaillait pour lui de temps en temps, un fainéant toujours coiffé d'une casquette des Canucks tachée. J'avais fait sa connaissance au marché.

«Brandon me doit cinquante dollars. Je veux que tu ailles les chercher pour moi.»

Il a farfouillé sous le siège, écartant cannettes de cola et emballages de friandises, et a sorti un bâton de baseball sur le côté duquel était écrit le mot *Slugger*. Il me l'a mis dans les mains.

«Cinquante dollars, ce n'est rien, ai-je dit en plantant le bout de mes doigts dans le bois lisse et dur.

— C'est une question de principe. Je ne laisse personne se foutre de ma gueule.»

Dès que j'ai refermé la portière, il est parti. En un instant, j'étais trempé. Le bâton me semblait trop lourd, et je l'ai glissé sous mon bras. Les petits caractères imprimés sur le côté précisaient qu'il possédait un centre en plomb.

La plaque d'adresse disait *64 Picadilly* en caractères d'imprimerie accompagnés de fleurs délavées qui se détachaient tout de même sur le revêtement de plastique gris. La remorqueuse était presque entièrement couverte de rouille. Mon père m'avait déjà dit qu'elle datait des années cinquante, comme celles qu'il avait vues à Montréal. Mes pieds remuaient quelque part bien au-dessous de mon corps, me portant vers la porte. J'ai hésité, puis frappé.

Une fille enceinte a répondu, à peine plus âgée que moi, blonde, la peau moite comme si elle était malade. Son abdomen saillait sous ses seins, et l'on voyait nettement son nombril à travers son T-shirt d'homme étiré, usé jusqu'à la corde et jauni par l'âge.

«Est-ce que Brandon est là?» ai-je demandé en tenant le bâton d'un air désinvolte, derrière ma jambe, comme si je l'invitais à venir jouer dehors.

Elle a répondu: «Il est sorti», et puis elle a regardé le bâton et ses yeux se sont agrandis.

«Je suis censé collecter de l'argent qu'il doit à mon père.

— Il n'est pas là.» Sa posture était rigide, ses mouvements raides, nous étions tous les deux enfermés dans le même rêve d'automate. Et puis elle a fermé la porte et tiré le verrou.

J'ai gagné le trottoir tandis que la pluie se figeait en glaçons dans mes cheveux. J'étais incapable d'accomplir cette simple tâche ; la somme à récupérer était insignifiante, comme pour me faire sentir que j'étais moi-même dénué d'importance. J'ai songé à l'enfant qui grandissait dans le ventre de la fille, à la vie qu'il aurait.

J'ai fait le tour de la maison, pataugeant à travers les mauvaises herbes et la boue, inspectant des stores fermés pendant que l'eau imbibait mes souliers. Je me suis arrêté près de la remorqueuse en m'efforçant d'avoir l'air affairé et sérieux puisque mon père pouvait être en train de m'observer. J'ai plissé les yeux pour examiner la cabine et le châssis en ruine. Mes souliers couinaient. Qu'aurait-il fait ? Fracassé une fenêtre ? Ouvert la porte à coups de pied ? Je pouvais toujours m'en prendre à la remorqueuse, même si celle-ci semblait avoir déjà subi les assauts de nombreux créanciers armés de bâtons de baseball. Je me suis dit qu'il fallait que j'arrête de réfléchir, que j'entre dans la maison par la force et que je prenne l'argent.

« Quoi ? » a demandé la fille par la fente de la porte à peine assez entrebâillée pour lui permettre de me regarder au-dessus de la chaîne. J'aurais pu la briser d'un coup de pied. Sa peau luisait, elle avait le visage enflé, les cheveux flasques sur les épaules. Le fait qu'elle ne menaçait pas d'appeler la police me semblait un signe de sa culpabilité. Mais tandis que je demandais de nouveau l'argent, essayant d'expliquer, un sentiment de dégoût m'a envahi, si puissant que j'en ai eu envie de vomir. Cinquante pauvres dollars, pris à cette maison misérable, à une fille enceinte.

Je suis retourné dans la rue.

Le camion de mon père est revenu, s'est arrêté. Je suis monté.

Il ne m'a rien demandé.

Il y avait sur le congélateur un radiateur portatif devant lequel Jasmine et moi tendions les mains, observant la file d'autos tandis que la pluie mêlée de brouillard glaçait la route. J'avais fini le dernier roman que j'avais apporté, encore un monde sauvé du cataclysme. Le ciel ici était aussi noir que dans cette contrée dont le soleil avait été éteint, mais ce n'était pas mon destin de le changer. J'aurais voulu que la neige tombe et efface tout.

Une radio était posée sur la tablette et, comme je n'avais plus rien à lire, je l'ai descendue. J'ai nettoyé la poussière du bouton et sondé les parasites jusqu'à ce qu'une voix se fasse entendre avec une netteté surprenante.

Les prévisions ne laissaient rien présager de bon. Le météorologue commentait qu'un Noël blanc serait agréable, plutôt que toute cette gadoue et cette pluie verglaçante. Après quoi un animateur donnait l'heure. Il faisait une revue de l'année, listant les événements historiques que le monde n'oublierait pas de sitôt. En décembre seulement, la Tchécoslovaquie et la Roumanie avaient renversé des dictatures communistes. La liste comprenait aussi les événements de la place Tian'anmen et le mouvement anti-apartheid, le retrait des troupes soviétiques d'Afghanistan et la chute du mur de Berlin. Des mouvements démocratiques gagnaient l'Amérique du Sud, le général Colin Powell était le premier chef d'état-major des armées américaines de race noire, la ville de New York avait élu un premier maire noir et la Virginie, un premier gouverneur noir depuis la reconstruction. L'ayatollah Khomeini avait mis à prix la tête de Salman Rushdie pour trois millions de dollars et, plus tard, l'ayatollah était mort. La revue se poursuivait, décompte pas si différent de celui de Casey Kasem et d'*American Top Forty,* mais marqué au sceau de la violence et de l'urgence. Ces événements, le monde lui-même, ne semblaient absolument pas connectés à ma vie, et j'étais incapable de m'imaginer écrire quelque chose de suffisamment important pour que des gens veuillent me tuer.

« Pourquoi restes-tu ici ? » ai-je demandé en me levant comme pour faire les cent pas dans la petite pièce. J'ai poursuivi en disant combien j'étais en colère, et que je me sentais prisonnier.

Le rouge lui est monté aux joues, elle avait les yeux écarquillés, sans fond.

« Arrête de te plaindre », m'a-t-elle dit en détournant le regard.

J'ai été réveillé par des pas sur la galerie. Jasmine s'est tournée de côté pour réussir à faire entrer le tiroir-caisse par la porte. Dehors, la guirlande d'ampoules colorées se balançait. La pluie avait cessé.

Elle a posé le tiroir-caisse sur la table de cuisine et est entrée dans la pièce. J'ai déplacé mes pieds pour qu'elle puisse s'asseoir sur le canapé.

« Ça va ? a-t-elle demandé.

— Ouais, ça va. »

Elle a posé la main sur ma jambe et l'a frottée, comme pour me réconforter. Nous nous sommes regardés, ses doigts sur ma cuisse.

« Je veux te dire quelque chose, a-t-elle dit.

— Quoi ? ai-je demandé, encore à moitié endormi.

— Ton père et moi… On vivait ensemble. »

Je n'ai rien dit. Sa main restée sur mon jean, légèrement incurvée, semblait maintenant déplacée. Elle l'a soulevée pour la poser sur ses genoux.

« Il m'a envoyée rester ici parce que tu t'en venais », a-t-elle dit.

Quand j'avais téléphoné de Virginie pour demander si je pouvais vivre avec lui, j'avais entendu une voix de femme et des bruits de vaisselle.

Elle a décrit les quelques dernières années, la manière dont il s'y était pris pour remettre ses affaires sur pied, et ses paroles me rappelaient combien il travaillait quand j'étais enfant. Elle croyait qu'ils allaient fonder une famille.

Qu'est-ce qui m'avait échappé ? J'avais du mal à comprendre, à déchiffrer qui il était réellement ou qui il voulait être. Est-ce qu'il essayait simplement d'avoir une vie normale : une bonne voiture, une entreprise florissante, de beaux vêtements et une petite amie mignonne ? Sara était beaucoup plus jolie, et peut-être avait-il voulu m'impressionner à mon retour ? Avait-il dissimulé les aspects de son existence qui faisaient tache ? Je l'avais poussé dans ses retranchements. Je le savais. J'avais désiré sa folie, mais je ne m'attendais pas à trouver ce que j'avais découvert ici.

Quand elle a eu fini, elle est simplement restée assise. Le bruit métallique du traversier touchant le quai remplissait le silence.

À quoi s'était-il attendu quand j'étais revenu ? Mes rêves me semblaient des choses froides, cambriolages et évasions. Mes souvenirs les plus chers étaient les journées que nous avions passées à pêcher, lui et moi, des heures au bord des rivières, à scruter l'eau. Je rêvais d'un poisson mythique qui, une fois capturé, avait le pouvoir d'exaucer les vœux. Mais les poissons apparaissaient à la surface, scintillant désespérément au soleil, et il les éviscérait, sortant les organes dégonflés à coups de couteau.

Elle a posé la main sur mon flanc, comme pour me consoler.

La veille de Noël, le vent s'est levé. Les fenêtres sales étaient constellées de frimas, la cour, une étendue de glace. Un air tiède soufflait dans les conduits et je me suis réveillé sur le canapé en me demandant si je me rappelais la vallée ou si je la rêvais : les nuages bougeaient trop vite, tourbillonnant sur eux-mêmes tandis que notre mère nous guidait à travers un champ d'herbes mortes ; les pins dessinaient la seule masse verte sur la montagne. Ses cheveux grisonnants étaient tirés en arrière et la chaleur de ma main sur ma poitrine me semblait provenir du réconfort de son contact. Nous étions sortis faire une promenade après la fonte des neiges, le printemps était presque arrivé. À sa respiration et à sa posture, je devinais qu'elle était soulagée que l'hiver achève enfin.

Et puis, alors que j'étais livré au sommeil, que des images. Un arbre enveloppé de brume. Un enfant s'allongeait au pied des montagnes. La vallée résonnait de cris et de rires, et puis était plongée dans un silence tel qu'un berger allemand s'avançait jusqu'aux lattes de l'enclos et levait la tête vers le ciel lourd.

Je me suis assis, plus très sûr de savoir où j'étais. Je me suis frotté les yeux. Les rideaux étaient tirés, un rai de lumière du lampadaire filtrait par un trou dans le tissu. J'ai levé les doigts dans la lumière et ils ont lui. La fournaise tambourinait et le vent faisait trembler les carreaux. Quand j'ai rouvert les yeux, la pièce était baignée d'une faible lueur grise.

Pas un son n'émanait du débarcadère, pas un bruit de moteur au neutre attendant en file. J'ai écarté les rideaux. L'asphalte brillait, ses fissures et son bas-côté effrité lustrés par la glace.

J'ai enfilé mes souliers et je suis sorti. Le froid avait éclairci le brouillard qui persistait, soufflé par le vent. Loin au-dessus, le soleil jouait à cache-cache avec les nuages. Le froid était agréable à mes poumons. Il me donnait envie de faire place nette, de partir et d'oublier. D'un pas prudent, je me suis engagé dans l'entrée et j'ai poussé jusqu'au débarcadère dont la passerelle saupoudrée de sel était séparée par un garde-fou. Sous mes pieds, de la glace fondue sur les planches gouttait dans l'eau.

La rivière s'étirait, grise et légèrement ridée, si large que le débarcadère de l'autre côté ressemblait à un morceau de bois flotté. Le traversier, une barge blanche entre les poteaux éclairés, s'est mis à vrombir. J'ai songé qu'il était étrange que je n'aie pas traversé, qu'une personne pouvait simplement choisir sa liberté et s'en aller.

À mi-chemin sur le quai, je me suis arrêté. Tandis que le soleil filtrait à travers les nuages, j'ai aperçu de hautes montagnes blanches dans le lointain. Le traversier a quitté la rive, son sillage traçant des stries dans l'eau. Une minuscule silhouette était debout au bastingage, une main retenant son chapeau.

Qu'est-ce qui avait poussé mon père à partir de chez lui, à quitter sa famille pour parcourir le continent et devenir quelqu'un d'autre, à dévaliser des banques et à risquer sans cesse sa vie ? Qu'est-ce qui me pousserait, moi ?

Un banc de brouillard avançait le long de la rivière. Pendant un instant, j'ai été incapable de distinguer mes mains. Et puis le soleil a percé les nuages, révélant une chaîne de montagnes blanches qui étincelaient contre le ciel.

«Alors, c'est tout? Tu as pris ta décision? a-t-il demandé.

— Oui.» Je suis retourné à mon assiette de poulet cacciatore graisseux, l'un de nos soupers cérémoniels, absorbé tel un calumet de la paix fumant tandis que notre discours laissait présager la guerre.

«Et tu sais que tu vas devoir te débrouiller tout seul? Je vais te donner un peu d'argent pour commencer, mais c'est tout.

— Ouais. C'est correct», ai-je dit en mâchant entre les mots.

L'avenir avait fait l'objet d'intenses négociations. Il voulait que je travaille pour lui et croyait que sa menace avait quelque poids : *Si tu choisis d'aller à l'école, il va falloir que tu quittes la maison et que tu vives tout seul.* Il ne semblait pas se rendre compte que je ne vivais pas avec lui. J'avais insisté pour continuer mes études. Je n'avais jamais adoré l'école, mais ça me permettrait d'écrire.

Après le Nouvel An, il m'a conduit à la maison décrépite d'une petite femme à la chevelure grise qui avait une chambre à louer. Son sourire avenant adoucissait la lourdeur de son visage. Sa fille, menue, les cheveux auburn, d'un an ma cadette, avait travaillé au magasin de mon père pendant l'été.

Ma fenêtre donnait sur l'autoroute ; un carreau brisé était rapiécé à l'aide d'un bout de carton retenu par du ruban adhésif. J'ai regardé par la vitre sale toujours intacte qui, au passage des voitures, tremblait dans son mastic friable. Comme si j'étais venu pour louer la fenêtre, j'ai dit : « C'est parfait. »

Cette nuit-là, tandis que les phares traçaient des éventails au plafond et que le moteur des gros camions vibrait dans les lattes du plancher, je suis resté étendu dans mon lit. Même si je n'aimais pas cette chambre, j'étais plus près de choisir ma vie, d'être un homme. Les émotions se sont dissipées : peur, colère, chagrin. Les voitures faisaient rugir leur moteur en montant la pente ou descendaient la voie opposée à toute vitesse. Le froid picotait mes narines et j'ai entrouvert les lèvres pour respirer, sentant une délicate pointe d'air frais glisser entre mes dents. Il me semblait que mon chemin était en train de se dessiner.

Le lendemain soir, au-dessus du porc bouilli, ma logeuse a raconté ses propres histoires mettant en scène un père aux principes rigides et une mère suicidaire. Elle buvait à petites gorgées du scotch tiède coupé d'eau du robinet et avait du mal à marcher droit même quand elle était sobre, conséquence d'années de libations.

Après le souper, j'ai appelé ma mère. Pendant que le téléphone sonnait, je me suis raclé la gorge, tentant de deviner le son qu'aurait ma voix.

«C'est moi, lui ai-je annoncé.

— Deni. Allo. Comment ça va?» Elle avait l'air heureuse, même si toutes les fois où je lui avais parlé depuis mon départ je pouvais percevoir de la peur dans ses paroles. «Où... Où es-tu?

— J'habite avec André.

— Est-ce que tout va bien?

— Ouais. Bien sûr. J'appelais juste pour dire bonjour. Je vais bien.

— Oh.» Elle a hésité. «C'est bon.

— Tu sais, j'écris beaucoup.» Comme il n'était pas question que je retourne vivre avec elle et Dickie, je ne pouvais pas lui parler de ma vie. Je me suis senti fort parce que j'étais capable de la rassurer, de garder mes problèmes pour moi. Pourtant, il me fallait changer de sujet.

«J'écris des nouvelles et de la poésie. J'ai même écrit un roman court, mais je ne suis pas sûr qu'il vaut quoi que ce soit.

— Je suis sûre qu'il est formidable.

— Je ne pense pas.

— Peux-tu m'envoyer des choses?

— Peut-être. Il faut que je relise le tout, mais j'ai écrit un poème qui n'est peut-être pas trop mal. Veux-tu que je te le lise?

— Ça me ferait très plaisir.»

J'avais déjà la feuille et j'ai voulu prendre mon temps pour lire les mots qui y étaient tracés, mais rendu à mi-chemin je me suis rendu compte que le poème était infantile, qui parlait du monde tel que le perçoit l'imagination, de sa liberté. J'ai accéléré le débit, marmonnant les derniers vers.

«Oh, a-t-elle dit. C'était super.

— Vraiment? Il ne me plaît plus.

— Tu as été un peu vite à la fin, mais j'ai aimé ce que j'ai entendu.»

Après que nous nous sommes dit au revoir, je suis resté étendu à regarder le plafond. Elle adorait les arts plastiques, qu'elle avait étudiés à l'université avant de s'enfuir avec un déserteur. De temps en temps, quand j'étais enfant, elle dessinait quelque chose qui m'émerveillait: un arbre et une maison parfaitement réalistes, tracés d'un crayon léger, pour la couverture d'une histoire que j'avais écrite, ou encore, lorsque je me débattais avec mon portrait de Frankenstein, incapable de reproduire ses paluches d'étrangleur de façon convaincante, une main aux sombres replis ponctuée de zones d'ombre estompées. Celle-ci semblait plus vraie que ma propre main, comme si elle venait de changer un pneu de camion et pouvait maintenant s'arracher au papier pour m'enlever mon crayon des doigts.

Les freins pneumatiques des semi-remorques émettaient un sourd martèlement sur l'autoroute. Pourquoi avait-elle renoncé aux arts plastiques? Qu'on puisse choisir d'ignorer un tel talent me plongeait dans la confusion. Quand j'avais sept ou huit ans, nous nous étions rendus dans un centre commercial où des peintres dressaient leur chevalet et réalisaient des portraits. L'un d'entre eux exposait des caricatures : un Pierre Trudeau vampirique au nez crochu ; Reagan, doté d'une énorme mâchoire et d'une touffe de cheveux noirs comique. Impressionné, j'avais voulu savoir si elle était capable de dessiner ainsi et elle m'avait répondu que c'était facile.

«Vas-tu m'en faire un en rentrant à la maison?» avais-je demandé à répétition jusqu'à ce qu'elle accepte.

Cet après-midi là, alors qu'elle était assise au soleil dans les marches à l'arrière de la maison, je lui avais apporté un crayon et un calepin, que je lui avais mis de force dans les mains. Mon frère et ma sœur ne s'éloignaient pas.

«Dessine André», avais-je réclamé.

Elle avait regardé au loin, en direction de la montagne au-delà des champs, et un sourire lui était venu aux lèvres. Elle avait plissé légèrement les yeux d'un air espiègle.

Prenant la mesure de la page blanche, elle s'était mise à esquisser un croquis. La tête de mon père était apparue, semblable à un ballon sur le point d'éclater, affublée d'un ridicule sourire plein de dents et des grands yeux vides d'un imbécile heureux. Pourtant, il ne faisait aucun doute que c'était bien lui, avec sa barbe sombre et ses cheveux bouclés.

«Et son corps?» avais-je demandé quand elle avait eu fini.

Abaissant son crayon, elle avait dessiné un torse miniature dans lequel des bras et des jambes étaient plantés comme des aiguilles. Il semblait petit proportionnellement à la tête, comme si on le voyait de très haut.

Nous étions tous restés un long moment à regarder son dessin, et puis ma sœur avait renversé la tête en arrière et éclaté de rire. Elle était incapable de s'arrêter et, après quelques secondes, nous l'avions imitée.

J'ai trouvé un boulot dans un restaurant italien. Je lavais la vaisselle, j'émincais de l'ail et je mangeais tout ce qui revenait en cuisine: les petites pizzas que je repliais et enfournais d'une bouchée, le risotto que j'avalais à cuillérées rapides, les joues pleines tandis que je vaquais à mes tâches. Je rentrais tous les soirs sur un vélo déglingué rongé par la rouille que j'avais trouvé appuyé contre le mur dans le hangar de ma logeuse. Je gravissais péniblement la côte, soufflant dans l'air frais, pour revenir à toute vitesse, tard le soir, sur cette portion d'autoroute sombre et effrayante.

Chaque jour, j'affrontais le miroir dans ma chambre. Je lui présentais un visage indifférent, un regard de dur. Je glanais des gestes et des expressions partout : la mine menaçante d'un roux bien charpenté disputant pour qu'on lui verse le dépôt d'une bouteille de bière dans un dépanneur, ou les yeux plissés d'un caïd italien attendant sa petite amie dans une voiture de sport. Dans l'autobus, le jour où je suis allé m'inscrire à l'école, je portais ma veste de cuir. Un homme à la barbe grise, avec des lunettes de soleil miroir et une veste Harley-Davidson, était assis près de moi. Il m'a tâté le bras.

« Cuir épais, a-t-il dit. Bon choix. C'est dur de poignarder un homme à travers un cuir comme ça. »

À ma première journée de classe, quand un autre élève m'a demandé : « C'est quoi le rapport de ta veste ? », j'ai expliqué que je portais du cuir parce que c'était dur de poignarder quelqu'un au travers.

« Je ne veux juste pas prendre de risques, ai-je poursuivi d'un ton bourru. On ne sait jamais. Ce sont des choses qui arrivent. »

Mes histoires ont eu tôt fait de me valoir la réputation de plus redoutable bagarreur de l'école, d'élève le plus imprévisible et le plus volatil. La seule fois où l'on m'a provoqué (trois brutes dégingandées émergeant de la foule au milieu du corridor, leurs joues couvertes de duvet, des vestes des Raiders trop grandes jetées sur leur épaule), j'ai bombé le torse, agrandi les yeux et pris le visage le plus effrayant que je pouvais : celui de mon père, même si j'ignorais quand exactement j'avais pu le voir ainsi.

« Vous venez m'emmerder, ai-je craché, et je vous tue — tous les trois. » Mes lèvres étaient mouillées de salive et les gars ont reculé d'un pas prudent tandis que je leur montrais tout le blanc dont mes yeux étaient capables.

« Ouais, watche-toi », a dit celui du milieu en lançant des regards à ses acolytes à gauche et à droite. Ils ont tourné les talons et se sont éloignés en roulant gauchement des mécaniques jusqu'au bout du corridor, où ils ont poussé les doubles portes et sont sortis dans la pâle lumière du soleil.

À l'heure du lunch, j'étais de retour à la table du coin, en train d'écrire un poème qui parlait de l'autoroute la nuit, du halètement des moteurs au diesel et des gros camions qui rétrogradaient en petite vitesse. La coulée d'air frais dans le sillage de chaque voiture évoquait tout ce que je pouvais jamais vouloir dire à un autre être.

Ayant constaté que j'aimais écrire, les professeurs m'encourageaient, mais je savais — allongé dans la chambre plongée dans l'obscurité tandis que mes semi-remorques poétiques passaient à l'aveugle dans le noir, l'air glacial filtrant à travers le carton — que, dans mon vieux rêve de lévitation, le moine qui s'élève doit d'abord avoir fait la paix avec la solitude.

Incapable de dormir, je quittais mon lit pour écrire. Je me lançais dans des romans sur des sociétés futuristes à la veille de l'effondrement, ou dans des histoires de vagabonds, un garçon qui rencontrait une fille au bord de l'autoroute et pouvait fugacement révéler sa tendresse avant de continuer son chemin avec le visage imperturbable de l'homme qu'il n'est pas encore devenu. J'avais l'impression que ce n'était que lorsque je trouvais les mots et les couchais sur le papier que je pouvais comprendre ce que je ressentais réellement.

«Tu sais…», m'a dit mon père lors d'un souper, à l'occasion de ce qui devait devenir notre routine hebdomadaire — il avait prononcé les deux mots de la voix qu'il utilisait quand il s'apprêtait à présenter une idée qui pourrait ne pas me plaire : «… tu sais, j'ai pensé à quelque chose. Il y a ces deux types de qui j'achète. Ce sont des pêcheurs de crabe, un père et son fils. Ils travaillent ensemble. Ils prennent un coup ensemble. Ils forment une vraie équipe. Tu adorais travailler avec le poisson quand tu étais petit.»

Je gardais les paupières mi-closes. J'ai haussé les épaules et englouti un ravioli, bu une gorgée de bière, mâché, avalé.

« Ouais, eh bien, ai-je prononcé d'un côté de la bouche. Je ne suis plus petit.

— Qu'est-ce que tu veux faire ? Aller à l'école, c'est tout ?

— Qu'est-ce qu'il y a de mal à ça ? J'ai quinze ans.

— Et puis après ?

— Je veux être écrivain.

— Pourquoi ? Qu'est-ce que tu as à écrire ? T'es juste un enfant.

— Ce n'est pas vrai. »

J'ai voûté les épaules, pris la mine menaçante du roux bien charpenté entrevu au dépanneur. J'ai englouti d'autres raviolis, j'ai bu et avalé.

« J'ai besoin d'argent pour le loyer, ai-je annoncé.

— Tu ne l'as pas ? Tu as dit que tu travaillais. »

Il a esquissé un faux sourire d'incrédulité, comme si je ne pouvais qu'être en train de plaisanter après mon étalage d'assurance.

« Je l'ai presque.

— Combien il te faut ?

— Cent cinquante de plus.

— Que dis-tu de ça : je te donne l'argent, et tu me le rembourses en travaillant pour moi cet été. »

J'ai soupiré, plissant les yeux comme le caïd italien attendant dans la voiture de sport, mais c'était exactement ce à quoi je m'étais attendu. Je savais qu'il me croyait incapable de subvenir à mes besoins et s'attendait à ce que je revienne et que j'abandonne l'école, mais je ne le ferais pas.

«Très bien», ai-je dit.

Il a sorti une liasse d'argent de sa poche, a déplié trois billets de cinquante qu'il a jetés devant moi, essayant de donner à ses yeux une expression de compassion.

À la perspective de travailler pour lui en juin, je nourrissais une appréhension constante qui me distrayait à l'école et m'empêchait de dormir la nuit. Il a souvent mentionné ce boulot au cours des mois qui ont suivi, mais je me suis contenté de hocher la tête et j'ai refusé de dire quoi que ce soit sur la question.

J'avais appris que la technique la plus efficace consistait à lui présenter un visage impénétrable : un extérieur à l'opposé de l'intérieur, ne donnant aucune prise. J'avais étudié ce masque sur les professeurs quand ils recevaient les doléances des étudiants, sur le directeur lorsqu'il était aux prises avec des cas d'indiscipline, chez les chauffeurs d'autobus qui refusaient de laisser monter ceux qui ne pouvaient payer leur passage, chez le policier qui dirigeait la circulation devant l'école. C'était ainsi que les hommes négociaient avec le monde. Mon père racontait des histoires, peut-être pour m'impressionner ou simplement pour meubler le silence, et même si elles me procuraient du plaisir, je ne réagissais que par un hochement de tête. Si j'avais besoin de son argent, je le prenais comme si ça n'avait aucune importance.

Un soir, en entrant dans un restaurant, nous avons croisé à la caisse un homme qui tentait de demander son chemin dans un anglais teinté d'un fort accent. Mon père s'est arrêté d'un coup sec et lui a proposé son aide en français. L'homme, corpulent, une couronne de cheveux gris, lui a souri et lui a expliqué où il devait aller. Tandis que mon père lui donnait des indications, ses paroles semblaient jaillir par à-coups. Il hésitait puis pointait au-dehors, en direction de l'autoroute, restait bouche ouverte, et tout à coup livrait une série d'instructions en accéléré. Puis il faisait de nouveau une pause, cherchant ses mots.

L'homme a plissé les yeux : « *Ça fait longtemps que t'es parti*?* »

Mon père a rougi et détourné les yeux.

« *Plusieurs années,* a-t-il répondu, avant de demander : *Tu viens d'où*?*

— *Chicoutimi**», lui a dit l'homme, mais son expression était légèrement moins amicale. Il a remercié mon père pour les indications et s'est dépêché de sortir.

Mon père a tiré sur sa veste comme si elle pendait de travers sur ses épaules. Il a soupiré et fait du regard le tour du restaurant, clignant des yeux. Même après que nous nous soyons assis, il continuait d'avoir l'air mal à l'aise et d'expirer avec bruit, apparemment ennuyé. J'avais envie de lui demander quand il avait parlé français pour la dernière fois, ou de lui poser les autres questions qui me venaient à l'esprit quand je songeais à son passé — qui étaient ses parents, où avait-il grandi —, mais je ne voulais pas ajouter à son irritation.

«Je sortais avec une fille», a-t-il fini par m'annoncer, comme s'il n'était pas certain de ce qu'il convenait de dire, et il a fouillé dans la poche intérieure de sa veste pour en sortir un polaroïd. Une jeune femme était assise sur son canapé. Elle avait des cheveux noirs courts et soigneusement coiffés, et semblait un peu plus âgée que Jasmine.

«Elle est mignonne, hein?

— Ouais, ai-je dit. Ouais, elle est mignonne. La vois-tu encore?»

Il a haussé les épaules et rangé la photo. «Pas vraiment.

— Qu'est-ce qui est arrivé?

— Ça ne fonctionnait pas, c'est tout.

— Et Sara?»

Il a plissé les joues comme s'il était gêné, avant d'avouer qu'il lui avait demandé d'emménager avec lui et de fonder une famille, mais qu'elle s'était enfuie avec la voiture qu'il lui prêtait. La police avait fini par rapporter l'auto, mais il n'avait pas porté plainte.

«C'est bizarre, a-t-il dit, que des gens puissent disparaître sans quitter la ville.»

J'ai songé que, pour un criminel, il se fiait un peu trop à la police.

Quand je l'ai interrogé au sujet de Jasmine, il m'a simplement dit qu'elle ne voulait pas faire son travail. Il l'avait reconduite à la campagne où habitait sa mère, et l'avait déposée là. En me racontant cela, il semblait distrait, son expression était hagarde. Sa vie paraissait vide, et dans ce vide je percevais une menace. Je ne voulais pas être celui qui le comblerait.

Mais la liberté totale ne viendrait, je le savais, qu'une fois que je disposerais d'une auto à moi. Il me paraissait y avoir là quelque vérité d'ordre biologique : sans permis et sans voiture, rien n'était possible.

Une fois notre repas terminé, alors qu'une serveuse passait l'aspirateur et que la seconde déposait les chaises à l'envers sur les tables, il a lancé un regard aux alentours comme s'il s'apprêtait à partir, puis a hésité et pris le cure-dents qu'il avait entre les lèvres.

«Tu sais, je comprends, a-t-il dit. Je me rappelle quand je ne voulais écouter personne. Mais j'étais un bon petit gars. Je travaillais comme bûcheron ou comme mineur et j'envoyais de l'argent à ma famille. Et puis, quand j'ai eu dix-huit ans, j'imagine, j'ai compris que c'était de la foutaise. J'ai décidé que j'en avais assez, je suis parti et j'ai traversé le Canada sur le pouce, jusqu'à Vancouver. Tu ne peux sans doute pas comprendre, mais le monde était en train de changer à cette époque-là. Quand j'étais petit, il n'y avait pas grand-chose qui s'offrait à moi. Et puis, une fois jeune homme, tout semblait possible. La musique était différente. Les gens s'habillaient autrement. Le Québec changeait, mais je n'avais pas d'instruction, aucune autre compétence que le travail manuel. J'en voulais à ma famille. Je leur avais tout donné, et mes frères et sœurs plus jeunes étaient allés à l'école, mais mes parents n'avaient rien fait pour moi.

«Toujours est-il que je suis parti sur le pouce. C'était avant de me lancer dans le crime. Je voulais simplement m'éloigner de tout le monde. J'étais en Ontario, je marchais en attendant la prochaine personne qui me ferait monter dans sa voiture. Une rivière coulait près de la route et j'ai vu un homme sur un rocher au milieu des rapides. Ça devait être le printemps, parce que l'eau était haute. Je ne parlais pas très bien anglais à l'époque, mais j'ai fait signe à un camion d'arrêter et je suis resté jusqu'à ce que des hommes arrivent avec des cordes et des vestes de sauvetage.»

Il s'est interrompu. Il tenait le cure-dents entre ses doigts, le faisant rouler d'avant en arrière, puis il l'a déposé et a regardé au loin.

«Quand on a fini par sortir le gars, on a vu qu'il venait de la réserve. Il avait une longue tresse noire, et il n'a pas dit un mot. Nous l'avons emmené à un *diner*, on lui a donné des vêtements secs et une tasse de café. C'est là qu'il nous a dit que son ami avait été pris par la rivière. C'est comme ça qu'il l'a dit : "La rivière a pris mon ami." Les hommes qui l'avaient sauvé étaient passablement furax qu'il ait attendu tout ce temps avant de leur dire. Un agent de police n'arrêtait pas de répéter : "Ça leur ressemble bien."

«Je me suis joint à l'équipe de recherche et on a passé la journée à arpenter la rivière à la recherche de l'ami disparu. J'essayais d'être utile, mais je comprenais l'Indien. Quand tu sais que quelqu'un est mort, à quoi bon ? Je ne me souciais que de moi, que de ce que j'allais faire de ma vie, et je ne voulais pas perdre mon temps avec un type mort. Mais j'ai prêté main-forte même si ça ne servait à rien, parce que c'est ce qu'il faut faire. Quand on est revenus au *dîner,* l'Indien était parti. Il ne nous avait même pas aidés à chercher. J'ai beaucoup pensé à ça, et ça m'a paru logique. Je m'inquiétais de gagner de l'argent pour ma famille alors que je n'avais rien à moi. Je vivais juste pour faire des boulots de merde. Ça m'a vraiment fait réfléchir à ce que je voulais. On ne vit pas si longtemps, aussi bien jouer le tout pour le tout et faire son propre bonheur.»

Nous étions désormais les seuls clients, assis au milieu d'une forêt de pattes de chaises renversées, et je n'étais pas sûr de comprendre pourquoi il avait raconté cette histoire, ce qui en avait réveillé le souvenir chez lui ou ce qui l'avait poussé à tenter une réconciliation. Quoi qu'il en soit, j'étais totalement d'accord. Je n'avais de sympathie pour personne. La seule personne qui importait, c'était moi, et je ferais tout ce qui était nécessaire pour que ma vie réponde à mes désirs.

La pluie et le verglas marquant la fin de l'hiver, le froid gelant les flaques laissées par l'éternel crachin du nord-ouest ont laissé la place à des jours plus doux et ensoleillés. Mais tandis que les autres élèves se prélassaient au soleil en T-shirt et en short, je ruminais, me demandant comment je pouvais parvenir à éviter de travailler pour mon père. Depuis trois mois, il m'aidait à payer le loyer. À l'école, j'avais tout fait pour être un bon élève. J'avais écrit des textes pour l'album des finissants et le journal étudiant, je faisais partie de l'équipe de course de fond et je m'entraînais tous les jours après les cours dans l'espoir de rentrer le plus tard possible. Je refusais de toucher à la drogue avec une conviction qui m'étonnait moi-même, et ne buvais pas, sauf une bière de temps en temps avec mon père. J'écrivais plutôt, avec le sentiment de me tenir debout au bord d'un précipice — comme si, dès que j'aurais quitté la page des yeux, j'allais être saisi de vertige.

Alors que les élèves se massaient pour entrer dans la cafétéria, riant, se bousculant dans la file d'attente, je me suis arrêté devant le babillard. Je connaissais toutes les annonces proposant des concours ou présentant des clubs, mais il s'en trouvait une nouvelle, une photocopie verte : un camp d'été de mandarin sur l'île de Vancouver offrait quinze places à des étudiants de Colombie-Britannique. J'ai arraché la feuille et me suis dépêché de me rendre au local du cours d'anglais, mais il était vide. Mon professeur d'histoire, un mince Trinidadien, était assis à son pupitre dans le bureau voisin, occupé à manger du riz dans un plat Tupperware. J'ai demandé si je pouvais lui parler. Il m'a dit de me tirer une chaise et a continué de manger tandis que je lui expliquais de quoi il était question. Ses yeux se sont écarquillés quand je lui ai décrit les crimes de mon père. Je savais que je me montrais injuste, mais c'était mon seul espoir.

Cet après-midi là, mes professeurs ont rencontré le directeur, qui m'a ensuite appelé à son bureau. Ils avaient accepté d'écrire des lettres de recommandation et, même si le programme n'offrait pas de bourses, le directeur avait téléphoné au responsable pour lui exposer ma situation, proposant de défrayer les coûts de mon inscription à même les fonds de l'école.

Quand le moment est venu d'apprendre la nouvelle à mon père, je me suis composé un visage.

« Un camp de mandarin… Qu'est-ce que tu veux dire ? m'a-t-il demandé pendant que nous soupions. Comme les oranges ?

— Non, du chinois. Je vais suivre des cours de chinois pour débutants.

— De chinois ! » a-t-il crié en se levant de sa chaise. D'autres clients se sont retournés.

« Du chinois, câlice ! Câlice, tu vas apprendre le chinois !

— C'est pratique, tu sais », ai-je fait valoir — ainsi que d'autres arguments entendus à l'école, voulant que les Chinois puissent en venir à dominer le monde. J'étais resté assis et j'avais réussi à garder mon calme.

«Mais tu es censé travailler pour moi», a-t-il dit en montrant ses paumes puis en les étendant lentement, comme s'il présentait une épée. Le geste exprimait tant de frustration, de confusion et de supplication que j'ai eu du chagrin pour lui.

«Je veux apprendre le chinois, ai-je insisté d'un air vide, ne trahissant rien qu'il ait pu combattre. C'est une bourse importante. Ce n'est pas tout le monde qui l'obtient. Elle a été créée spécialement pour moi. Je ne peux pas la refuser.»

Il s'est laissé tomber sur sa chaise comme s'il avait été abattu, yeux fixes, bouche ouverte, sourcils levés.

«Ils l'ont créée juste pour toi?

— Oui.

— Pourquoi?

— Parce que je suis un bon élève.»

Il a hoché le menton une fois, puis a pris sa fourchette et a baissé les yeux vers la montagne de spaghettis enchevêtrés, secouant la tête comme si sa tâche consistait à la démêler.

Un rai de soleil jaune chatoyait sous les stores tirés. À l'autre bout de la petite pièce de la résidence d'étudiants, mon compagnon de chambre, un Taïwanais bien en chair, ronflait. J'ai inspiré des relents nauséabonds de l'eau de Cologne de son père dont il s'était aspergé dans l'espoir, supposais-je, d'apaiser son mal du pays.

Cet été avait commencé par un long soupir de soulagement, mais peu après l'avoir poussé, je m'étais mis à planifier ma prochaine évasion. Les autres élèves étudiaient diligemment le chinois tandis que j'écrivais des histoires et rêvassais dans ma chambre. Avant mon départ pour le camp, mon père m'avait dit que je lui devais encore la somme prêtée et que je devrais travailler pour la rembourser. Il avait ajouté que si je travaillais pour lui, il effacerait la dette et me verserait plutôt un salaire.

Une suée provoquée par la colère et l'irritation suintait de mes pores, collant aux draps. Il ne lâcherait pas le morceau. Tel le martèlement irrégulier d'un vieux moteur, les battements de mon cœur s'accentuaient puis diminuaient, comme s'il errait à la dérive dans ma poitrine. Une décharge nerveuse pulsait le long de mon échine. Je me suis levé et suis sorti de la chambre pour aller m'asseoir dans les marches de la résidence. Sous les lampadaires, les arbres du campus de l'Université de Victoria semblaient dorés et immobiles, paisibles et indifférents.

Après avoir passé un moment à mettre de l'ordre dans mes pensées, j'ai marché jusqu'au téléphone public installé à l'intérieur, tout près de la porte. Ma mère a répondu à la deuxième sonnerie, la voix engourdie de sommeil. Je me suis excusé.

«Pas de problème, a-t-elle dit rapidement, et elle s'est éclairci la gorge. Je suis contente de t'entendre.»

J'ai décrit le camp, puis évoqué mes plans pour le mois de septembre. Elle a dit que si je revenais, elle m'aiderait à acheter une auto. Elle avait offert une Honda usagée à mon frère deux ans plus tôt. Je lui ai dit que je n'aimais pas la vie que menait mon père, et lui ai demandé la vraie raison pour quoi elle l'avait quitté.

«Eh bien, il y avait plusieurs raisons. Notre relation aurait peut-être pu survivre si nous avions eu de la famille autour de nous, ou même de vrais amis. Mais il n'y avait personne. Il refusait que qui que ce soit lui dicte sa conduite, ou lui dise qu'il ne faisait pas les choses comme il faut. Et... et je suppose que je voulais changer, et grandir, et je ne pouvais pas faire ça avec lui. Je devais partir.»

Ce qu'elle décrivait était juste : l'existence étrange, déracinée de mon père. Sa colère s'était déchaînée dans un vacuum, sans frein et sans égal. Personne ne paraissait aussi libre, et pourtant elle se sentait prise au piège. J'ai compris le courage qu'il avait dû falloir à ma mère pour partir. Elle avait tenté de créer tout ce qu'elle voulait avec lui mais, dans leur isolation, peinait à transformer sa vie.

Une fois, au marché de Granville Island, quand j'avais cinq ou six ans, il était sorti et s'était accroupi au bout du quai. Il tenait ses lunettes de soleil à trente centimètres de son visage et regardait au travers, chose qu'il faisait pour ne pas être ébloui par le reflet du soleil sur l'eau, de façon à distinguer les poissons. J'étais sorti et, adorant ce rituel consistant à scruter ce qui se tramait sous la surface, j'avais couru jusqu'à lui et tenté de grimper sur ses épaules, le poussant en avant en sautant sur lui. Étonné, il s'était rattrapé et nous avait tous les deux rejetés en arrière, se lançant presque par terre pour s'écarter du bord.

«Qu'est-ce que tu penses que tu fais, câlice? avait-il crié. Fous le camp!»

Ma mère était apparue dans le soleil derrière l'édifice du marché, et j'avais couru vers elle. Quand j'avais pu parler à travers mes larmes, je lui avais demandé pourquoi il s'était mis dans une telle colère.

«Il ne sait pas nager, avait-elle répondu en me serrant dans ses bras.

— Il ne sait pas nager? avais-je répété.

— Non. Il n'a jamais appris. Les gens ne se baignent pas, là d'où il vient. C'est trop dangereux. L'eau est trop froide.»

Je n'avais jamais songé qu'il y avait des choses qu'il ne savait pas faire, et j'avais du mal à comprendre la confiance avec laquelle il pouvait piloter un bateau ou pêcher dans une rivière alors qu'il était incapable de faire ce que tous les enfants ont appris. Il montrait rarement de la faiblesse, nous semblions tous démunis à côté de lui, et ce n'est qu'à ce moment que je me suis rendu compte qu'il lui plaisait peut-être que nous soyons ainsi. Je ne saisissais pas tout à fait pourquoi un être aussi assoiffé de liberté qu'il l'était ne pouvait voir que nous voulions la même chose.

Même si je savais que je refuserais de travailler pour lui, son visage m'est venu en mémoire, sa déception et son regret chaque fois que nous soupions ensemble. Il y avait tant de facettes chez lui, tellement de contradictions. Quand j'étais enfant, il avait déjà roulé à toute vitesse dans un champ, chargeant dans les herbes hautes baignées de soleil jusqu'à ce qu'il frappe une souche, brisant non seulement l'essieu de son camion, mais une de ses dents contre le volant. Lorsqu'il était rentré à la maison et m'avait raconté ce qui s'était passé, me montrant le bout de dent dans sa paume, je lui avais demandé pourquoi il conduisait de la sorte. Il avait semblé perplexe, incapable d'expliquer, et avait entrepris de raconter l'histoire à nouveau, de façon moins spectaculaire cette fois, comme s'il avait été simplement en train de traverser un champ. Mais je l'avais souvent vu faire fi de la prudence, et j'avais l'impression qu'il respirait plus à son aise dans l'excitation de cette course folle. Ça m'avait semblé normal, les dangers ne m'étaient jamais apparus réels. À vélo sur la route étroite, je donnais un coup de guidon pour me retrouver devant les camions ou les tracteurs arrivant en sens inverse, juste pour le plaisir de les voir appliquer durement les freins. Je construisais des tremplins à l'aide de blocs de béton et de planches glissantes, à moitié pourries, afin de pouvoir enfin ressentir les joies de la lévitation.

Mais maintenant, en me rappelant ces scènes, je commençais à comprendre que cette même impulsion chez lui était l'un des facteurs qui avaient mené à la destruction de notre famille. Pourquoi étions-nous si téméraires et insatisfaits ? C'était une réalité toute simple, une vérité aussi évidente que n'importe quel besoin physique. Et ce désir me paraissait encore être le seul sentiment que j'arrivais à éprouver nettement — non pas la tristesse, ni la peur, ni la colère. Où avais-je perdu ce noyau d'émotions ? Au traversier ? En serrant dans mes mains le bâton de baseball ? Tout ce qui subsistait, c'était ce que je voulais, ce que je devais faire. Sinon, je me sentais vide.

Après avoir dit au revoir à ma mère et raccroché, j'ai composé le numéro de mon père. Je ne me suis pas laissé le temps de réfléchir. Ma main a composé d'un geste automatique.

«Deni, a-t-il dit. Comment va ton chinois ?

— Pas mal. Écoute. Je pensais à l'année prochaine.

— L'année prochaine.

— Pour ma onzième année, je veux retourner en Virginie.

— En Virginie, a-t-il répété d'une voix totalement dénuée d'expression.

— Ouais, je veux étudier là-bas. Je préfère cette école-là.»

Selon le plan que j'avais concocté, je fêterais mon seizième anniversaire en Virginie, j'aurais un permis de conduire et une voiture, et je partirais de la maison. Ce ne serait pas plus facile là-bas, mais en quittant Vancouver pour la Virginie, je pourrais échapper à son emprise. Dickie avait déjà perdu son pouvoir sur moi, et je n'aurais pas de mal à trouver un boulot et à gagner de l'argent.

«Écoute-moi bien, a-t-il dit d'une voix furieuse qui ne me faisait plus ni chaud ni froid, si tu retournes là-bas, tu ne peux pas t'attendre à quoi que ce soit de ma part. Je te coupe les vivres.

— O.K., ai-je répondu. Pas de problème.»

Il n'a rien dit et je suis resté là, le téléphone à la main, attendant que le silence s'étire suffisamment longtemps pour que l'un de nous deux raccroche.

4

LA CHASSE

La maison presque terminée s'élevait sur une butte d'argile rouge nue ; le terrain humide passé au bull-dozer, fortement érodé, était entouré de forêt.

«Bienvenue», a dit Dickie en traversant le salon vide d'un pas lourd, les épaules rentrées. Il a relevé les commissures de ses lèvres, la peau s'est plissée autour de ses yeux.

Mon frère et ma sœur sont sortis de leurs chambres. Il avait les cheveux aplatis d'un côté par l'oreiller, même si c'était le soir ; sa chevelure brillante à elle, soigneusement brossée, lui tombait aux épaules. Tous deux avaient les yeux vitreux de solitude.

J'ai passé mes pouces dans les ganses de mon jean et j'ai fait un signe de la tête, prenant la mesure de Dickie, me jaugeant moi-même. J'avais considérablement grandi, et des mois d'haltères avaient élargi ma carrure.

«Je vais servir le souper», a dit ma mère en s'enfuyant dans la cuisine.

Pendant le repas, elle m'a appris qu'elle avait obtenu sa certification en massothérapie et ouvert un cabinet. Son enthousiasme me rappelait l'époque où elle avait quitté mon père, comme si elle avait besoin de la gravité de nouvelles idées, de nouvelles passions et de possibilités neuves pour se libérer.

Après le souper, chacun s'est retiré dans une pièce différente, Dickie au sous-sol.

J'ai lu et, plus tard, me suis efforcé de trouver le sommeil, mais en vain. Je me suis levé et j'ai ouvert ma porte. La maison était plongée dans le silence, le salon et la salle à manger, dépourvus de meubles; des fils pendaient dans des trous au plafond. J'ai enfilé mes souliers et suis sorti, et puis j'ai descendu l'entrée pour marcher en direction de la forêt.

Le gravier traçait un sentier à peine visible; au-dessus de ma tête, une bande de ciel déchiquetée était éclairée d'une lueur pâle par un fin croissant de lune. Je me suis arrêté. Pas un arbre ne se distinguait dans l'obscurité. Si je quittais l'entrée pour pénétrer dans la forêt, mes yeux s'adapteraient-ils, mes sens allaient-ils s'ajuster — toucher, odorat, ouïe, antenne électrique de l'intuition? Qu'y avait-il par là, et qu'est-ce que je voulais? Je savais avant d'arriver que je ne resterais pas longtemps. Dès que j'aurais une voiture, je quitterais la maison. Même dans l'avion, je me calmais en me répétant cela. Mais revenu ici, je me sentais ramené en arrière, j'étais de nouveau un enfant, comme si le conflit avec mon père — l'affrontement régulier au-dessus du souper et de la bière dans de mornes restaurants — avait été indicateur d'une sorte de respect, d'un statut qui, s'il n'était pas celui d'homme, n'en était pas loin.

Quand, enfant, je le suivais à travers les champs d'épinettes et de sapins, il semblait en paix avec ce qui l'entourait, les épaules détendues, le pas fluide, adapté à la terre spongieuse et inégale. Il rôdait, tournant la tête de gauche à droite d'un geste subtil tandis qu'il examinait les rangs. Je l'imaginais en loup-garou, à la lisière du sauvage, si loin d'une vie normale que la sombre transformation animale ne pouvait être évitée. Et pourtant, que souhaitait cette créature une fois son ancien moi abandonné ? Qu'est-ce qui pourrait la satisfaire ? Le chasseur était-il las de faire semblant, prêt à renoncer aux fardeaux humains pour revenir aux brûlants appétits de son passé ?

J'ai marché pendant des heures, suivant le réseau de longues entrées, routes de gravier fraîchement défrichées dans la forêt à l'intention de nouvelles maisons. Quand la peur commençait à me gagner, je m'imaginais sauvage, en train de chasser, cherchant la bagarre. Lorsque cela ne suffisait pas, je m'imaginais mort. Tout était perdu, rien ne pouvait plus m'atteindre. Je laissais filer la vie. Ça marchait. La peur se dissipait. Les choses s'étaient-elles passées ainsi quand ma mère nous avait emmenés, quand il était incapable de sortir de son lit et avait tout laissé tomber ? Le chasseur avait-il dû mourir en tant qu'homme ?

Arrivé à un endroit où le gravier était éclairé par la lune, je suis resté dans l'obscurité. Les proies, et non les chasseurs, se tenaient dans la lumière. Je suis revenu à pas silencieux, m'arrêtant pour scruter la forêt, pour m'étudier moi-même — les mécanismes de mon corps — afin que chaque pas soit plus silencieux que le précédent.

J'ai ouvert sans bruit la porte avant et me suis glissé dans la maison. Le frigo s'est mis en marche, le vrombissement de son moteur retentissant dans les pièces vides et inachevées. J'ai ôté mes souliers et traversé le plancher à pas lents. Je me suis accroupi devant la porte de ma mère. Il n'y avait pas un bruit dans la chambre. J'ai descendu à pas de loup l'escalier menant au sous-sol, testant chacune des marches avec la plante de mon pied.

Une faible ampoule jaune éclairait un abat-jour taché par l'eau. Les étagères surchargées de l'atelier de Dickie entouraient un poêle à bois éteint devant lequel il était étendu, ventre contre terre. Une douzaine de cannettes de bière étaient alignées près d'une chaise berçante.

Je me déplaçais lentement, m'arrêtant souvent pour examiner tout ce qui se trouvait là : la peinture en aérosol qui ne colorerait jamais rien, les laques et les émaux qui ne protégeraient jamais quoi que ce soit et dont les boîtes de métal allaient rouiller près des outils entassés.

· Le mariage battait de l'aile — j'en étais sûr maintenant — et, une fois abandonnés les petits riens témoignant de leur affection, les cadeaux qu'elle lui avait faits étaient devenus des chiffons : le T-shirt où étaient dessinées des lignes semblables à celles d'un diagramme de boucher (poignées d'amour, bedaine de bière, seins d'homme), les boxers où on lisait *L'important, ce n'est pas la taille*. Ils étaient tous les deux suspendus à des clous, noircis et graisseux. La tasse sur laquelle il était écrit *Les hommes petits sont les meilleurs au lit* contenait un pinceau raide aux poils séchés et un fond de térébenthine. Il ne subsistait plus assez d'amour pour nourrir cette espèce d'humour teinté de dérision qui ne m'avait jamais inspiré confiance de toute façon.

L'été a pris fin et j'ai entamé ma onzième année. Bientôt, les feuilles en refroidissant ont changé de couleur et se sont mises à tomber, révélant la balafre coupée à blanc des fils électriques. Dickie rentrait du travail et descendait de son camion, le doigt passé dans le filet de plastique d'un emballage de six cannettes de Coors. Il prenait son fusil, enfilait un dossard orange sur sa chemise. De ma fenêtre, je voyais son dos tandis qu'il buvait, debout devant l'étendue dénudée sous les fils électriques. De temps en temps, un coup de feu perçait le silence quand il tirait sur les écureuils qui détalaient, se préparant pour l'hiver.

Quand j'avais eu quatorze ans, presque deux ans plus tôt, il m'avait emmené à la chasse au chevreuil. Un camarade de classe m'avait raconté son premier voyage de chasse : il avait roulé avec son oncle pendant toute la nuit jusqu'au petit matin pour atteindre un camp isolé dans la montagne. Après avoir abattu un chevreuil de seize cors, l'oncle avait découpé le cœur de l'animal pour le déposer dans les mains de son neveu, et puis il lui avait peint les joues avec le sang de son premier trophée. L'idée d'un rite primitif m'exaltait, comme le sentiment de fraternité et d'initiation qui venait de pair avec le fait de chasser une créature insaisissable qui pouvait présenter un certain danger.

Mais Dickie s'était contenté de nous conduire dans son Datsun jusqu'à un nouveau lotissement de maisons identiques aux terrains desséchés par le soleil, et puis il s'était rangé sur l'accotement de l'autoroute.

«C'est un endroit secret que je connais», avait-il dit, et il avait gloussé en secouant la tête.

À l'arrière de la camionnette, il avait pris une carabine qui semblait énorme dans ses bras. Il m'avait donné un vieux fusil de chasse dont la crosse était rayée comme si on l'avait traîné sur l'asphalte. Un sentier entrait dans la forêt ; tout près étaient tracées deux ornières fraîches au bout desquelles quelqu'un s'était débarrassé d'une cuisinière.

Après trente mètres dans le bois, nous étions arrivés à une clairière en cuvette dont l'herbe avait été aplatie. Il m'avait fait signe de me taire et avait eu un sourire de conspirateur, comme si nous faisions quelque chose d'interdit.

Nous nous étions assis au pied d'un grand chêne, avions chargé nos fusils et attendu.

«La chasse au chevreuil, c'est une affaire de patience», avait-il dit, mais au même moment un écureuil s'était mis à courir dans les branches au-dessus de nos têtes et il l'avait mis en joue, un œil fermé.

«Bang bang, je t'ai eu, avait-il dit à voix basse. Hé hé. Bang bang. Je t'ai eu encore une fois.»

Je m'étais appuyé contre le chêne, les pieds posés sur ses racines noueuses. L'air de novembre n'avait pas beaucoup rafraîchi, il y avait encore des feuilles jaunes et rouges sur les arbres et les buissons, et j'avais songé aux romans que j'aimais, à une civilisation au bord de l'effondrement, à un guerrier voyageant vers l'inconnu.

«Psst», avait dit Dickie.

Un chevreuil malingre était apparu dans la clairière, avançant d'un pas prudent. Il s'était arrêté et s'était mis à agiter follement les oreilles. Lentement, je l'avais mis en joue. Dickie avait déjà son fusil collé à l'épaule. «Est-ce que c'est un mâle? avait-il chuchoté. Attends… attends de voir les cornes…»

Juste devant moi, de l'autre côté de la clairière, un chasseur avait émergé des buissons. Sa carabine était pointée directement sur le chevreuil et sur moi, et mes entrailles s'étaient nouées. Le chevreuil avait détalé.

«Maudit, avait dit Dickie. C'était peut-être un mâle.»

Je l'avais suivi dans la clairière et trois autres chasseurs avaient émergé des broussailles, l'un deux remontant sa braguette, les deux autres tenant des cannettes de Coors format géant. Chacun avait sous le bras une carabine équipée d'une mire. Dickie parlait à l'homme qui avait pointé son arme sur moi.

«Est-ce que c'était un mâle? avait-il demandé.

— Pas sûr», avait répondu l'homme. Il nous dominait, sa barbe était taillée court et ses sourcils étaient aussi orange que son dossard de chasse, comme s'il les avait teints pour la saison. Du filet sur le devant de sa veste, il avait sorti une bière ouverte.

«Il me semble que j'ai vu des petites cornes», avait dit Dickie.

Le gars avait fini de boire. «Ouais, ça aurait pu être des petits bois.» Il avait écrasé la cannette vide, qu'il avait jetée derrière lui.

«Moi, j'ai eu l'impression que c'était une femelle», avait dit un autre chasseur en remontant sur son nez des lunettes en plastique à double foyer. Il avait à la main un *Playboy* à moitié roulé.

«Il m'a semblé que c'était un petit mâle», avait insisté Dickie, mais tout le monde avait cessé de s'intéresser à la question et était retourné à ses buissons et à ses arbres.

Nous étions partis peu après. Dickie m'avait dit que ça ne valait pas la peine de rester, que ces idiots avaient tout gâché. Telle avait été mon unique expérience de chasse au chevreuil. Maintenant il se tenait voûté sous les lignes électriques, espérant voir apparaître un mâle.

J'allais bientôt avoir seize ans.

Les feuilles tombaient, marquant le passage des secondes.

Je faisais jouer de la musique à tue-tête — Metallica ou les Rolling Stones — et lisais tout ce qui me tombait sous la main : *L'étranger, Gatsby le magnifique, Le soleil se lève aussi,* de la science-fiction interplanétaire, une série de fantasy mettant encore en scène un seigneur du mal, dont les sbires semblaient plus menaçants que leur maître. Tandis que les personnages arpentaient East Egg ou les montagnes d'Espagne, ou qu'ils sillonnaient des contrées peuplées de monstres et des systèmes solaires désolés, je me délectais de leur liberté.

Enfin, mon anniversaire est arrivé, et j'ai eu mon permis de conduire.

J'ai procédé à une brève revue. Des rares effets qui se trouvaient dans ma chambre, seuls les manuels scolaires, quelques cassettes copiées et des vêtements m'appartenaient. Je n'aurais aucun mal à caser tout cela dans la Honda que ma mère avait trouvée pour trois cents dollars.

J'ai tourné le bouton de la chaîne stéréo. Les haut-parleurs en plastique vibraient sur le plancher au rythme de la basse de Megadeth. Dickie ne m'avait guère adressé la parole depuis que j'étais revenu, c'est à peine s'il me gratifiait d'un regard quand nous nous croisions. Mais lorsque ma mère lui a dit que j'avais mon permis, j'ai senti l'atmosphère changer. Il avait déjà eu mon âge, et savait ce qu'il avait à faire.

L'air de guitare avait grimpé jusqu'à des aigus déchaînés quand il a ouvert la porte d'un coup. Il n'avait pas les yeux furieux, prévoyait le scénario. C'était une prophétie dont nous — jeune héros et vieux seigneur de la nuit décati — étions destinés depuis longtemps à réaliser les termes.

« Dehors ! a-t-il crié avec une colère manquant de conviction. Crisse le camp d'ici ! »

On aurait dit qu'il avait peur, à crier de la sorte, soûl, avant de se hâter de descendre l'escalier du sous-sol.

Le récit d'exil était à moi. Si je restais, je ne serais pas différent de tous les autres, à qui le courage faisait défaut. Être pareil aux autres me semblait une maladie, ou une sorte de retard, comme de ne pas atteindre la puberté.

« Alors, ouais, ai-je raconté ce soir-là, en soupant, aux parents d'un camarade de classe que j'avais appelé d'un téléphone public, il m'a jeté à la porte. C'est un soûlon. Je ne crois pas que ma mère va rester avec lui… »

Mais quand j'ai téléphoné à ma mère plus tard, elle a essayé de me convaincre que je me trompais.

« Il a dit qu'il ne t'avait pas mis à la porte.

— Eh bien, il l'a fait.

— Ses mots ont dépassé sa pensée. Je lui ai parlé. Tu peux revenir.

— Non, je ne peux pas. Je refuse d'habiter dans cette maison avec lui. Tu n'es même pas heureuse...»

Son silence me disait que j'avais raison sur un point — elle aurait préféré être ailleurs elle aussi. Ce n'était pas que Dickie souhaitait mon départ : il aurait voulu que nous disparaissions tous, et elle le savait.

J'ai commencé à errer de divan en chambre d'amis, consommant la nourriture, les livres et les téléromans qu'absorbaient les autres familles, partageant leurs blagues. Je tondais le gazon, coupais du petit bois et lavais la vaisselle. J'adorais la voiture, l'odeur de soleil sur le plastique craquelé du tableau de bord, le goût de poussière quand je dévalais les routes de terre.

Jusque-là, les semaines avaient toujours été prévisibles, à la différence de cet agréable défi consistant à trouver un endroit où dormir, à compter les jours quand un ami annonçait : «Mes parents sont d'accord pour que tu restes jusqu'à mercredi», alors qu'un autre m'offrait le canapé du sous-sol pour la fin de semaine. Les détails inhérents à la survie — me procurer de la nourriture en quantité suffisante, raconter aux parents des histoires qui me valaient des invitations répétées, vivre parmi des étrangers, parler, faire des corvées, trouver de petits boulots dans des fermes —, le sentiment d'action, d'accomplissement, rien n'aurait pu me rendre plus heureux.

Quand je n'avais pas trouvé de canapé, je vivais dans mon auto. J'avais deux boulots : je nettoyais des écuries et je lavais la vaisselle chez Pizza Hut, où je me nourrissais des commandes retournées en cuisine. En janvier, j'ai emménagé avec un ami qui louait un appartement et j'ai changé d'école pour me rapprocher de ce dernier, mais le logement s'est avéré surpeuplé d'adolescents se disputant la salle de bains, la pizza rance au frigo, les endroits où dormir. Trois mois plus tard, à la suite d'une querelle, je suis retourné à ma vie d'itinérance.

À moitié endormi, souvent en retard, échevelé, je me hâtais vers l'école chaque jour depuis un endroit différent. En cours de sciences, où l'on avait abordé les origines de la vie, je me demandais où la cassure avait eu lieu, d'un protozoaire en digérant un autre à un organisme taraudé par le désir, contemplant l'horizon, attendant de se sentir véritablement vivant.

Les autoroutes menant à l'école ou chez des amis me paraissaient palpiter, vibrer à l'unisson du frisson artériel de mon sang. Je me demandais si c'était comme ça que mon père s'était senti quand il avait quitté le Québec. Parfois il se présentait à moi, sa joie indomptée quand je roulais à tombeau ouvert dans la circulation, ou sa rage quand on me provoquait. Pourquoi avais-je l'impression qu'il possédait le secret que je poursuivais ?

Ma vie décrivait un crescendo, me disais-je. À chaque courbe de l'autoroute, j'avais l'impression de toucher au but, puis j'étais déçu lorsque rien ne changeait.

Un après-midi, je descendais une pente sur une route de campagne se terminant en T sur une deuxième route de gravier qui suivait la berge boisée d'une petite rivière rocailleuse quand la pédale de frein a cédé sous mon pied. J'ai enfoncé les orteils deux, trois fois, mais il n'y a eu qu'un bruit creux semblable à celui que fait une hache fendant du bois sec. J'ai rétrogradé en première vitesse, lâché la pédale d'embrayage et la voiture a fait un bond, la boîte d'embrayage poussant un couinement tandis que je ralentissais. J'ai tourné le volant avant d'atteindre le T et suis arrivé sur la route en glissant de côté. Là, j'ai enfoncé à fond la pédale d'accélérateur, le gravier martelant le dessous du châssis, et les pneus du côté droit ont frappé le rebord herbeux surélevé avant de mordre et de me projeter en avant.

J'ai relâché l'accélérateur et poursuivi sur mon élan, après quoi j'ai éteint le contact pour laisser la voiture crachoter et s'arrêter d'elle-même. Je suis descendu et, debout, ai repris mon souffle. Des criquets striduaient dans l'herbe haute ; quelque part derrière les nuages faiblement éclairés par le soleil, un jet grondait.

Je me suis agenouillé à l'avant de la voiture. Du liquide de frein gouttait de l'étrier éclaté. J'ai soupiré et me suis assis sur le pare-chocs. La poussière que j'avais soulevée à la jonction du T était en train de me rattraper telle une ombre lente, elle enveloppait l'auto, recouvrait la peinture.

Je n'avais pas assez d'argent pour la réparation et, du travail à l'école en passant par les maisons d'amis où j'occupais les chambres laissées vides par les aînés partis à l'université, je devais sans cesse me déplacer en auto. Un moment, j'ai eu du mal à déglutir et à respirer. Je me suis dit que tout allait bien. Je saurais m'accommoder de la situation, m'en amuser même. J'avais déjà conduit un vélo sans freins en Colombie-Britannique, et mon père avait roulé de Calgary à Tijuana dans un camion dépourvu de freins.

J'ai marché sur la route pour reprendre mes esprits, puis j'ai fait demi-tour. La peinture sur le rebord du capot et du toit de la Honda s'était depuis longtemps décolorée, comme sous l'effet d'une tempête de sable. En la regardant, personne ne saurait qu'elle n'avait pas de freins. Le frein à main ne fonctionnait pas non plus, mais je pouvais toujours arrêter en débrayant brutalement ou en éteignant le moteur.

Je suis remonté dans la voiture, j'ai mis le contact et me suis exercé à accélérer et à stopper afin de voir le temps qu'il fallait pour l'immobiliser une fois le moteur éteint. Passer en première vitesse avait aussi pour effet de la faire ralentir considérablement. Tant que je ne suivais pas une autre voiture de trop près ou que je n'arrivais pas trop vite à un arrêt ou à un feu rouge, je n'aurais pas de problème.

À la fin de la journée, j'étais en proie à l'exaltation. Je comprenais ce que mon père avait dû ressentir en traversant les États-Unis de la sorte, se testant du même coup.

Juste avant le coucher du soleil, je me suis garé chez une fille qui m'avait invité à souper. Elle était en douzième année et, dans l'insouciante effervescence de la dernière semaine d'école, alors que le soleil se faisait plus présent dans le ciel bleu et humide, elle m'avait lancé cette invitation.

«Veux-tu dormir ici ce soir?» a-t-elle proposé pendant que nous mangions des raviolis en boîte, tous les deux seuls à table. Ses longs cheveux bruns rejetés sur une épaule, elle portait une robe d'été bleue constellée de minuscules fleurs blanches.

«Et tes parents? ai-je demandé en jetant un coup d'œil à la maison vide.

— Ne t'en fais pas pour eux.»

Tandis qu'elle m'expliquait son plan, un agent de la police d'État s'est garé dans l'entrée et j'ai failli bondir hors de ma chaise.

«C'est mon beau-père, a-t-elle expliqué. Il se fiche de tout. Il ne remarquera même pas que tu es là.»

Il a passé la porte vêtu de son uniforme, n'a pas dit bonjour et, sans nous regarder, s'est rendu à la cuisine où il s'est préparé un sandwich avec des gestes secs et silencieux. Son visage gris avait une teinte métallique, son menton était plus proéminent que son petit nez, comme pour retenir la courroie de sa casquette ronde.

J'ai dit au revoir à la fille et j'ai roulé jusqu'à l'église la plus proche, où je me suis garé comme elle m'avait dit de le faire. Quand l'obscurité est tombée, je suis revenu en douce par les bois, m'arrêtant juste avant sa cour pour guetter les fenêtres. Et puis je me suis vite faufilé jusqu'au sous-sol, et je suis entré.

Mais notre rendez-vous galant manquait d'entrain ; son plan était d'une exécution trop facile, et nos ébats, silencieux, afin de ne pas trahir ma présence. Les hommes de loi me semblaient beaucoup plus effrayants que les criminels. Tout de même, j'ai fait de mon mieux. Plus tard, alors qu'elle ronflait doucement, j'ai regardé le plafond, échafaudant des plans, réfléchissant aux prochaines étapes. Elle a essayé de se rapprocher dans son sommeil, mais je me suis dérobé. J'avais déjà eu quelques amourettes, mais la survie prenait le pas sur la romance, et dès que quelqu'un s'accrochait un tout petit peu trop, je paniquais et prenais mes jambes à mon cou. J'avais déjà assez à faire pour m'occuper de moi.

Je devais maintenant décider ce que je ferais une fois l'école terminée. J'allais bientôt avoir épuisé mes avenues : j'étais sans le sou, ma voiture n'avait pas de freins, le moteur cognait, le pot d'échappement crachait une fumée noire. Je n'avais pas appelé mon père depuis mon départ, mais il comprendrait peut-être. Je n'étais jamais parvenu à concilier les différentes versions de lui dans mon esprit : le casse-cou amusant que j'avais connu enfant ; le criminel que je m'étais imaginé ; le poissonnier, le truand, le bandit.

Peut-être pourrais-je retourner chez lui quelques mois, le temps de reprendre mon souffle. Et puis je pourrais m'enfuir de nouveau, rester en mouvement. Il comprendrait que je vivais comme il l'avait fait. Ses histoires de voyages m'inspiraient toujours et je m'y retrouvais comme jadis j'avais imaginé des vols de banques, le pistolet levé aussi immobile qu'un corps céleste, ou le soudain crépuscule des lumières qu'on a fait sauter.

Quand je me suis réveillé, l'aube flottait dans la vitre sale comme de l'écume dans de l'eau. Je me suis habillé et j'ai traversé le sous-sol vide sur la pointe des pieds. La maison était silencieuse, mis à part le bruit de mastication d'abeilles charpentières dans une poutre au-dessus de la porte. Je l'ai ouverte douce-ment. Rendu là, j'ai eu peur à la pensée de son beau-père dans son uniforme de travail, revolver sur la hanche, en train de boire son café en regardant par la fenêtre à l'étage. Mon dos exposé picotait tandis que je traversais le jardin à grands pas, jusqu'au bois.

Lorsque je suis arrivé à l'église, les jambes de mon pantalon étaient humides de rosée. J'ai ouvert la por-tière de l'auto, me suis assis à l'intérieur et j'ai com-mencé mes devoirs. La lumière du soleil se déversant au-dessus de l'horizon couvert d'arbres faisait pulser les nerfs derrière mes yeux. Cinq gros chats de ruelle hirsutes revenaient d'une nuit de chasse pour rega-gner leur abri sous les fondations de l'église. Ils sont restés assis à l'extérieur, à se frotter le museau les uns contre les autres, la face marquée de cicatrices, leurs pelages écaille de tortue chatoyant dans la lumière du petit matin.

Ma mère attendait dans le stationnement du Pizza Hut, près de la porte ouverte de sa camionnette. Mon quart de travail était fini, et j'ai jeté un coup d'œil aux alentours afin de m'assurer que mes collègues ne me voyaient pas.

«Comment vas-tu? a-t-elle demandé.

— Bien. Pourquoi es-tu venue ici?

— Je voulais m'assurer que tout allait bien. Je ne savais pas comment te joindre. Tu devrais appeler plus souvent.

— Écoute, je ne peux pas parler maintenant.

— Je voulais juste savoir si tu finis l'école cette année.

— Ouais. Ça ira. Il me reste juste deux jours. C'est facile — trop facile.»

Elle m'a regardé, ses cheveux gris attachés derrière la tête. Elle avait une main posée sur la portière, la manche roulée jusqu'au coude. Son avant-bras était finement musclé.

«Je ne retournerai pas à la maison, lui ai-je dit.

— Je ne te demande pas de revenir. Je ne sais pas combien de temps je pourrai rester avec lui moi non plus.

— Alors, qu'est-ce que tu vas faire? ai-je demandé, inquiet tout à coup, et en même temps irrité parce qu'elle m'obligeait à penser à autre chose qu'à moi-même.

— Je ne sais pas. Je suis en train d'y réfléchir.

— Je vais peut-être retourner chez André.

— L'as-tu contacté?

— Non, mais je pense que je pourrais.» Je ne lui ai pas avoué que ma voiture n'avait pas de freins, ni que je dormais chez un ami. Je ne fréquentais plus la fille. Elle m'avait dit qu'elle avait l'impression que je n'avais besoin de personne, qu'elle ne pouvait pas m'approcher. La mère d'un ami, conseillère en orientation, avait lu un article que j'avais écrit dans le journal de l'école et, en apprenant que je vivais dans ma voiture, avait insisté pour que j'aille habiter chez eux.

«Bon, eh bien, je suppose que tu vas bien», a dit ma mère, et nous avons bavardé encore un peu, surtout de mes cours, avant qu'elle me dise au revoir. Elle m'a attiré contre elle pour me serrer dans ses bras.

Quand elle a desserré son étreinte, j'ai jeté un coup d'œil pour m'assurer que mes collègues étaient toujours dans la cuisine.

Sa camionnette s'est lourdement intégrée au flot de véhicules en mouvement et s'est éloignée. J'ai conduit lentement jusqu'à ce que j'aie passé les feux de circulation où je devais éteindre le moteur et débrayer. Sur une route de campagne, en me laissant descendre en bas des collines, j'ai essayé de prendre une décision. Elle m'avait fait confiance. Elle m'avait laissé prendre des risques et retourner chez mon père. Après avoir lutté pour s'affranchir de lui, avait-elle reconnu mon propre besoin? Ces souvenirs m'ont redonné confiance, m'ont donné à penser que, quoi qu'il advînt, je m'en tirerais.

Je me suis garé près d'une cabine téléphonique. Ce ne serait pas une reddition. Je lui raconterais mon histoire et il voudrait que je revienne. Des phalènes papillonnaient autour des panneaux illuminés de la cabine tandis que je composais.

« Tu fais quoi? a-t-il demandé quand je lui ai dit comment je me déplaçais.

— C'est ce que tu faisais.

— Ça devait être au début des années soixante. Les choses ont changé. On ne conduit plus sans freins aujourd'hui.

— Eh bien, ça ne pose pas problème pour moi.

— Alors, a-t-il repris, qu'est-ce que tu fais? Où est-ce que tu habites?

— Avec un ami.

— Je vais te donner du travail. Saute dans un autobus et reviens. Je vais t'envoyer l'argent. Est-ce qu'il y a un Western Union près d'où tu es?

— Je peux en trouver un. »

Quatre jours plus tard, en montant dans un autobus Greyhound, j'avais l'estomac noué. La campagne défilait par les fenêtres en un paysage et un mouvement que j'adorais. J'ai essayé de voir clair dans ma vie, de trouver une trace de cette destinée que ma mère avait si souvent évoquée.

J'ai échafaudé des histoires pour les autres passagers, m'inventant une enfance plus intéressante. À un moment, un second petit voyou s'est mis de la partie et a entrepris de raconter sa propre enfance difficile. La compétition a commencé et il a fini par essayer de convaincre tout le monde que, en raison d'une série d'accidents de moto, tous ses tendons avaient été chirurgicalement remplacés par des câbles de métal. Les adultes ont bâillé et se sont remis à regarder par les fenêtres avec les yeux mi-clos de ceux qui n'ont pas toutes leurs facultés : patients opérés émergeant de l'anesthésie, boxeurs se relevant après un K.O., carnivores enfermés dans des cages de zoo miteuses.

Le soleil se couchait au loin derrière les montagnes, le ciel tout entier s'inclinait vers la terre.

Pour dormir, j'ai délacé mes souliers et me suis pelotonné contre la fenêtre dont la vitre parcourue de vibrations était froide sur mon front. Quand j'ai ouvert les yeux, les sombres paysages s'écartaient de l'autoroute, délimités par les lumières de lointaines habitations semblables à des constellations déchues.

«Et celui-là ? a demandé mon père en désignant du menton un petit VUS, un GMC rouge et blanc. Tu me le rembourseras.

— Mais je ne veux pas travailler dans ta poissonnerie.

— À quoi est-ce que tu t'attends? À recevoir de l'argent pour rien? Allons. Je vais t'aider à l'acheter. Tu feras des livraisons. Ce sera comme de travailler à ton propre compte.»

Nous avons contemplé le VUS fraîchement lavé dont la carrosserie rutilait sous le ciel de juin. J'ai flairé le piège, mais j'avais désespérément besoin d'argent.

«Allons l'essayer», a-t-il dit en me prenant par le coude.

Il s'est glissé derrière le volant tandis que je m'asseyais sur le siège du passager. Il a tourné la clef, est sorti du stationnement pour entrer sur un terrain vide derrière le concessionnaire, après quoi il a enfoncé l'accélérateur et le VUS a pris de la vitesse, le moteur ronronnant doucement. Il a zigzagué et tracé un cercle en dérapant. Il a de nouveau enfoncé l'accélérateur et nous avons bondi en avant, mon estomac restant suspendu en arrière; de chaque côté tout était embrouillé tandis que nous approchions des broussailles en lisière du terrain. Il a appliqué rudement les freins et le VUS s'est soulevé sur ses amortisseurs, penchant le nez vers le sol de sorte que j'ai eu l'impression d'être catapulté de mon siège et que j'ai mis les mains sur le tableau de bord. Les pneus ont couiné mais mordu, et en un instant l'air s'est mis à empester le caoutchouc brûlé.

Il s'est retourné vers moi. L'humour noir sur son visage se distinguait mal de la rage.

« Elle marche bien, cette machine, a-t-il dit. Arrête de niaiser et achète-la. »

Ce soir-là, dans un restaurant grec protégé de l'autoroute par un mur couvert de lierre, il m'a demandé ce que j'avais l'intention de faire. J'ai expliqué que je voulais terminer ma dernière année de secondaire, puis voyager et écrire. Je n'étais parti que depuis neuf mois, mais il écoutait avec attention, comme si j'avais gagné son respect. Ou peut-être savait-il désormais avec quelle facilité je pouvais m'en aller maintenant que j'avais un permis de conduire. Ce que je ne lui ai pas dit, c'est que je m'interrogeais sur l'importance de finir l'école puisque je n'avais pas l'intention d'aller à l'université. Je refusais d'être un décrocheur, mais je ne voulais pas être un vendu non plus. Les vrais écrivains n'allaient pas à l'université. Je ne savais plus trop où j'avais entendu ces mots, mais ils me semblaient justes.

« Et cet été ? a-t-il demandé. Tu pourrais peut-être t'entraîner.

— M'entraîner ?

— Ouais, faire de la boxe ou quelque chose du genre. Tu serais bon.

— Ça pourrait être pas mal, ai-je répondu d'un ton méfiant.

— Tu es fait pour te battre. Tu es comme moi là-dessus. J'aurais pu affronter les meilleurs. C'est l'un de mes regrets. J'aurais dû être un professionnel. Au lieu de ça, je me suis battu en prison…»

Il a hésité, ne me quittant pas des yeux, comme s'il essayait de déterminer si j'étais intéressé. J'avais l'impression qu'il avait attendu mon retour pour pouvoir recommencer à raconter ses histoires. Enfin, il a repris, le regard vague et lointain :

«Je me souviens d'une prison en Californie. Les détenus étaient crissement durs. C'était après Miami, la police m'avait conduit jusque-là. J'ai eu quelques bagarres difficiles, mais j'étais capable de tenir tête aux gars. Je me suis vraiment mis à l'épreuve. Il n'y avait jamais assez de lits ou de couvertures, et chaque soir on se les disputait. Des fois, des détenus recevaient de la nourriture de l'extérieur et ils la cachaient, et si les screws — les gardes — découvraient de la confiture ou du miel, ils les répandaient dans les lits. Les rats grimpaient sur les hommes pendant la nuit et mangeaient les matelas et les couvertures.

«Ces gardes, ils étaient comme un gang. Leur apparence n'était pas très différente de celle des détenus ; ils emmenaient les prisonniers dans de petites pièces et les battaient jusqu'à ce qu'ils ne tiennent plus debout. Je les insultais. "Je suis un prisonnier fédéral, que je leur disais. Vous ne pouvez pas me toucher, mes crisses. Vous allez tous perdre votre job s'il m'arrive quelque chose."

«C'était vrai. J'étais emprisonné pour un crime fédéral, et la police savait que j'en avais commis d'autres. Ils voulaient découvrir ce que j'avais à leur raconter. Ils avaient beaucoup à apprendre en négociant avec moi.»

Il s'est interrompu pour expliquer que la prison était située près de Los Angeles, sur la faille de San Andreas. Elle ressemblait à un vieil entrepôt de briques et, à chaque secousse, les murs vacillaient, les briques branlaient dans leur mortier, l'air s'emplissait de poussière. Les détenus regardaient le plafond avec terreur. Mon père cherchait les mots pour décrire le visage des hommes harcelés par les gardes, les tremblements de terre trop fréquents, même les petits qui faisaient vibrer les murs comme une tapisserie dans la brise.

«Bon Dieu, a-t-il dit, la voix enrouée, on attendait juste que le plafond tombe.»

Il regardait à travers moi. J'avais oublié combien il pouvait avoir l'air vivant. La colère qu'il nourrissait lors de ma dernière visite semblait évanouie, remplacée par une émotion que j'essayais d'identifier. Son regard trahissait par moments de la tristesse, par moments de la fébrilité.

«Mais ma pire bagarre a eu lieu dans la prison où ils m'ont envoyé après. Un homme m'a menacé. Il a dit qu'il allait m'envoyer à l'infirmerie. Il l'a dit au dîner, devant tout le monde. Quand un détenu faisait un truc comme ça, il fallait agir. C'était une question d'honneur. Je n'avais pas le choix. Si quelqu'un essayait de te faire perdre la face, il fallait le mater.

«Après le dîner, je l'ai suivi jusqu'à sa cellule. C'était un gros gars, mais j'avais passé toute ma vie à me battre. J'aurais vraiment pu être un boxeur. Je suis entré et j'ai claqué la porte de la cellule derrière moi. Les portes étaient laissées ouvertes après le dîner, mais une fois qu'on les refermait, seuls les gardes pouvaient les rouvrir. Je lui ai cassé la gueule. Je l'ai bourré de coups de poing et de coups de pied, je l'ai étendu par terre et j'ai continué à lui donner des coups de pied jusqu'à ce qu'il rampe sous le lit. Alors je me suis penché, j'ai pris son pied, j'ai tiré sa jambe autour du poteau de métal de la structure du lit et j'ai donné un coup de pied dessus. J'ai entendu l'os se rompre. Il doit s'être cassé à deux ou trois endroits.»

Il m'a regardé, a haussé les sourcils et soupiré. La question de sa vie était là, dans son expression. Pourquoi cette violence, cette laideur, ce désir de risque et de défi exerçaient-ils une telle emprise sur nous?

«Je suppose qu'une bonne partie de mes bagarres ont été assez terribles, a-t-il repris. Une fois, un gars a disparu avec l'argent d'un braquage qu'on avait fait. Il était censé garder l'argent le temps qu'il se refroidisse. Quand je l'ai retrouvé, il sortait d'un bar. C'était la nuit, et il n'y avait personne dans le stationnement. Je l'ai frappé à coups de bâton de baseball. J'ai donné une vraie raclée à cet ostie-là. Je ne sais pas combien de fois je l'ai frappé. Et puis je suis allé me changer...

— Pourquoi? ai-je demandé, avec l'impression qu'il était à la dérive, que le sens de sa propre histoire lui échappait.

— Parce que les bâtons coupent la peau. J'étais couvert de sang. Je me suis changé, et puis j'ai appelé la police. Je les ai regardés l'emmener.

— Pourquoi as-tu téléphoné?

— Parce que le stationnement était isolé. Je ne voulais pas que cet enfant de chienne meure.

— Est-ce qu'il est mort?

— Je ne crois pas. Je ne suis pas allé vérifier, mais je ne pense pas que je l'ai blessé si gravement. Il n'a sans doute plus jamais dansé de sa vie.»

Il a essayé de sourire, et j'ai dû me retenir pour ne pas détourner les yeux.

«Mais il pourrait être mort plus tard, ai-je dit.

— Je ne pense pas.

— As-tu vérifié?»

Il a haussé les épaules. La violence de l'histoire avait influé sur sa posture. Il était assis le dos voûté, les poings sur la table. Encore une fois, je me suis demandé ce qui nous poussait à aller trop loin, à nous colleter à n'importe quoi. J'éprouvais cette impulsion à ce moment même, le désir de le tester. Je lui ai posé une question que je lui avais posée des années plus tôt.

«As-tu déjà tué quelqu'un?»

Il a rejeté la tête en arrière d'un mouvement brusque comme s'il encaissait un coup, et s'est dépêché de détourner le regard.

«Non. Peu importe ce que je faisais, j'avais des principes. Et je m'assurais que les gens avec qui je travaillais comprenaient cela. Une fois, un gars m'a demandé de faire un boulot. Il m'a dit qu'il faudrait que je me débarrasse d'un gardien de nuit. J'ai refusé.

— Pourquoi?»

Il a soulevé les épaules, ce n'était pas tant un haussement qu'un mouvement d'irritation.

«Je ne voulais pas être celui qui prive quelqu'un de son père, a-t-il dit. Mais c'était dur d'éviter de blesser les gens. Ça arrivait. Il le fallait. Je ne le planifiais jamais, à moins que j'aie eu besoin d'empêcher quelqu'un de saloper ma réputation. J'ai grandi avec rien, et ma réputation était tout ce que j'avais. La plupart du temps, je ne faisais que me protéger, ou alors quelqu'un débarquait là où il n'aurait pas dû.»

La serveuse a pris nos assiettes et est partie. Il a regardé le balancement fatigué de ses hanches.

«Je garde un bâton de baseball dans le camion, sous le siège, a-t-il repris. J'ai un gant et une balle aussi, au cas où la police vérifierait. Il faut qu'on ait l'impression que je m'en sers pour jouer au baseball. Si quelque chose arrivait, ce serait la seule façon qu'on puisse croire que j'ai agi en légitime défense.»

Je me suis souvenu du jour où il m'avait mis le bâton entre les mains et m'avait commandé d'aller récupérer l'argent, de la fille enceinte à la porte. Maintenant âgé de cinquante-deux ans, il était encore prisonnier de cette ancienne manière de faire. Je n'étais pas en colère contre lui, mais je n'aurais su dire pourquoi. Je me sentais attentif, curieux de comprendre non seulement mon père et tout ce qu'il avait vécu, mais moi aussi, et mon avenir. La colère ne ferait que brouiller tout cela et me ralentir.

Il m'a regardé attentivement dans les yeux et a souri, comme si rien ne pouvait lui faire plus plaisir que mon retour. «Allons. Qu'est-ce qu'on disait?

— Quoi?

— Que tu devrais t'entraîner! Combien tu crois que ça coûte?»

Sortant son portefeuille de sa veste, il a jeté cinq billets de vingt dollars sur la table.

«Trouve un gym. Dis-moi si tu as besoin de plus d'argent.»

Plus tard ce soir-là, j'étais incapable de trouver le sommeil. Qu'est-ce qui m'avait attiré ici? Pourquoi était-il l'unique personne que j'éprouvais le besoin de comprendre — qui exerçait un tel pouvoir sur moi? Mes pensées se fondaient pour laisser place à des souvenirs contradictoires et simultanés: la vallée et ses champs, on pêchait ou on travaillait dans le soleil, le jour où nous avions marché ensemble à travers les rangs d'arbres et où il m'avait poussé à avancer pour affronter les ours morts. Quand notre famille s'était défaite et que nous avions quitté la vallée, je m'étais mis à le haïr. Et puis, brièvement, j'avais vu en lui la liberté, une façon d'être plus grande, plus vivante, et j'étais revenu en rêvant : tous les deux nous brandissions d'énormes revolvers, nos poings musclés, le silence grandissant en crescendo, la scène autour de nous à la veille de voler en éclats comme du verre fracassé.

JACK KEROUAC RÊVE D'ELIZABETH BENNET

Nous avions emballé une commande de filets de saumon dans des boîtes en styromousse et nous nous
tenions dans la cour clôturée derrière le magasin,
mon père, moi et Karl, un homme à tout faire. Petit et
bourru, Karl avait une moustache blonde à la Fu
Manchu, un front proéminent et une façon de plisser
les yeux qui faisait que la fente de ses paupières
semblait rectangulaire. Son regard errait tandis qu'il
décrivait un meurtre dont il avait entendu parler. Une
bande de truands avaient été engagés pour buter un
vétéran de la guerre du Viêt Nam à qui il manquait
une jambe.

«Le type était en forme. Il bûchait du bois tous les
jours. Il ne s'est pas laissé aller parce qu'il avait perdu
une jambe. On pouvait le voir se déplacer en sautil-
lant, mais sa femme était une ostie de paresseuse qui
voulait son fric, alors elle a engagé des gars pour le
tuer. Mais ils sont allés trop loin. Ils auraient pu

simplement faire le boulot, mais ils se sont comportés comme s'ils jouaient dans un film ou quelque chose du genre. Il y en a même un qui a acheté un viseur laser pour son fusil. C'était trop. »

Ses yeux prisonniers de ses paupières avaient un éclat dérangé, vitreux, et mon père et moi avons échangé un regard. On aurait dit que Karl avait assisté à la scène.

« Ça fait qu'ils ont tiré sur le pauvre gars jusqu'à le mettre en pièces, a-t-il crachoté. Ce n'était pas nécessaire. »

Une fois que Karl nous a dit bonne nuit et est parti, mon père et moi avons fermé le magasin.

Un camion de Pêches et Océans est arrivé comme nous nous apprêtions à partir. Un agent en est descendu, un homme si maigre que même son uniforme ne réussissait pas à lui donner consistance.

« Monsieur Béchard ? a-t-il demandé avec la voix lasse d'un commis de télémarketing.

— Ouais, c'est moi, a répondu mon père avec une absolue nonchalance.

— Si ça ne vous embête pas, je voudrais jeter un coup d'œil à la propriété.

— Elle est fermée pour la nuit.

— Vous serait-il possible de l'ouvrir ? »

Haussant les épaules, mon père a déverrouillé le cadenas de la grille. Derrière, deux gros bergers allemands se sont mis à aboyer et à sauter contre les mailles losangées.

L'agent a sursauté, comme s'il se réveillait. «Hé, vous pouvez enfermer ces chiens?

— Les enfermer?» a répété mon père en haussant les sourcils. Il semblait surpris, comme si cette idée ne lui avait jamais effleuré l'esprit. «Mes chiens? Il n'y a nulle part où les mettre.

— Mais comment vais-je faire pour entrer?

— Oh, ils ne sont pas méchants. Vous n'avez qu'à ouvrir la grille et à y aller.»

Mon père a fait un pas de côté, esquissant de la main un geste comme pour inviter un visiteur royal à s'avancer. Les chiens avaient les pattes dans les mailles de la clôture. Ils grognaient, relevant leurs babines noires pour montrer les dents.

«Vous n'avez qu'à y aller», a répété mon père avec le même mouvement de la main.

L'agent contemplait les deux bêtes. Debout sur leurs minces pattes arrière, les chiens étaient presque aussi hauts que lui, comme si mon père avait eu des loups-garous en guise de chiens de garde. L'homme a soupiré.

«Je vais revenir plus tard», a-t-il dit. Puis il est monté dans son camion et est parti.

« Jésus-Christ, tu n'auras pas de problèmes à cause de ça ? » ai-je demandé.

Mon père a froncé les sourcils et tourné ses paumes vers le ciel, comme si j'avais posé une question idiote.

« Tu ne penses pas que je vis constamment avec ça ? Ça fait des années que je m'approvisionne chez les Indiens, et on ne m'a jamais pincé. Ne sois pas si inquiet. Ces gars-là n'ont pas les couilles qu'il faut pour m'arrêter. Comment pourraient-ils m'attraper alors qu'ils ont peur des chiens ? »

J'ai survécu à l'été grâce à l'entraînement. La suggestion de mon père s'est avérée être mon salut. J'avais beau découper des poissons, remplir des boîtes et faire des livraisons, le kick-boxing me fournissait une excuse pour en faire le moins possible. Mon père avait suffisamment de respect pour les arts martiaux pour accepter que je passe près de quatre heures par jour au gym à bourrer des sacs de coups, à soulever des haltères, à sauter à la corde ou à courir le long de la voie ferrée derrière la bâtisse. Quand je rentrais à la maison épuisé, il levait les yeux du journal qu'il tenait à mi-hauteur devant la partie de hockey, au cas où une bonne bagarre se serait déclarée ou quelqu'un aurait marqué un but. Il hochait la tête, satisfait de voir que je faisais quelque chose de sérieux.

Mais dès le début de ma douzième année, les vieilles tensions se sont ravivées. À quelques reprises, sur un ton nonchalant, il a demandé si ça valait vraiment la peine, me rappelant que je n'aimais guère l'école quand j'étais plus jeune. Mais je lui avais dit qu'on m'avait inscrit dans un groupe enrichi. L'entraînement occupait mes soirées et, souvent, plutôt que de rentrer à la maison après le gym, je roulais au hasard, explorant la campagne autour de la ville, suivant des routes qui longeaient des rivières avant de s'enfoncer dans les montagnes. Derrière le volant, je sentais s'atténuer le vide à l'intérieur de moi, les émotions déferlaient, mon passé et mes espoirs pour l'avenir, les histoires que j'allais vivre et écrire, comme si le fait d'être en mouvement m'offrait un aperçu de la vastitude de ma vie.

Je savais que je n'étais pas honnête envers mon père. Je ne travaillais que la fin de semaine et, lorsqu'il me demandait de l'aider les autres jours, je trouvais des défaites. Je courais, je m'entraînais, j'écrivais, je lisais et je conduisais mais, au mois de décembre, son commerce est devenu plus exigeant, son humeur s'est assombrie.

«C'est quoi ton problème? m'a-t-il demandé pendant que nous soupions. Ça t'horripile tant que ça de travailler pour moi?

— J'ai travaillé aujourd'hui, non?

— Voyons donc. Tu as lu tout le temps que tu étais dans le magasin.

— C'est pour l'école.

— Mais c'est un boulot. Je te paie bien. » Il a hésité, la colère qui gagnait son regard a fait place à l'exaspération. «Tout ce que je dis, c'est que tu pourrais aider un peu plus. Je te vois à peine.»

J'ai hoché la tête et me suis absorbé dans ma nourriture. J'ignorais pourquoi, mais j'étais incapable d'éprouver de la sympathie pour lui. Quand nous étions ensemble, j'adorais ses histoires. Il nous arrivait souvent de rester à rire, à boire et à manger jusque tard dans la nuit, mais aussitôt parti, je voulais m'éloigner le plus possible. Nous avions survécu ensemble près de six mois, mais je ne trouvais le calme qu'en roulant sans but, ne rentrant parfois qu'à trois ou quatre heures du matin. Ce soir, il allait vouloir raconter des histoires, mais j'étais censé aller chercher à dix heures une fille avec qui j'allais à l'école, quand elle aurait fini de travailler.

«Tu pourrais peut-être m'aider une heure ou deux le matin, a-t-il dit.

— Avant l'école? À faire quoi?

— Je ne sais pas. Découper le poisson en filets, préparer des commandes.

— Je ne peux pas. Je serais fatigué en arrivant à mes cours et puis… je sentirais mauvais.» Même si je savais, grâce aux romans que j'avais lus, que des générations de jeunes hommes avaient travaillé de la sorte, je savais aussi que des générations de jeunes hommes avaient défié leur père.

«Tabarnak, a-t-il dit, bien que j'aie eu l'impression qu'il ne donnait pas libre cours à sa colère de crainte que je ne m'en aille. Et ton camion? Tu gagnes à peine de quoi le payer. Un peu plus de boulot, ça ne te ferait pas de tort.

— Pas question que je travaille le matin. Je vais redonner le camion. Ça ne me dérange pas.

— O.K., calvaire, si c'est tellement important, laisse tomber.» Il a poussé le poulet dans son assiette, a pris sa bière et s'est calé dans sa chaise, roulant les épaules, essayant d'ajuster sa contenance. Il a souri.

«Tu t'en viens vraiment en forme, pas vrai? Au moins, tu t'entraînes fort.

— C'est pour ça que je suis fatigué le matin.»

Il a eu un hochement sec de la tête. «Je gage que tu vas être très bon. Les hommes dans ma famille étaient des durs. Mes frères étaient des bagarreurs et mon père était un vrai dur de dur. Il avait de si grandes mains que, lorsqu'il faisait passer son alliance de mariage à la ronde, elle était trop large pour mon pouce.» Il a levé le poing. «On prétendait qu'au nord ou au sud du Saint-Laurent, personne ne pouvait le battre.»

Il a regardé par la fenêtre, sur le terrain du restaurant, les buissons jaunes dans la lumière.

«La seule fois qu'il n'a pas gagné, c'est parce qu'il était trop soûl. Une couple de gars essayaient de lui donner une raclée et ils n'arrêtaient pas de le frapper, mais il n'a même pas rendu un coup. Il a simplement levé le doigt comme ça et il a dit : "Je suis trop soûl.

Je vous rattraperai bien plus tard." On aurait dit qu'il ne se rendait pas compte qu'ils le frappaient. »

J'ai ri en essayant de m'imaginer cet homme que je n'avais jamais rencontré, dont j'ignorais même le nom. Il riait aussi.

«Tu as ça en toi», m'a-t-il dit, et il m'est venu à l'esprit que c'était peut-être pour cette seule raison qu'il avait raconté cette histoire — pour m'encourager à persévérer dans la voie qu'il jugeait la meilleure. «Je suis fier de toi. Tu vas faire tout un boxeur. »

J'ai coulé un regard discret à ma montre. Il fallait que je parte bientôt si je voulais être à l'heure pour retrouver la fille.

«Je regrette de ne pas mieux avoir utilisé mon énergie, a dit mon père. Tu sais, quand on est jeune, on a toute cette colère, et il faut faire quelque chose avec. Je n'avais personne pour me guider. J'étais tellement plein de rage que je conduisais comme un fou. Si quelqu'un klaxonnait, j'essayais de le faire sortir de la route. J'arrêtais ma voiture et s'il sortait, je lui cassais la gueule. Fuck. Je ne sais même pas pourquoi je faisais ça — casser la gueule à des inconnus sur le bord de la route alors que tout était ma faute. J'aurais vraiment dû être un boxeur, ou jouer au hockey. J'ai gaspillé toute cette énergie pour rien. Mais tu ne devrais pas faire la même chose. Tu pourrais arrêter l'école un an et devenir professionnel. On n'est pas jeune deux fois.

— Ouais», ai-je opiné en hochant la tête. Ses propres paroles semblaient l'avoir rendu amer, et je pouvais voir qu'il cherchait une façon de raconter d'autres histoires, de piquer ma curiosité.

Il a entamé l'une de ses préférées, où il était question d'une traversée de l'Alberta ayant culminé lors d'une fête à Calgary. Une femme avait commencé à lui faire de l'œil et son petit ami était venu pour lui casser la figure. Le gars était gigantesque, d'allure très germanique, et mon père et lui s'étaient battus longtemps, se poussant dans les murs, cassant tout dans la maison.

« J'avais passé un peu de temps avec les gens qui étaient là. Ça a toujours été assez facile pour moi de me faire des amis et, quand j'ai commencé à avoir le dessus, ils se sont mis à m'encourager. »

Il a hésité, s'arrêtant pour réfléchir, comme s'il avait oublié quelque chose.

« Ils ont commencé à crier : "Go, Frenchie", a-t-il dit en secouant la tête, comme si l'histoire n'était pas tout à fait aussi bien que dans son souvenir.

— Écoute, il faut que j'y aille.

— Déjà ?

— J'ai un rendez-vous.

— Ce soir ? Dimanche soir ? a-t-il demandé en faisant des yeux le tour de la pièce, comme si la fille pouvait être là, en train de nous regarder manger. Eh bien, tu devrais l'amener à la maison à un moment donné.

— Quoi?

— Qu'est-ce que tu veux dire, *quoi*?

— C'est juste un rendez-vous.

— O.K., très bien, va à ton rendez-vous.» Il s'est calé dans sa chaise, tenant sa bière, et son regard s'est perdu dans le vide. Je lui ai dit au revoir. Il m'a salué d'un geste peu convaincu, refusant même de regarder dans ma direction.

Si nous avions rendez-vous, c'est que j'avais raconté à cette fille que je roulais dans les montagnes pendant toute la nuit en m'arrêtant pour regarder les étoiles. Quand je lui avais dit que j'étais allé à l'endroit où j'étais né, que je m'étais garé près de la rivière et que j'avais dormi là, elle avait voulu y aller aussi. Ce soir-là, je l'ai cueillie au dépanneur où elle travaillait et nous nous sommes rendus dans les montagnes, avons garé la voiture, abaissé la banquette arrière et nous nous sommes déshabillés. Nous avons fini par nous endormir, le chauffage en marche, le moteur tournant au neutre. Tout à coup, l'aube illuminait les vitres. Je me suis rhabillé à la hâte et j'ai roulé jusque chez elle à toute allure, faisant des excès de vitesse sur les autoroutes puis dans les banlieues.

Et puis je suis rentré prendre les manuels scolaires que j'aurais dû garder avec moi.

«Où étais-tu?» a demandé mon père en ouvrant la porte de ma chambre. Il portait son jean, avait des veines foncées dans le visage, les tendons de sa gorge saillaient. «Tu rentres en faisant un ostie de boucan et tu me réveilles. J'avais besoin de sommeil. Qu'est-ce que tu as foutu toute la nuit?»

J'ai soutenu son regard en essayant de déterminer si sa colère était feinte. Je savais qu'il se servirait de l'incident comme prétexte afin de me convaincre que je devais travailler pour lui, et gagner de l'argent plutôt que de perdre mon temps avec des sottises.

«Où étais-tu?

— Je suis sorti déjeuner. Je viens juste de rentrer.

— Bullshit. Tu as passé toute la nuit avec la fille d'hier.

— Et puis?

— Écoute-moi bien», a-t-il dit. Il avait le visage empourpré mais, entre ses mots, je percevais de l'hésitation. «Tu ne veux pas travailler sauf quand ça t'arrange, et tu dis que l'école est importante pour toi mais tu ne prends même pas la peine de dormir. Comment espères-tu t'en tirer?

— J'ai de bonnes notes.

— Mais tu te fiches bien de l'école, m'a-t-il dit de sa voix théâtrale, exagérée, quelque part entre la colère et le ridicule.

— Je n'abandonnerai pas.

— Alors tu ferais bien d'apprendre à prendre les choses au sérieux. Et tu ne peux pas être un bon boxeur si tu ne dors pas. Si tu as l'intention de passer la nuit debout, tu es aussi bien de travailler pour moi.»

J'ai gardé un visage impassible. Trois mètres nous séparaient tandis qu'il tenait la porte, je l'ai regardé dans les yeux et j'ai secoué doucement la tête. Son rictus s'est effacé. Il savait ce que je pensais : qu'il avait été un criminel, qu'il avait quitté la maison pour vivre comme il l'entendait. Qui était-il pour me dicter ma conduite ?

Il a hoché la tête une fois et a fermé la porte, mais le lendemain, à quatre heures du matin, il tambourinait sur le battant.

«Quoi ?» ai-je crié, épuisé après avoir tenté de rattraper deux nuits sans sommeil.

Il a ouvert la porte d'un coup.

«J'ai besoin de ton aide, a-t-il dit, un rire colérique dans les yeux.

— C'est le milieu de la nuit.

— Qu'est-ce que ça fait ? Tu ne dors pas de toute façon.

— Je suis fatigué.

— J'ai besoin de ton aide maintenant. Au magasin. Habille-toi. C'est une urgence.»

J'ai soupiré et me suis laissé retomber sur mon oreiller.

Il a crié : « Sors de ton ostie de lit ! »

J'ai roulé sur le côté et entrepris de m'habiller.

Nos phares balayaient les banlieues plongées dans l'obscurité tandis que je roulais derrière lui. La nuit était presque sans lune et sans nuages. Nous nous sommes garés à son magasin. Le frimas avait dessiné des caractères de glace sur l'asphalte craquelée du stationnement. L'école s'interrompait bientôt pour Noël, et je passerais toutes les vacances ici.

« Je viens juste de recevoir une livraison de saumons pour presque rien, m'a-t-il annoncé aussitôt la porte refermée. Mais il faut que je les nettoie en vitesse. »

Pendant qu'il déverrouillait la grille, ses deux bergers allemands sont venus nous accueillir. Nous sommes entrés dans la cour clôturée où il recevait les livraisons.

Le couvercle de la grosse caisse de plastique arrivait à la hauteur de mon menton. Il l'a fait basculer vers l'arrière pour révéler une soupe de glace fondante, marbrée de sang, où gisaient des centaines de saumons d'assez petite taille. Les poissons avaient l'air bizarres. J'ai plongé la main et en ai sorti un duquel dégoulinaient des filaments gluants. Le saumon avait une bosse sur la tête, une autre sur le flanc. Tous paraissaient difformes.

«Ils ont des tumeurs, a-t-il expliqué. Je les ai eus d'une ferme d'élevage. Il y a des lots qui se gâtent.

— Pourquoi?

— Qui sait? C'est peut-être la merde qu'ils leur donnent à manger. Ils ont des moulées expérimentales et des hormones qui les font grandir plus vite, et ils leur donnent des teintures pour rougir la chair. Ça peut être n'importe quoi. Une malchance. Ils n'étaient pas censés être vendus. Je les ai achetés pour une bouchée de pain auprès d'un contact, un gars qui était chargé de s'en débarrasser.

— Comme un vidangeur?

— Ouais, dans ce genre-là.» Il a ri et répété: «Un vidangeur.» Puis il a expliqué que nous allions découper le saumon en filets et le revendre au prix habituel, transaction qui se soldait quasi par un pur profit. J'ai compris que s'il avait besoin de mon aide, c'est qu'il ne pouvait laisser personne d'autre être témoin de l'opération. Même si quelques-uns de ses employés étaient aussi d'ex-détenus, ils semblaient incapables de s'empêcher de bavasser au sujet des crimes qu'ils avaient commis.

Une aube claire, striée d'or, éclairait l'horizon tandis que nous besognions, la cour clôturée jonchée de boîtes en carton ciré et de poubelles. Nous découpions les filets, souvent en moitiés, des sections de queues ou des languettes — tout ce qui restait après qu'on eut enlevé les nodules durs et rouges. Nous passions les doigts sur la chair soyeuse, à la recherche de bosses. Pas un seul des poissons n'était normal.

«À qui tu les vends? ai-je demandé.

— À des restaurants. J'ai beaucoup de commandes de filets. Ils ne se rendront compte de rien.»

Je regardais sans cesse ma montre tandis que le soleil montait à l'assaut des nuages.

«Je vais être en retard à l'école.

— Mais non. Tu n'as qu'à y aller directement.

— Comme ça?» J'ai montré mes vêtements de travail tachés de sang et d'écailles de poisson.

«C'est ce que je faisais.» Ses yeux se sont durcis, il a jeté son couteau sur la planche à découper en plastique et a serré les dents. Il m'a regardé avec une rage que je savais réelle. «Je ne sais pas pourquoi je supporte tes caprices. Je te donne deux choix. À partir de maintenant, ou bien tu travailles pour moi le matin, ou bien je reprends le camion…»

J'ai hoché la tête une fois, d'un geste raide, sans dire un mot.

Nous avons emballé les tumeurs, les arêtes et les entrailles dans deux épaisseurs de plastique noir et les avons portées jusqu'au conteneur dehors. Et puis j'ai sauté dans le VUS et, déjà en retard, je me suis dépêché d'aller me changer à la maison.

Une Irlandaise vêtue d'une robe-tablier est venue répondre à la porte et m'a montré un Dodge Omni garé dans la rue. Il avait des pneus dépareillés et sa peinture jaune se décolorait, comme si on l'avait aspergé d'eau de Javel. Des bandages sales pour les mains traînaient sur la banquette arrière. Il était annoncé dans le journal à deux cents dollars.

«Il était à mon fils, m'a-t-elle répondu quand je l'ai interrogée sur les bandages. C'était un boxeur, un bon boxeur, mais il a abandonné quand une fille lui a brisé le nez.

— Une fille?

— Une dame dans le ring. Elle lui a fichu une raclée et il n'a plus eu le cœur à se battre.»

J'ai hésité, puis j'ai sorti de ma poche les billets pliés.

«Je vais le prendre, lui ai-je dit. Je reviendrai demain.»

C'était la semaine suivant le jour de l'An. J'avais écumé les petites annonces tous les jours pendant les vacances de Noël. Mon frère, qui avait fini le secondaire, était venu vivre avec nous dans l'espoir de bâtir une relation avec mon père et de travailler pour lui, de sorte que la pression à laquelle j'avais été soumis s'était relâchée. Je n'en étais pas moins déterminé à partir. Une froideur s'était installée entre nous. Quand je rentrais tard le soir, il commentait: «Tu es paresseux. Regarde-toi! Comment est-ce que tu crois que tu deviendras un boxeur? Tu ne dors même pas.» Ou bien il serrait les dents et s'exclamait : «Bon Dieu, tu ferais mieux de grandir un peu !»

Il avait fini par se rendre compte qu'il ne lui servait à rien de faire preuve d'indulgence. Seule sa rage pouvait me faire marcher droit. Je ne croyais pas qu'il avait tort, mais je préférais la liberté.

Il verglaçait quand je suis allé chercher les plaques d'immatriculation pour le Dodge. J'ai roulé jusque chez mon père et garé le VUS. L'herbe était jaune, brûlée par les gelées, et les fenêtres noires reflétaient les grands pins mouillés qui ceinturaient la propriété. Je connaissais son horaire, mais il lui arrivait de revenir à la maison à l'improviste pour y déposer de lourds sacs de nourriture pour les chiens ou autre chose. Il ne s'arrêtait jamais, ses journées se passaient en emplettes qui semblaient autant d'excuses lui permettant de sillonner les rues dans son camion. Peut-être éprouvait-il le même besoin de bouger que moi. Je savais qu'il essaierait de me faire changer d'idée, de me raconter les histoires que j'aimais mais, comme avec Dickie, je cherchais une excuse pour partir.

Je n'avais pas encore fait mes bagages. J'avais peur qu'il descende et voie mes sacs. Dans quinze minutes, un camarade de classe serait là pour m'emmener au Dodge.

Je suis sorti du VUS, j'ai sauté par-dessus la grille de métal noire, j'ai passé la porte et suis descendu à ma chambre en courant. Là, je me suis dépêché de tout jeter dans un sac en toile, puis je suis ressorti au pas de course, j'ai lancé le sac par-dessus la grille que j'ai franchie d'un bond. J'ai tassé le sac derrière mon siège et suis resté assis à faire semblant de lire.

La Toyota blanche de mon camarade s'est engagée dans l'entrée. Quand il s'est arrêté, j'ai transporté le sac de mon véhicule au sien. J'ai jeté les clefs sur le plancher et pris les nouvelles plaques d'immatriculation, et je me suis glissé dans sa voiture. Il a fait un demi-tour rapide et est parti à toute vitesse. Les pneus ont fait un bruit mouillé sur l'asphalte tandis que des grosses gouttes à demi gelées frappaient le pare-brise. Bientôt, nous étions sur l'autoroute. L'averse s'apaisait par moments, puis la pluie recommençait à tomber en violentes bourrasques.

Une heure plus tard, je traversais la frontière, reprenant le chemin sinueux de la migration qu'avait effectuée ma mère six ans plus tôt. La circulation à l'heure de pointe avançait prudemment, le défilé de feux arrière brillant d'un éclat cru sous l'averse glacée. Dans mon rétroviseur, des phares luisaient à l'infini, cristallins, derrière la même pluie. Le moteur vrombissait comme celui de l'auto téléguidée que mon père m'avait envoyée quand j'habitais le parc de maisons mobiles. Toutes les fois que je prenais de la vitesse, je craignais qu'il n'explose.

Après minuit, je me suis arrêté dans une halte routière sur la I-90, dans l'est de l'État de Washington. J'ai replié la banquette arrière et me suis blotti dans mes couvertures, les pieds dans le coffre, mes vêtements en guise de matelas. Le moteur roulait au neutre, les ventilateurs soufflaient un air chaud par les bouches d'aération. Je n'avais jamais été aussi heureux.

Pour éviter le froid, j'ai piqué vers le sud sur la I-95, à travers l'Idaho et l'Utah, avant de mettre le cap vers l'est sur la I-70. J'avais collé un calepin au tableau de bord et, en roulant, j'écrivais les étendues désertiques et les plateaux arides, les Rocheuses qui avaient pour compagnie un ciel plus large et plus vaste que ma foi en quoi que ce soit. Il haussait les pics dans sa lumière, en faisait de nouveaux monuments à chaque heure, puis les abandonnait à l'obscurité, raison pour quoi — songeais-je en m'efforçant de trouver le sommeil, les yeux levés vers les rochers escarpés qui se découpaient dans la lunette arrière à la lueur des étoiles — les montagnes, la nuit, sont chose solitaire.

Bercé par les vibrations du moteur, j'essayais d'entrevoir ma vie. Je distinguais les lignes rouges que traçaient sur la carte les autoroutes s'étirant entre les villes comme les fils d'une étoffe déchirée. J'imaginais un livre qui pourrait tout contenir simultanément : plaines et chaînes de montagnes, villes couleur de poussière en retrait des autoroutes et, quelque part tout au bout, la vallée de Colombie-Britannique et ces nuits en Virginie où je partais en cachette sillonner la route en essayant de découvrir ma place sur ce continent usé jusqu'à la corde. J'aurais voulu que tous ceux que je connaissais puissent voir le monde à travers mes yeux, chaque ami, chaque fille que j'avais jamais aimée : le gel étincelant sur les plaines sèches au lever du soleil, ou l'autoroute s'enfonçant entre les collines au contour arrondi avec la parfaite géométrie du désir. Ça me semblait péché d'être témoin de tout cela dans la solitude, une raison de croire en un dieu omniprésent.

Mais la solitude était l'épreuve qu'offrait ce paysage, ma vie ressemblait enfin à un roman de Steinbeck. L'autoroute donnait sur une terre solitaire, la destruction tranquille de maisons fatiguées, des milliers de milles d'une violente alchimie dissolvant un peuple brisé, le distillant jusqu'à ce qu'il ne reste plus que quelques résistants solitaires.

On prétendait que la vie d'écrivain était chaotique, destructrice et aventureuse, et j'avais l'impression qu'en choisissant cela sans cesse, une grande partie de ce que j'étais deviendrait acceptable.

Le message est venu par mon frère : mon père était dans une colère noire, je l'avais insulté, il ne voulait plus jamais m'adresser la parole, je ne devais plus rien attendre de sa part.

J'ai essayé de ne pas y penser. Plus je m'éloignais de sa vie, plus la mienne m'apparaissait nettement. Mais mon départ avait eu quelque chose d'extrême, et avait dû lui rappeler la trahison de ma mère. Je n'étais même pas certain de ce qui m'avait poussé à m'enfuir de la sorte — le désir d'être libre ou la volonté de prouver que j'en étais capable ? En m'efforçant de déterminer s'il l'avait mérité, j'ai songé à la façon dont il avait brisé notre famille. Tout ce qu'il avait construit

dans sa vie semblait éphémère — inutile, même —
comme quelques sacs de sable entassés pour affronter
un déluge imminent.

La ronde des canapés, des chambres d'amis et des
petits boulots a repris : construction, démolition, toi-
tures, paysagement, plonge. Ma mère, qui avait quitté
Dickie, fréquentait un homme mince et chauve doté
d'une moustache à la Wyatt Earp, aux manières d'une
telle douceur que j'avais du mal à croire qu'elle ait pu
le choisir.

Le poète Henry Taylor est venu donner une confé-
rence à l'école. Il avait gagné un truc qui s'appelait le
prix Pulitzer, mais je ne m'attendais pas à grand-
chose ; il s'exprimait en mots familiers, son premier
poème était précédé de remarques d'ordre grammati-
cal. Il décrivait un cheval broutant de l'herbe à travers
des fils barbelés et qui, pris de peur — pourquoi, ce
n'était pas clair —, se mettait à courir le long de la
clôture, les barbelés lui entaillant le cou et arrachant
des lambeaux de chair à sa gorge. En entendant les
rythmes, j'avais envie de bondir sur mes pieds et de
crier, de dire au cheval d'arrêter, d'ordonner à Taylor
de continuer à lire, de sentir l'immense soif de vivre
qu'avait éprouvée l'animal dans les dernières secondes
de sa destruction, quand il « cessa de respirer alors que
le fil dégouttant / bruissait tel un arc dans l'air déchiqueté ».

Marmonnant les vers sans me lasser, j'ai quitté
l'école et roulé jusqu'au restaurant où je travaillais à
la plonge. Comment est-ce que c'était fait ? Comment
pouvais-je écrire la fébrilité qui me taraudait, la rage

périlleuse ? En passant devant des égouttoirs pleins de vaisselle, j'ai dû me retenir pour ne pas les envoyer valser par terre.

Le cuisinier avait une queue de cheval huileuse et me tombait sur les nerfs, mais je lui ai parlé du poème afin de pouvoir subtiliser la moitié d'un concombre anglais.

« Tu veux être écrivain, hein ? » a-t-il demandé. Il avait une des dents de devant cassée et tachée de nicotine.

« Ouais.

— Eh ben, tu devrais lire Kerouac.

— Si tu le dis. » Les hippies sur le retour étaient toujours en train de me conseiller de lire Kerouac, mais il ne m'avait jamais été recommandé par quelqu'un qui n'avait pas l'air de s'être brûlé les neurones et d'avoir le crâne plein de toiles d'araignée. J'ai tout de même hoché la tête, engloutissant une tomate italienne en deux bouchées. Une fois, dans un manuel scolaire, j'avais lu un extrait des voyages de Magellan, un paragraphe décrivant comment, alors qu'ils mouraient de faim, les membres de son équipage avaient survécu en se nourrissant de fruits, de légumes et de viandes qui leur étaient absolument étrangers. Pour moi : potage aux poireaux, salade de roquette, les dures extrémités des pains baguettes.

« Hé, a dit le cuisinier, vas-y mollo avec le gouda.